贵州警察学院学术著作出版基金资助项目

花溪文史漫笔

薛春波◎著

群众出版社

图书在版编目（CIP）数据

花溪文史漫笔／薛春波著．—北京：群众出版社，2023.11
贵州警察学院学术著作出版基金资助项目
ISBN 978-7-5014-6309-1
Ⅰ.①花…　Ⅱ.①薛…　Ⅲ.①区（城市）—文史资料—贵阳　Ⅳ.①K297.34
中国国家版本馆 CIP 数据核字（2023）第 167948 号

花溪文史漫笔

薛春波　著

出版发行：群众出版社
地　　址：北京市丰台区方庄芳星园三区 15 号楼
邮政编码：100078
经　　销：新华书店
印　　刷：北京市科星印刷有限责任公司

版　　次：2023 年 11 月第 1 版
印　　次：2023 年 11 月第 1 次
印　　张：15.75
开　　本：787 毫米×1092 毫米　1/16
字　　数：265 千字

书　　号：ISBN 978-7-5014-6309-1
定　　价：62.00 元

网　　址：www.qzcbs.com
电子邮箱：qzcbs@sohu.com

营销中心电话：010-83903991
读者服务部电话（门市）：010-83903257
警官读者俱乐部电话（网购、邮购）：010-83901775
教材分社电话：010-83903084

序一

花溪犹如贵州高原的一颗明珠，镶嵌在贵阳城南千百年，虽有徐霞客游踪，但可能因为当时随处可见田畴清溪，花溪未能突显。至贵阳成为热闹城市，花溪为近郊清绿，渐为市民踏青游宴之地。加上贵筑县移治于此，使其更为世人知晓。抗战期间，各地烽燧，地隐后方，随着军事、文教等人事渐次迁入，一批文化名人过往流寓，此处绝似世外桃源……花溪才声名鹊起，遂成名区。

文化是一个地方、一个城市的灵魂，没有文化的城市，风景再美，楼房再高大，街市再整饬，也是缺少凝聚力、吸引力的。很难想象杭州西湖没有了四周的名人遗迹的样子，没有了文化，美丽的躯壳就缺乏深刻的吸引力。而花溪一带除了溪山之美，还有青岩古镇、土司遗址，有著名诗人周起渭、状元赵以炯、民主革命家平刚等著名人物，有发生在这块土地上的许许多多的史事……长盼有心人钩稽发掘之。

薛春波先生即有心之人，他以家住花溪之便，对本地历史文化遗存逐一踏勘考证，探隐发覆，撰写了这本《花溪文史漫笔》。薛先生早年毕业于西南师范大学历史系，受过很好的学术训练和文字训练。故此，书的写作很严谨，注重文献记载与实地考察的结合，持之有据，言之成理，又兼文笔简练，上手即不忍释卷。分而读之，是单篇的文史随笔；合而观之，是一部比较完整、系统的花溪地方文史读物，很值得向读者推荐。

顾　久

2023 年 4 月 27 日

序二

薛春波兄寄来所作《花溪文史漫笔》的书稿，命我作序，不能不从。我们是大学同学，虽然系科不同，却是同时在一个校园读书，毕业后又都在贵阳供职，成了很好的朋友，一年少不了聚会几次。除了同学情谊，我们还有共同的爱好——地方文史。我从事乡邦文献整理，每年都经手出版一两种，也都送给他，他也不时向我索要。十年前我主持贵州历史文献研究会的日常工作，邀他加入，他便成了会中一名积极分子。

我们的不同之处也甚多，最大的一点是我好静，他好动。我喜欢躲在书斋里与古人交流，他则喜欢骑着单车到处游走，登高望远，抚今追昔。他先是住在小河，后迁孟关，都在花溪区范围内。花溪是贵阳的名胜之区，不仅溪山幽美、花木繁盛，且多古迹。但这些古迹，先是淹没在荒烟蔓草之中，后是城市的迅速扩张，又多销毁于推土机的钢铁爪牙之下。痛心于古迹的消失，他每有闲暇，则骑车踏访花溪四近的名胜古迹、苗村仲寨，写下了这五十余篇考察记。

春波的本业是历史学，讲究学术规范，讲究“有一分证据说一分话”，注重文献记载与实地考察的互证，所以持之有据，言之成理。写法上多取传统笔记之长，一如清人曹庭栋所言，“考之邑乘，参之他书，采诸遗闻，证诸目见”，故而丰富多趣。书名曰“漫笔”，出于我的主意。2022年8月初，贵州历史文献研究会举办了一次座谈会，他在会上介绍了这部书稿，其中有这样的话语：“骑行中的所见所闻，无论是道路、桥梁、村寨、民居，还是与村民的一些简短交流或深入访谈，总是能够给我一些欣喜和感动。在满足好奇心的同时，我也深知我们处在一个整体社会急剧变迁的时代，周围的一切都在发生变化。尽管我所经历的地方目前所表现出来的‘变化’，大多还只是一种缓慢的、渐进式的，但是我总感觉它们终究逃脱不了被改变，甚至被彻底改变的命运。而那些附着在这些乡村道路、村寨、民居乃至原住民身上历史的、文化的‘印记’，也将随之消逝在人们的视野里。”这份好奇与惊喜，这份忧思与惆怅，是他骑着单车，行走在蜿蜒曲折、高低跌宕的路上，一丝一缕牵扯出来的，用一个“漫”字，才体现出那个踏访的过程与情绪。

他这份忧虑与惆怅，大凡是有点历史情怀、怀旧情怀的人都有，包括我自己。十二年前我应老友戴冰之约，写了一本小册子《旧痕疏影》，讲述贵阳城内二十余处古迹的故事。我在后记中说，贵阳建城七百年，又为一省首府，人文遗迹自不会少，然自二十世纪中叶后，厚今薄古，古迹大量被占用、改建、拆除。如大西门三元宫，先为省工商厅办公场所，再为宿舍，入住百余户，而今只剩伶仃一阁；南岳山道观，房舍百十间，今已不存一椽一瓦；东山寺，与黔灵山弘福寺并为贵阳两大丛林，先是拆，后是建电视发射塔于其上，连基址也毁掉了；省府路原贵山饭店，本是明清的贵州巡抚、民国及本朝初年贵州省政府衙署，要说其重要性，可说超过任何一处古迹，但是却在十多年前被商人买去建了商品房。我写下这些话语时，远离中心城区的四郊，包括花溪，还有许多旧迹，现在几乎荡然无存。我不知道春波踏访时是什么感受，我是到一处伤心一回，一次比一次沉重，渐渐就懒得走动了，宁可蜗居书斋，从地方文献中去追摹其旧貌。

花溪是贵阳的名区，但多少年来，一直没有一本像样的文史读物。已有的或是有文无史，或是有史无文，更多的是千篇一律的导游册。春波此书，文史兼备，正好填补了这个空白。这是值得庆贺的事，为春波贺，也为花溪贺。

王尧礼

2023 年 5 月 9 日

前言

本书以花溪地方、人物、事件等历史文化风物为考察和书写对象，既观照历史，也记录当下。著者学习借鉴古人“考之邑乘，参之他书，采诸遗闻，证诸目见”之方法，通过搜求历史文献资料和实地踏勘，或以事写物，或以人写事，或因人因事而写其地，志其地述其事，以期能够“让收藏在禁宫里的文物、陈列在广阔大地上的遗产、书写在古籍里的文字都活起来”。

本书以花溪、青岩、黔陶、高坡四个乡镇为重点，兼顾孟关、马铃、久安、石板以及原花溪区属小碧诸乡，分别以花间疏影、青岩秋夜、黔陶水长、高坡云深、溪流淙淙五章概括之，共计五十八篇。各篇尽量以历史文献为依据，通过实地考察的方式，追寻数百年来花溪地方及其与贵州省的历史和现实关系，随作随录，形式不拘，力图做到篇幅短小而富有“理趣”。

其中，以村寨为题的，有陈亮堡、桐木岭、青岩、杨眉、蒙贡、歪脚、黔陶、谷洒、河西、高坡、格棒、甲定、扰绕、板正、马铃、关山、大土等十余个。

同花溪有关的贵州历史人物，有平刚、任可澄、姚华、周渔璜、吴中蕃、刘清、周际华、刘剑魂，以及郑珍、莫友芝、徐霞客、吴鼎昌等十余人。

涉及贵州历史“大事件”的，有花溪红军线路、东苗之战、溪南屯堡、溪南四司、徐霞客游花溪、大夏大学、抗战时期的贵阳清华中学，以及贵阳孔学堂、大兴国寺等。

可列为贵州历史文化风物和文化遗存的，有高坡红军标语、花溪公园、清晖楼、青岩狮子山、青岩民居、中曹长官司半坡旧址、二屯岩摩崖、高寨“招民复业碑”、黔陶的桥、贵阳南道、白云山道、赵司贡茶，以及碗场、孟关场、甲定场、孟关上板迎客松、大地是春谷、高坡跳洞、花溪修禊、涟江源等。

希望这种书写能够体现一种历史的理解、历史的同情。通过对数百年来花溪地方历史文化风物及其时间和空间变化的考察，以空间来表达时间，把花溪“小地方”写进贵州“大历史”，或者把贵州“大历史”写进花溪“小地方”。

当然，著者更希望本书能够作为一种普及性的读物，让更多的读者（或游客）了解：作为首批“国家全域旅游示范区”，花溪既有自然风景，也有历史人文。

薛春波

2023 年 5 月

目录

≪花间疏影

≪青岩秋夜

≪黔陶水长

≪高坡云深

≪溪流淙淙

花间疏影

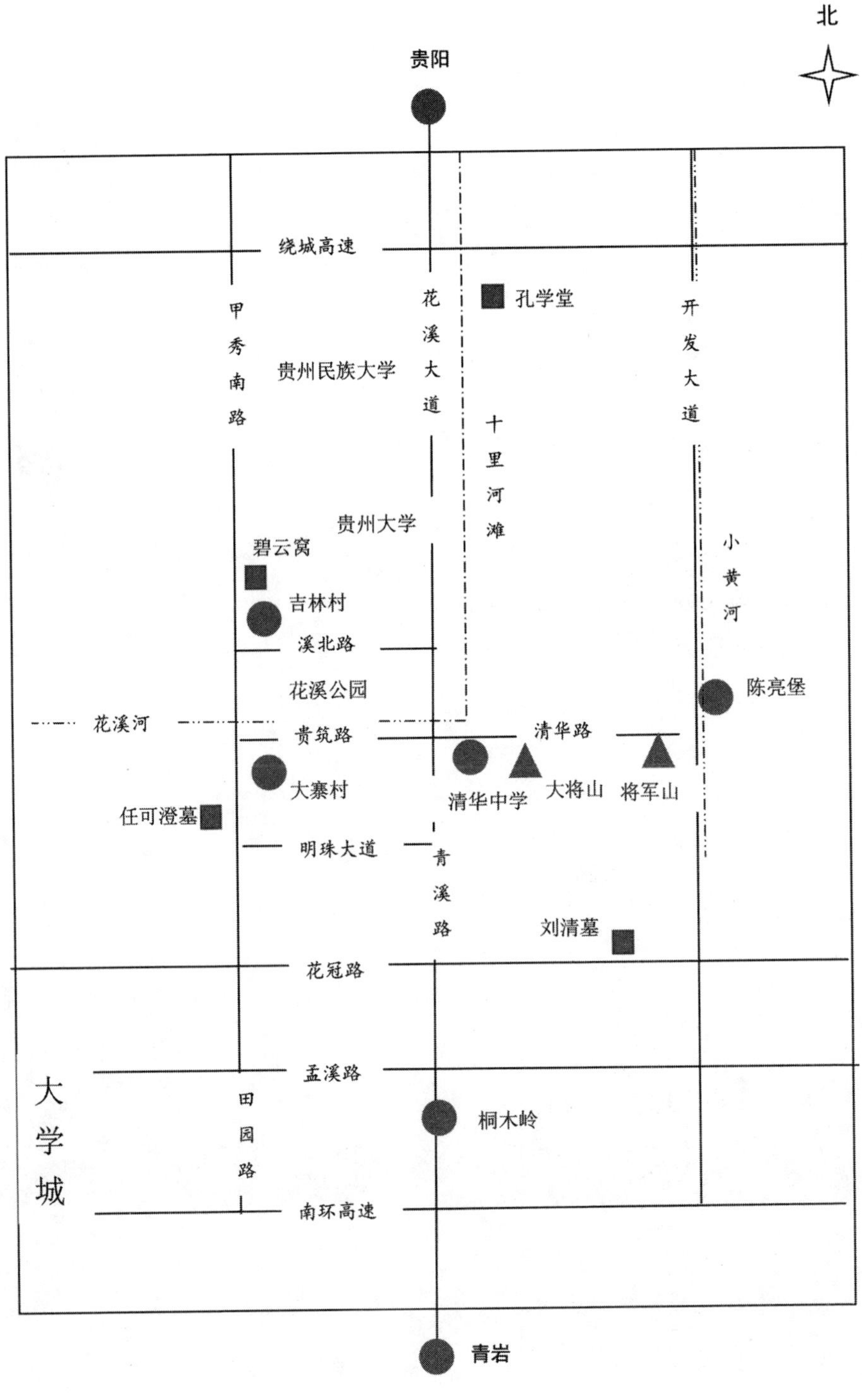
北
贵阳
绕城高速
甲秀南路
花溪大道
孔学堂
开发大道
贵州民族大学
十里河滩
贵州大学
碧云窝
吉林村
小黄河
溪北路
花溪公园
陈亮堡
花溪河
贵筑路
清华路
大寨村
清华中学
大将山
将军山
任可澄墓
明珠大道
青溪路
刘清墓
花冠路
孟溪路
大学城
田园路
桐木岭
南环高速
青岩

花仡佬

花溪原名“花仡佬”。

贵州现存最早官修省志、明弘治《贵州图经新志》沿袭旧志记载：山谷间，诸夷杂处，俗尚各异。其中，曰花仡佬“俗同红仡佬，但裙用五色，故云花仡佬”。“济番河，在治城西南三十里，俗名花仡佬河，八番（今惠水）之路所经。成化初，宣慰使宋昂叠石为桥其上，人甚便之。”这是关于“花仡佬”一名最早的文字记载，既是族别名称，也作地名。

作为族称，明万历年间贵州巡抚郭子章在《黔记》中是这样描述的：以布一幅围腰间，傍无襞积，谓之“桶裙”，男女同制。花布者为花仡佬，红布者为红仡佬……清嘉庆初年，直隶大兴（今北京大兴）人舒位从军来黔，作有竹枝词《花犵猪》云：“羊楼高接半天霞，杉叶阴阴犵猪家。减却腰围馀几许，桶裙量就一身花。”所述与郭氏《黔记》大抵相同。

我国现代意义上的民族识别，是在一九五〇年代以后的事。明清时期，“仡佬”一词常被地方官府用作对贵州土著居民的一种“泛称”。清光绪年间成书的《黔南苗蛮图说》一书中，就有十一种“苗蛮”被称为“仡佬”，记有水仡佬、红仡佬、打牙仡佬、花仡佬、锅圈仡佬等。这些“仡佬”人，可能是指今天的苗族，也可能是指仡佬族、布依族等。

有专家指出，今花溪地方最早的原住民是仡佬族，之后是苗族。大约从宋元时期开始，布依族、汉族等逐渐进入这一地区，仡佬族、苗族则向周边迁移。

一般认为，仡佬族是贵州地区最早的世居民族。秦汉时期，今贵阳地区属“西南夷”，仡佬族先民濮人（濮僚）世居于此。到魏晋南北朝时，今黔中地区出现民族大迁徙、大分化、大融合，即所谓“濮人北撤、夷人东进、南蛮西迁、百越北上”。正是这次大迁徙，形成了后来贵州地区苗族（南蛮）、彝族（夷人）、布依族、侗族（百越）等几大世居少数民族“异质共生”的格局。直到明清时期，随着中原王朝势力的强势介入，贵州地区各少数民族也逐渐融入了“多元一体”的中华民族大家庭。

晋末天下大乱，四川地区战乱不已，城邑空虚。成汉李寿称帝时（三三八—三四三），曾发生“引僚入蜀”事件，大量招引牂牁僚人以实其地。“蜀土无僚，至是始从山出，自巴至犍为、梓潼，布满山谷”，大量牂牁僚人入蜀，在巴、渠川、广汉、阳安、资中、犍为、梓潼等地山谷“与土人杂居居家”，达十余万家，描述的就是当年今贵州地区“十余万落”仡佬族先民迁往四川的盛况。按当时户均人口计算，成汉时入蜀的牂牁僚人在七八十万，这在当时是一个很大的人口数。

一位西方学者曾经在其著作中分析道：“在‘马尔萨斯的世界’——缺乏科技革命的农业社会里，国家的建构在政治各维度中显得格外重要：粗放型的经济增长和安全保障，往往依赖于对土地的征服和人口的掠夺，而占领土地和掠夺人口则依赖于强大的国家能力。”换句话说，在农耕文明时代，国家的建立是通过战争来实现的，战争争夺的资源，一是土地，二是人口。此说是否成立，那是学者们的事。重要的是，“引僚入蜀”事件对后来贵州及周边地区的人口和文化生态，产生了很大的影响。

一直怀疑四川方言“格老子”（“仡佬子”），或与此有关。最初，它可能是先前迁至四川的北方汉人对本地土著的一种蔑称。后来，逐渐演变成为一个脱口而出的发语词或语气助词。对此，有专家指出，“格老子”一词是土著文化和移民文化融合创新的结果。

今天的仡佬族，多集中居住在贵州北部的务川和道真，这是目前中国仅有的以仡佬族为主体民族的两个少数民族自治县，仡佬族人口分别占百分之九十、百分之四十，合计约有五十万。除此之外，在省内其他地方还有零星少量分布。

然而，作为族称的“花仡佬”则已不复存在，它只是保留了人类生生不息、辗转迁徙、交互融合的一段记忆。

作为地名，郭子章《黔记》中还提到，从省城“往定番州小路”：由次南门起，经四方河哨、干堰塘哨、尖山哨、毛栗哨、花三哨、桐木岭哨……至定番州（今惠水）。其中的“花三哨”，是明代贵州卫所辖左千户所第六百户桥头堡（今花溪朝阳村）、第七百户大酸汤堡（今花溪洛平）和第八百户小酸汤堡（今花溪杨家山）。

此外，明崇祯十一年（一六三八）四月十四日，徐霞客自贵州城（今贵阳）出发，经青岩前往广顺白云寺，途经花溪时有如下描述："大溪自西南峡中来，至此东转，抵东峰下，乃折而北去。有九巩巨石梁，南北架溪上，是为华仡佬桥。"

对此，有学者提出徐霞客所经过的"华仡佬桥"并非今天的花溪大桥，而是今花溪平桥。从花溪河的流向来看，其"东转之地"应该是今天平桥处。此外，直到民国初年，从贵阳沿花溪十里河滩而来的道路，是经吉林村过平桥而到花仡佬寨（今花溪大寨）的。

是日，徐霞客行程的歇息之地是青岩。因为只是途中经过，对花溪给予的关注和描述并不多。尽管如此，其笔下所描述的原野、山峰、峡谷、溪流、石桥、村落、民居等，却给人以极强的画面感。那是一幅自然与田园风光，有着一种自然之美、简约之美。

同省内其他地方一样，自唐宋以来，一些来自中原汉族的，以及欧美和日本的文人、学者和官员，对这一地区的历史沿革、地形地貌、民族风情都作有大量"他者式"的描写和评价。这些充满着"好奇心"的描写和评价，也给后世留下了十分珍贵的历史文献，让我们对数百年来发生在这块土地上的社会生活及其变化产生无限的遐想。

最迟到明代，"花仡佬"便开始作为一个可以书写的地名，指今天的花溪一带。至清道光年间，有"花仡佬寨"隶属贵阳府贵筑县南下里，"在城南三十里……居民百馀户，有场，丑、午日集"。

一九三一年，贵阳县政府于花仡佬桥（今花溪大桥）南北两端开辟新路各三百米，置花阁老镇（民间仍称"花仡佬"）并将赶场地点从花仡佬寨迁移至镇上。一九三七年九月，时任贵阳县县长刘剑魂以"花仡佬"不雅，采纳参议罗浮仙建议更名为"花溪"，并勒石立碑于花仡佬桥北头一侧，花阁老镇也随之改名为花溪镇。从此，"花仡佬"作为地名，也渐渐化作历史而被人们所遗忘。

有专家解析，花仡佬的名称源于布依族语言，布依族把河叫作"ta"，把"蜿蜒曲折"叫作"kgou"，所以"takgou"就被音译为"花仡佬"，意思是"蜿蜒曲折的河流”。

花仡佬是一条蜿蜒曲折的河，一条流淌在六百年贵州历史时间和空间里的小河。

花溪河坝上桥下游龟山河段①

① 贵阳市花溪区地方志办公室编：《贵阳市花溪区志》，贵州人民出版社2007年版。

花 溪

花溪是贵阳南部的一块槽谷盆地，去省城贵阳约十七公里。在这方圆十余里的坝子上，有花溪河自西向东流淌其间，至大将山麓折而向北流向省城贵阳。周围群山环绕，草青树绿，农耕时代是一块富庶之地。原花溪公园内中山堂楼前柱上有一联曰："山势西来，百粤三湘连壁垒；江流东去，九州四海撼风云"，形容的是花溪地方的山川形胜。又有旧联云："秋水涟漪千缕月，春风骀荡一溪花"，具象描写花溪风景之美。

花溪在元代隶属八番顺元宣慰司和金筑府，由土官统领。明代属贵州宣慰司和贵阳府，实行土流并治，以土官管辖为主。从明代开始，中央朝廷在这一带及周边地区遍设屯堡，招民屯垦，人口逐渐增多。到了明末清初，这一地区已完全"内地化"，进而改土归流纳入了地方政府直接管辖范围。

清代中期，花仡佬寨（现花溪大寨，在平桥南贵筑路和甲秀南路交会处）已发展成有居民百余户的大寨。这里的"寨"，相当于现在的村级行政单位，由多个自然寨（村民组）组成。这些村寨大多是自然形成，随宜而生，随兴而长。

一九〇二年十月，日本学者鸟居龙藏在从贵阳往定番途经花溪时写道：

> 大致这一带地形为宽敞的原野，一条河流蜿蜒其间，此即上述的涪陵江之上游。仲家村落就坐落在河流附近。观察其建筑，如同日本偏僻的乡村一样，屋顶用茅草覆盖，墙壁同样用茅草。各处人家星罗棋布，水田分布其间。为灌溉水田和汲取其他用水，各处都有水车……房屋的样式与此前所述无明显差别，村落也呈分散状况，间或有七八户，或十二三户构成村落的。

同中国大多数乡村一样，二十世纪初的花溪呈现给人们的，也是"篱落三四处，野屋五六家"的自然田园风貌。在这方圆十余里的平地上：人口不多，以散居为主，房屋简陋，房屋周围以耕地为主，道路蜿蜒曲折，毫无章法。

自明代以来，以花仡佬寨为中心的花溪，东通龙里，南连青岩，西至广顺，北接贵阳，多条驿路交会于此，商旅日渐繁盛。到清代中期，已形成远近闻名的“花仡佬场”。每逢赶场天，周围十里八乡群众汇聚于此，“挟家之所有者易于市”，十分热闹，规模也很大，尤其以牛马交易为大宗。

一九三一年，贵阳县政府将赶场地点，从花仡佬寨迁至新设置的花阁老镇（后改名为花溪镇）。一九四一年设贵阳市，贵阳县改名贵筑县，次年贵筑县县治迁至花溪河北岸蟠龙山南麓。为使“贵州首县”实至名归，县政府制定了花溪建设发展规划，招徕社会各界人士置产兴业，花溪便开启了城镇化的步伐。

抗战时期，贵阳成了大后方。随着内地大批机关、学校、工厂和难民的迁入，改变了花溪村寨、房屋、道路的原有结构和布局。而花溪公园的开辟，则使花溪名噪一时，甚至有“过贵阳不上花溪，如入宝山而空手归来”一说。

一九四二年春，文学家陈伯吹途经贵阳时，专程前往花溪一游。在他看来，花溪有着一种健康之美、浓郁之美、宁静之美、声色之美，她的美“是在山水、树木、花草，甚至于村舍和田野的均匀配合”，美在她“与大自然打成一片”。

时贵州大学谌湛溪教授有《花溪八咏》诗云：“堰障一川碧，山围四面青。炊烟随市远，田水带秧平。”花溪的美，美在那一望而见的山水、田园和乡思。

此外，一九五〇年贵州大学编印的《国立贵州大学》宣传册上是这样描述的：

> 黔号岩疆，触目险巇，花溪独幽丽绝尘，麟山一角，清溪九曲，幽壑千叠，碧云无际……早暮之间，气象不一，四时之景，灵态极妍，弦诵其间，亦足以极仁智之乐，收涵泳之功矣。

花溪人郑培光先生亲历了花溪半个多世纪的变迁，他在后来写道：

> 特别是从溪北那座满披翠绿状若麒麟的山尾出去，往南放眼望去，两山东西两列山峰之间，好一大个田坝！不说平畴千里，可说是平畴十里……这些村寨，包括公园东边的花溪镇都在公园的周围，恰似众星捧月，使公园和村寨相得益彰。

一九四四年至一九四五年，美军进驻花溪，前后六百余人。其间，一位美国大兵在给妻子的家书上这样写道：

> 今天下午我们去浏览了中国风景名胜之一的中正公园（花溪公

园)。河岸边生长着茂密的树木，枝叶低垂在缓缓流动的河水之上，觅食的小鱼不时在水面上翻出几朵水花。在一个小山丘后面，我们看到一个老磨坊。我们必须经过一条石板路才能走近它。它的右边有一架水车，带动石磨围着碾槽转，碾面的人不停地把溅出的麦粒重新扫进槽中，一点都不浪费……中国人不仅对我们十分友好，而且也非常愿意帮忙。

一九四五年五月，美军医官克林顿·米勒中校于大将山顶上拍摄的一张彩色照片，全面真实记录了当时花溪镇的自然风光和人文景观。这张照片被誉为“贵州天字第一号”和“贵州第一彩”，二〇〇五年被国家博物馆收藏。

那时的花溪，生动、质朴、美丽而富有诗意，让人流年忘返。面对朝气蓬勃、日新月异的花溪，时人曾经寄语：“花溪镇上的房屋渐在变换面目之中，我们希望在前进的气象里，不要流于都市型的繁华，而是幽静的、朴素的、丰富的、生产的乐园。”

花溪的飞速发展，是在新中国建立后，尤其是最近十余年间。南环高速、绕城高速、银百高速环绕四周，贵惠高速、花安高速、贵安大道等向外四通八达；多条城市大道纵横交错，街道上商铺云集、车水马龙、人流如织；花溪公园周边房屋鳞次栉比，区政府旁新开辟的花溪湖周围高楼林立、众星拱月……尤其是，即将建成通车的贵阳地铁三号线自北而来贯通全境，给生活在花溪的人们带来了无数新的、美好的憧憬和向往。

二〇二一年，在贵阳市“十四五”规划中，对于花溪区的“发展图景”是这样描述的：

> 未来五年，花溪区将通过“八个狠抓”实现“六个新突破”，以落实“强省会”行动为主线，深入实施工业强区、创新兴区、生态立区、文旅活区“四大战略”，大力推进“十项任务”，奋力开创新时代花溪高质量发展新未来。

今日之花溪，日渐繁华并开始走进贵阳都市圈。

抗战时期，美国军官克林顿-米莱特博士拍摄的花溪镇（清华中学收存）①

① 贵阳市花溪区地方志办公室编：《贵阳市花溪区志》，贵州人民出版社 2007 年版。

花溪公园

贵州多奇山秀水，“其岩壑之幽深，泉石之奇怪，大都皆世人所不经见者。”清乾隆年间，时任贵西兵备道、江苏阳湖（今常州）人赵翼写有《谷峒道中》一诗云“野禽五色仙裙蝶，山黛千盘佛髻螺。可惜轻抛蛮徼内，几人来此寄清哦”。赵翼是清代文学家、史学家和诗人，与袁枚、张问陶（船山）并称“乾嘉性灵派三大家”，曾写有“江山代有人才出，各领风骚数百年”等著名诗篇。

花溪公园以“四山一水”麟山、凤山、龟山、蛇山和花溪河为中心展开，以真山真水、景色清幽、风光旖旎而著称，曾经是省城贵阳的“地标式”景观之一。但是，作为地方名胜，最初却是仅限麟山一处。明弘治《贵州图经新志》所载今贵阳地区名山：“狮子山有三……一在治城南三十里，形似尤切”。此狮子山，即今天的麟山。

花溪公园作为私家园林之营建，始于清乾隆年间。经柏阳寨（现吉林寨）周奎及子孙数代经营，开始出现“亭台掩林间，楼阁连霄汉”的人造景观。乾隆五十二年（一七八七），周奎改“狮子山”为“麟山”，且将山下溪流（花溪河）改号曰“麟溪”，更寨名为“麒麟寨”。至清道光年间，周氏后人已将这里打造成著名的私家花园，取名“借花草堂”。

花溪公园作为风景区，兴盛于抗战时期。时人写道：因其“为市区附近之唯一风景区，故声名特著……贵阳附近风景，往往有山无水，此则山水匀合，故最易吸引人也。”

一九三六年，贵州平越（今福泉）人刘剑魂任贵阳县县长。到任之后，先是将“花仡佬”更名为“花溪”，后责令县建设委员会整治花溪河岸“王名堰”（今花溪公园所在地范围）一带周边环境。修路、架桥、栽柳、种夹竹桃，以及建学校、改寨名等，使之辟为风景区。刘剑魂是诗人，被誉为“贵州少数民族三大诗人之一”，用他的话来说，经营花溪之目的是“欲引城市士女到农村知稼穑之艰难耳”。

后来，刘剑魂的继任者李大光争取到省政府的支持，将风景区扩建为公园。一九四〇年春，经时任国民政府军政部部长贵州兴义人何应钦题园额名为“中正公园”，以“永垂领袖建设新贵州之纪念”。

这可能是贵州现代意义上的第一个“公园”，一时达官贵人、文人流寓、富商巨贾莫不趋之若鹜，游宴、唱和、踏青、赏花等络绎不绝，成为抗战时期贵阳的“风雅之地”“时尚之园”。国民政府党政要人蒋介石夫妇、冯玉祥、何应钦、张学良等先后到此游览，地方要人贵州省主席吴鼎昌、贵阳市市长何辑五（何应钦四弟）、十三军军长石觉、防空学校校长黄镇球（中将）、富商赖贵山等，以及美军顾问团军官纷纷在碧云窝置建别墅，享受一番“别业居幽处，到来生隐心”的情趣。

花溪公园因山水清丽、山水匀合而“酷似江南”，有“缩本西湖”之誉。那时，它不仅是贵阳“市区附近之唯一风景区”，也是很多人的“世外桃源”。时人描写它：“你使老者忆起温暖的昔日，使少女珍惜他们绿色的青春，使失去家园者怀念故乡”“一涉花溪百虑清，流连颇似返承平”“春来休忆江南好，绿染花溪聊胜无”……花溪公园让人们暂时忘记战争的烽火硝烟，忘记国破家亡的哀思与惆怅，成为抚慰人们疲惫身躯与伤痛心灵的“小憩”之地。

一九四二年陈恒安先生编撰的《贵阳市指南》一书中介绍：

> 时花溪公园已“焕然一新”，淡妆浓抹，无不相宜。园内景点，或“令人顿生诗意”，或“宛若置身江南水乡，以比秦淮，或更有胜处”，碧云窝则“新式住屋数所，粉垣高甍，辉耀林木间，更为生色”。半日之游，“亦一幅辋川图画也”。尤其是时由吴鼎昌发起成立的尚武俱乐部，“游花溪者，莫不赞赏此处，流连不忍离去”。

时任记者储裕生在《贵筑行》中写道：“贵筑县县政府是设在中正公园内的，那富丽的建筑，真令人欣羡……相信贵筑县的人员，在这样舒适而全国没有的县署建筑中生活着，当能发挥他们宏伟的力量，来真正地办理大众之事。”

花溪公园是恬静的、自在的，尤其是在仲夏之夜。一九四三年七月，署名“寒江”的作者在《花溪夜话》中写道：“这夜的幽清，是平静的，安详的，不独神志爽然，且可令你长思遐想，或充满怀古之恋。当要比秦淮河上繁华喧闹的夜胜一筹……”花溪公园的美，美在平凡，美在平易近人，美在人心里的那份清幽、自在和淡然。

“易地仍教称竹国，逢人总爱说花溪。”民国时期，贵州文化名人向义先生曾撰有花溪公园一联，似颇为适切。联云：

此间丘壑自佳，经二三好事点缀亭台，顿使山川映发，驰誉寰中，尽多车水马龙，孰识原为争战地；

几辈诗篇绝好，看千百成群流连胜迹，乐观花竹清幽，游心物外，莫负良辰美景，人来共趁艳阳天。

贵州有“山地公园省”之美誉，几为天下共识。然而，自建省以来，或因地处西南腹地位置之故，这块面积仅约十七万六千平方公里的“蕞尔之地”，从来都是中原王朝和地方豪强争战之地。历次争战，花溪自然也难以置身事外而获幸免。故而花溪的美，是在和平时期才更能体现出来的。

新中国成立后，花溪公园获得了新生，真正成为“公众之园”“人民的公园”。数十年来，贵阳市民和外地游客纷至沓来，游山玩水、寻春赏花、聚亲会友。公园还不时举办“花溪之夏”艺术节、“浪漫花溪”、布依族“六月六”等大型主题活动，繁华更胜当年。

近年来，随着旅游产业的蓬勃发展，花溪公园已将往日的繁华和荣耀让位给了附近的青岩古镇、天河潭、十里河滩乃至高坡、黔陶，它只是花溪市民、学生踏青休闲、健身娱乐的好去处。曾经的喧哗，似乎已经消失在历史的尘埃中，掩隐在城市的万家灯火之中。

作于1938年的《花溪揽胜图》（作者：桂百铸　刘雍　提供）①

① 贵阳市花溪区地方志办公室编：《贵阳市花溪区志》，贵州人民出版社2007年版。

竟作刘郎遗爱看

一九四二年重阳，时任贵州省政府主席吴鼎昌在花溪公园举“修禊花溪”，刘剑魂获邀参加。这可能是刘剑魂生平最后一次游花溪，作《重访花溪三首》，其三有“成荫夹岸依依柳，竟作刘郎遗爱看”一句。

民国二十五年（一九三六），时年三十四岁的刘剑魂任“贵州首县”贵阳县县长。之前，他曾在滇军、黔军领兵，随滇军参加过国民革命军东征陈炯明的战斗，后回省历任石阡县、长顺县、罗甸县县长等职。用他在《石阡别离》诗序中的话来说，剑魂本青年军人，未尝学问。然而，刘剑魂骨子里却是个诗人，戴明贤先生称其诗风“豪宕俊朗，明快如画”。

一九三六年底，刘剑魂开辟花溪风景。其在《花溪杂咏四首》序中说，“花溪之经营始于民国廿五年冬，欲引城市士女到农村知稼穑之艰难耳”。诗按春夏秋冬四季分别咏之，其中提到清晖楼、碧云窝、倚天亭、放鹤洲、飞云阁等景观。后作有《花溪集元人句十四首》，对花溪风景钟爱有加。此外，他还在《和唐梦虹先生清晖楼元韵》一诗中写道：“清才我笑汪仙谱，如此溪山付等闲”。汪仙谱指汪炳璈（字仙谱），湖南宁乡人，清同治年间先后任贵州安顺、大定（今大方）、铜仁、镇远、贵阳知府，宦黔十三年，工吟善画，所到之处均有题咏。

一九三七年秋，对于刘剑魂来说似乎是一个“多事之秋”。先是回家乡福泉探亲，作《丁丑秋回里杂咏》八首。其二云“揽辔澄清志未成，回乡花鸟也欢迎。何时仍得耕云野，一水一山都有情”，表明“澄清天下”之壮志未酬的心迹。又有陪同南京政府司法部部长王用宾游花溪，和王诗《花溪秋巡》中写道：“姑于生聚忧劳里，经始花溪与众游”，似乎是解释自己开辟花溪风景的初衷。后又作《丁丑季秋花溪夜巡宿清晖楼二首》，有“凭栏正念黄花冷，渐起云棉护鹤洲”等句。十一月，浙江吴兴（现湖州市吴兴区）人吴鼎昌来黔任贵州省主席。

吴鼎昌好诗文，曾任《大公报》《国闻周报》社长。他的到来，使贵阳“南明堂咏事”盛极一时。南明堂（今省委一带）得贵阳风景之胜，自明代以来为达官贵人的别墅区，有观风山、甲秀楼等著名风景名胜。刘剑魂也多次应邀参加，先后作有《南明堂集句次前溪先生韵》《奉和前溪主席元旦试笔韵》《南明堂次前溪先生韵》等诗。

民国二十八年（一九三九）十月，吴氏“因血压渐高，医嘱星期日择地休养”，遂在花溪碧云窝赁居“作星末小休”。是日题壁四首，后一首云：“花溪山水胜前溪，准拟移家老圃畦。忽觉使君身是客，鸟声人语惜栖栖。”

时吴鼎昌在贵州倡导新县制，大力推行其开银行、办报刊、兴学校的政治理想。据刘剑魂一九五二年所作《自述》云：当时自己“不能识大体循成法”，而是另搞一套“政教建合一，卫教养一体”的治理方略，提倡以“铁的头脑，铁的意志，一捶一朵火，一步一脚印，扫除障碍，合力建设”的“冲与干”的精神。他不是国民党党员，一些做法“与国民党县党部、省党部作冤家对头”。这种“肝虚火旺的冲”，结果把乌纱也冲脱了。一九三八年刘剑魂因骂云贵监察使任可澄“监而不察，察而不明，昏庸糊涂”，而以“侮辱会宪”之名被免职。

之后，刘剑魂在贵州难民总站、滇黔绥靖副长官公署等处任闲职。一九四〇年夏，与江南才女查明彦结婚，曾作《纪宴》诗云“碧海青天虽可毁，英雄不负美人恩”。是年秋，任毕节县县长。但他很少去毕节，大多数时间是待在贵阳，与杜惕生、王仲甫、桂百铸、何麟书、杨恩元、聂树楷等众多耆绅名流多有诗文唱和，大体上过着一种“浅酌低唱”的生活。

一九四一年，刘剑魂曾携妻回福泉故里，作《三十九岁生日回里》等，诗中有“葛镜矢志名千古，三丰豆腐也成桥”“此是仙人高咏处，归来一笑看青山”等句。在福泉地方（旧时称“平越”），葛镜因历经艰辛修成葛镜桥而受世人称赞，传说张三丰点豆腐成石助葛镜桥成。

李大光继任贵阳县县长后，继续花溪公园建设，并争取到了省政府的支持。到一九四二年，花溪公园已“焕然一新”。是年初夏，刘剑魂获邀参加吴鼎昌组织的花溪游宴，作《初夏尚武俱乐部宴集》写道：日来襟怀淡然，信笔写诗，得数首。其中有“绿杨万树飞雏燕，剪取溪光照座寒”“闻道弈棋归，袖拂天风冷”“江亭一野老，扶藜自清眺”等句，悲凉寂寥之情跃然纸上。

一九四三年春，吴鼎昌“赴黔东各县亲予考察”，刘剑魂未能获邀随从。后作《叠韵奉和前溪兼座东巡二首》，记录其当时的心情："未随红旆踏青阳，想见桃花复水香""何日城东锄半亩，年来渐爱菜根汤""笙歌满地来苏后，不羡华胥梦里乡"。

随后，刘剑魂因"已经穷得可以"，就去云南投奔了龙云，先后任广南、平彝（今富源）县长。一九四九年十一月二日，中国人民解放军进入贵州。十一月五日，刘剑魂回到贵阳，被国民党八十九军军长龙里人刘伯龙任命为独立师少将师长。十五日，贵阳解放。七天后，刘剑魂在织金通电起义。

新中国成立后，刘剑魂任职贵州省图书馆。曾作端午诗有句云"北窗有梦蕉舒绿，总上薰风度槿花"，表示其想做一个超然于社会的闲人。后深陷囹圄，于一九六〇年辞世，"文化大革命"后得以平反。

"成荫夹岸依依柳，竟作刘郎遗爱看"，先生毕竟是诗人。

花溪碑①

① 刘剑魂著：《刘剑魂诗存》，贵州人民出版社 2017 年版。

清晖楼

宋代陆游《老学庵笔记》说："国初尚《文选》，当时文人专意此书，故草必称王孙，梅必称驿使，月必称望舒，山水必称清晖。"旧时山水园林营造，多建有清晖楼，或清晖园、清晖阁。

花溪人郑培光先生《亲历花溪》介绍：花溪公园有龟山，龟背有清代贵筑县（今贵阳花溪）人周际华（字石藩）建的一座木瓦结构一楼一底走马转角楼，曰"清晖楼"。民国时期曾重新修葺，命名"中山堂"。

清乾隆六十年（一七九五），周际华之父、时年五十四岁的周奎第七次会试不第，因自叹"文章憎命达已矣"而决计返乡。在随同乡刘清（今花溪陈亮人）到四川南充任职时，游历了南充清晖阁，"阁高二丈，俯瞰大江，最为清绝"，给他留下了十分深刻的印象。其在《来西录》中自述，这次行程六千余里、历时一百多天的游历，犹如"见终南、嵩华之高，与夫黄河之大且深者"的一次快意之举。回家那天，"老妻欢忙，群儿起舞，举家欣快无似"。对此，他曾不无感慨地说道："团圞之乐，纵衣锦还乡当不过此"，兴奋之情跃然纸上。那时候，周际华应该是听父亲声情并茂地描述过南充清晖阁的，也给他留下了十分深刻的印象。

清道光六年（一八二六），也是时年五十四岁的周际华选任河南辉县知县（今新乡市辉县）。辉县在太行山支脉苏门山麓，时有名胜曰"百泉"，环泉周围皆历代大儒祠堂，其间还建有若干亭台楼阁，所谓"中州名胜之区，唯此为最"。园中有清晖阁，"尤据百泉之胜"。

当时，百泉周围祠宇亭台大多年久失修，摧残剥落而不堪入目。周际华上任后，以"百泉主人"自居，立意修缮。政事之余，率民众先后修缮名儒祠堂五座，另有两阁四亭，以及其他庙、祠、泉、园、桥等处。前后历时八年，使之

“一律见新”，进而使“百泉之盛所以甲于天下也”。

辉县清晖阁的修葺，是在清道光十一年（一八三一）。其四周原有古柏十二株，“环之如盖，故盛夏暑气不得侵”。周际华动员官员士绅捐款，募集民工修缮断壁残垣，并增设船房、筑云桥、种修竹等，使之成为园中最引人入胜之处，“游人至此皆流连而不肯去”。

百泉景区经修葺一新后，当地士民偕来，熙攘于路。或揽物以兴怀，或流连而延伫，“凡居斯土者，奔走熙熙，亦既同其乐矣”。周际华也因此而声名卓著，但他却一再强调是得益于天时地利人和，并称其所作所为“或以感召天和，非敢好为多事也”。

为此，时任河南巡抚杨国桢作《重修清晖阁记》写道：“其浚流也，可以激浊而扬清；其植材也，可以扶危而固本；其延揽无遗也，可使邑之人，散者聚而隐者显；其旁达交通而咸宜也，可使邑之人，各得乎其所。且将使后来者，不以为登临之美观，而推寻抚恤之深意也。”道出了传统中国文人悲天悯人、经世济民的“清晖”之志。

清道光二十二年（一八四二），七十岁的周际华致仕还乡后，着力开发花溪风景，建借花草堂、修清晖楼，使之渐成地方名胜。时任贵州按察使吴振棫曾作有《过周石藩借花草堂》一诗：“始觉归田好，村烟带郭斜。老慵耽野服，春赏借邻花。风月能娱客，鸡凫自识家。相得从清话，怜我尚天涯”。吴振棫是浙江钱塘（今杭州）人，宦黔多年，先后任贵州储粮道、贵州按察使、云贵总督等职，著有《黔语》一书。这次春游触景生情，作一番莼鲈之思、泉林之想，也属人之常情。

清光绪年间，有“云贵第一状元”之称的青岩人赵以炯，曾题有“座揽清辉万川月，胸含和气四时春”一联，或表达了传统中国文人“感召天和”的理想境界和追求。

花溪公园作为风景园林的营建极其有名，周际华和清晖楼功不可没。为此，《花溪区志》说：周际华随其父周奎开发花溪风景，“对培建乡村风景皆有建树”。

辉县百泉修缮完工后，周际华曾作有《百泉八咏》。其中，《清晖阁》云：“水乡游览遍，还拟住西湖”。这不禁让人想起明人张岱《西湖七月半》中所描述的那番情景：“小船轻幌，净几暖炉，茶铛旋煮，素瓷静递，好友佳人，邀月同坐……吾辈纵舟，酣睡于十里荷花之中，香气拍人，清梦甚惬。”西湖，始终是中国文人挥之不去的风雅之地、精神乐园。

花溪公园素有“缩本西湖”的美誉，尤其以原清晖楼下那段溪流间山水为佳丽，历史上曾令无数达官贵人、文人名士流连不忍离去。“秋水涟漪千缕月，春风骀荡一溪花”，题咏花溪的诗词联语也很多，最喜欢的，是黔籍书法家萧娴先生所题的那副：花间清梦远，溪上碧云多。

龟山清晖楼（右）及碑亭①

① 刘剑魂著：《刘剑魂诗存》，贵州人民出版社 2017 年版。

家荫堂主周际华

说花溪公园，不可不说到周氏一门。周氏原籍毕节，明末迁至贵筑县。在清代乾隆至道光年间的六十五年里，因一门四代出了两翰林、三进士、两举人而受到人们的羡慕和尊敬，以至于“世争羡以为盛”。其中，以周际华最为有名。

周际华（字石藩）生于清乾隆三十七年（一七七二），嘉庆六年（一八〇一）成进士，授内阁中书。后历任贵州遵义府教授、都匀府教授，掌教省城贵山、正习书院，《贵阳府志》称其“训迪有方”。道光六年（一八二六），选任河南辉县（共城）知县。一八三五年后，改任江苏兴化知县、江都知县署泰州知州，至一八四二年告老还乡。一八四六年卒，年七十四。

周际华认为，读书是为了践行知行合一，重在经世致用。他说，“人生幸而读书成进士，即是不可多得之人”。一旦入仕，即“以身许国”，便不得自有其身，虽筋疲力尽，不如此不足以问我心。居官任职中，既不能空谈性命、空谈文艺，将一生事业付诸语言文字之末，也不能将诗书束之高阁，沉溺于势利之场、燕乐之习，以至于忘记了读书人的初心。至于功名事业，由于各人的能力有大小、天分也有所不同，故不能强求。但无论官之大小，时之久暂，学之浅深，业之广狭，于事苛有所济，“便是读书有得”。因此，要做到“真读书真任事”很难。人在仕途，升沉显晦只是过眼烟云，应当坚守“随分自尽”之道，且“一息尚存，不容少懈”。

周际华在河南辉县任职时间最长。任职期间，始终以“不避懒、不求乐、不作孽”为冰鉴，“推诚于民，皆以相见以心而不敢自伪”，自问无不尽之心。用他自己的话来说：“九载共城，奇穷故我，可告慰者，阖邑废坠毕举，此后殊无馀事”“十年辉县，心所急事，无不修举，惟两袖清风，依然故我而已”。这番自述，不得不让人对“三年清知府，十万雪花银”一说心生怀疑。

时人方忠诚作《循吏周际华传》，称其居官任职“天怀坦适无城府，时以盈为满为虞”“不徇众情亦不执己见，务随事尽心，自奉淡泊而见义必为，不惜劳费”“遇事敢言，不畏强御”“廉能慈惠，崇正黜邪”等，其中不乏溢美之词。周际华卒后数年，入祀辉县名宦祠，清道光《贵阳府志》、民国《贵州通志》均有传记其事。

周际华工诗文，政事之余，仍笔耕不辍。前后著有《省心录》《共城从政录》《海陵从政录》《家荫堂诗稿》《感深知己录》《一瞬录》等，用他自己的话来说，“虽不敢以道学自名，实不敢以不道学自甘也”。

清道光六年（一八二六）春，周际华到辉县上任。时县署中有一颗老槐树，这让他想起自己的家乡花溪麒麟寨也有古槐一株，与之“有遥遥相映之意”。“因其覆芘已久，祖父皆受荫焉”，于是，便以“嘉荫”二字额于县署门上。后又以“家荫”名其堂，且将“莫嫌拳曲材无用，多少人家庇荫中”纪于上，“以有朝夕之助”。后来，他还将自己的著作陆续刻印问世，名为《家荫堂汇存》。二〇一二年，贵州省文史研究馆《续黔南丛书》，将其著作收录，名之为《家荫堂集》；二〇二〇年，“贵州文库”本《家荫堂汇存》出版。

明清贵州“六千举人八百进士”，这当中，也不乏“高考移民”者。周际华在生平自传《一瞬录》中记有一事：道光二年（一八二二）春闱揭晓，“有姚廷清者，浙江人，幕于黔，与予旧识，洎后冒黔籍领乡荐，来京未拜同乡，及揭晓联捷乃遍拜，皆弗纳。”时周际华弟周南坪在朝中任职，请其做在京黔人工作。后来，此事被人以“受姚五百金”之诬名告发。姚因“熬审不支，乃从其诬”，而南坪则拒不“认罪”，以至于刑部堂官传周际华同讯。“予度其情事，知堂官之必与弟为难也，乃语弟曰：‘彼不过欲夺尔职尔，拚一革职，何堪受此折磨也?’弟乃诬服。”经周际华一番劝说，其弟最终“认罪”，并被革职回黔。这件事，周际华原本应该是感到十分愧疚的，但后来却以此案中“为非作歹”之人均遭“报应”而获自解。

周际华幼时家境贫寒，二十二岁时曾带着四、六两弟于花溪杨家山就馆授业（当私塾先生），生活十分艰苦，“每食几不获饱，不知人间有菜味，又安知有肉味”。方忠诚作《循吏周际华传》，称其“矢终身毋华衣鲜食，训家人刻励俭勤以固植根本”。其实，周际华对美食还是钟爱有加的，尤其着意一个“鲜”字。

《一瞬录》中，周际华对授业或宦游所到之处的鲜美食物，多有详细记载。

例如，花溪杨家山的香梨，遵义的咋酒、水槟榔，都匀的橘子、鲥鱼，广东的椰子、橙子、比目鱼，福建的荔枝、蔗糖、蟳（一种海蟹）、红瓤柚，江苏兴化的露水果等。

其中，文中多次提到果子狸“肉味极鲜美”。以前，他曾在岳父家吃过三次，“殊未厌也”。后来游福建时，“因非其时”而未获见其鲜。在外居官任职期间，曾有友人多次相赠，皆因“过其时”而味“亦不佳”。致仕返乡时，又有友人送来半块。虽然不新鲜，但因是“不可多得之物”，已足以让“老饕”（周际华自嘲）感到满足了。

任遵义府教授时，听说府属仁怀县产鲜荔枝，心里十分羡慕。后来，有仁怀袁姓学生来府求学，便嘱咐其代为购买。时仁怀距遵义二百里，一般情况下要三天才能送达，他十分担心色香味屡变。然而，让他没有想到的是，该学生“使健儿驰送，一昼夜送到”。一阵狂喜之后，他详细描述道：“启筐视之，状如小桃，深赤赛玫瑰花。掠其壳，晶莹光洁，若羊脂之最腻者。食之味如蜜，食后略酸，说者谓此川种尔……因思杨妃一骑红尘，即川中物也，闽与粤去长安将万里，岂能供其一笑耶？”惬意之情，似无以言表。

周际华盛赞“鸡味至美”。改任江苏兴化知县后的一日席间，他问同桌的子侄辈：我记忆中家乡的鸡肉是何其鲜美，但在河南辉县和现在兴化这里，怎么味道就变得很差了？难道是水土不服？

答曰：食之过多尔。

国士刘清

二〇一八年，贵阳修筑花冠路。原规划线路南段因途经“刘清墓”而改道。现“刘清墓”在花冠路南段自傅官起约一公里右侧一旁，被列为花溪区“文物保护单位”。据当地村民讲，刘清无嗣，因担心死后被人盗墓，出殡时有十余口棺木从家中抬出并“到处安埋”，以至于至今不知刘清葬在何处。也有盗挖的，但都是空墓。这只是其中的一座。

资料介绍：

> 刘清，字天一，号松斋，花溪陈亮人。生于清乾隆六年（一七四一），卒于道光八年（一八二八）。清道光《贵阳府志》载，刘清“性旷达，不拘小节。幼读书，好《左氏春秋》，知兵法。稍长，以能文隶广顺学籍，选拔为贡生”。入仕后，历任四川冕宁县丞、南充知县、建昌道、忠州知州、山西按察使、山西布政使、山东盐运使、云南布政使、山东登州总兵、曹州总兵等职。

从刘清的履历看，他原本是一文官。从乾隆五十四年（一七八九）补任冕宁县丞，到嘉庆二十一年（一八一六）改任登州总兵，至道光二年（一八二二）致仕回籍，居官三十三年中有二十七年是担任文职。

然而，刘清之有名且载入《清史》，却是因为武功。嘉庆年间，刘清在四川和山东两地担任文官时，因屡次剿抚“教匪”而功勋卓著。

嘉庆元年（一七九六），川楚教匪起，刘清率乡勇御敌。嘉庆三年，时四川总督勒保奏曰“南充知县刘清，平日居官办事深得民心。自教匪滋事以来，屡带乡勇杀贼，甚为奋往，贼匪亦称清官，众口如一”。

嘉庆十年（一八〇五），刘清因平四川“教匪”有功而获入觐。上赐诗褒奖之，诗云：“循吏清名远迩传，蜀民何幸见青天。诚心到处能和众，本性生来不爱钱。有守有为绩绍著，无偏无欲志贞坚。空群羡尔超流俗，明慎咸中治理宣”，并颁示天下督抚。

嘉庆十八年（一八一三），刘清在山东盐运使任上，率八百兵勇，身先士卒，冲锋陷阵，所向披靡。一战于定陶之劈山，再战于韩家庙，三战于扈家集，三战皆捷，山东贼先后被斩殆尽。山东事平之后，巡抚同兴“服先生之识，并誉先生之勇”，上书为刘清请功。上谕曰：刘清年逾六旬，且系文职，能身率士卒取贼巢，勇敢可嘉，赏布政使衔。至是，遂授云南布政使。刘清则因“不合于大吏，又不耐簿书钱谷”，自奏请改武职。后以山东事多，以二品顶戴留任山东盐运使。

嘉庆二十一年（一八一六）四月，刘清以病乞归，不许。皇帝的理由是“伊籍隶贵州……道路遥远，往返不易”，并令其就近来京就医。八月病痊，上以“云南布政使缺，与伊不甚相宜”为由，改授山东登州镇总兵官，由此便书写了清王朝“文员改武职”的历史。二十五年，调任曹州镇总兵官。

道光二年（一八二二），年逾八十的刘清休致回籍，赏全俸以养余年。道光八年（一八二八）卒，令入祀贵州乡贤、山东名宦。

刘清曾先后接济同乡周奎、周际华父子。一次是在乾隆六十年（一七九五）夏，周奎随刘清自京师到南充。返乡时，刘清以百金相贶。回到花溪，周奎购置家中生活所需后，“宽然而有余，举家欣快无似”。他评价刘清“性旷达，不拘小节，每视阿堵物不啻敝屣，作官多异政，蜀人称为青天”，在他看来，“黔人出宰能如斯，亦可以为桑梓光矣”。另一次是在道光二年（一八二二）秋，周际华随刘清南下。途中闻父亲周奎去世，“恨不获溯长江而直上也”，但因“行箧空空，进退不自主”，后刘清赠其二百金，得以赶回家奔丧。

时人刘鸿翱作《山东曹州总兵刘清传》云：公于书无所不读，尤嗜《左传》，识兵法。他曾问刘清，兵法皆出《左氏春秋》乎？清答曰：“兵无成法，古人云：‘胥臣蒙马以虎皮，栾枝曳柴而伪遁’（《左传》载春秋时‘城濮之战’），从何处得来？在读书者善领之而已。”

时人爱新觉罗·昭梿在《啸亭杂录》一书评价刘清：

> 刘松斋清以县吏起家，著青天名，屡征川楚教匪皆有功，性粗率，嗜樗蒱（古代一种赌博游戏），与文吏坐使酒漫骂，喜与士卒共饮，乏方面威仪。

二〇一七年，笔者曾到陈亮堡踏访。有村民介绍：刘清家原本是很贫穷的，村里老人们常以刘清来激励后生。刘清致仕后回到陈亮，修建了一座大房子。该房有三重门，称“三进三出”。刘清是带着大量金银回来的，但作为“青天”，刘清的金银财宝不是在做官任上获得的，而是在返乡途中巧遇劫匪并与劫匪“打赌”所获，其中还有乌金。刘清家老房子就在原陈亮小学旁边，可惜今已不存。十多年前，有新屋主在原址建屋时曾挖出一块石碑，碑文内容是关于刘清的。石碑只出土一半，因不知祸福遂将石碑迅速填埋于屋基中。如果村民所言属实，那块石碑就应该是刘清“墓志”。“墓志”也称“墓志铭”“圹铭”，是埋在墓穴里记载死者生平事迹的文字。或因此之故，村民们坚信刘清墓是在寨子里。

嘉庆十一年（一八〇六），刘清丁继母忧。其继母墓现在陈亮堡后山上，一旁立有“梅花屋”石碑。

陈亮堡取名陈亮，应该与南宋词人陈亮无关。但刘清建“梅花屋”（即村民所谓“大房子”），或许与元人王冕《梅花屋》诗有关，诗云：

荒苔丛篆路萦回，绕涧新栽百树梅。
花落不随流水去，鹤归常带白云来。
买山自得居山趣，处世浑无济世材。
昨夜月明天似水，啸歌行上读书台。

专家评价，诗中王冕兴寄遥深，以梅花自比，不将颜色媚时人，表达了自己耿介自守、蔑视利禄的秉性风骨。

一八四二年，有近代中国“睁眼看世界第一人”之称、主张“经世致用”的魏源，作《圣武记》记其事云：

> 论者谓清以书生而将兵，以循吏而杀贼，以方面而改武，有国士风。

陈亮堡

第一次遇见陈亮堡，是在二〇一四年十月的一个周末。骑行从青岩返回小河居所时，在花溪右转进入清华路，翻过棉花关后一路向东。行至将军山丫口，朝山下一眼望去，陈亮堡就在眼前。

我当时感到十分惊讶。寨子依山而建，一条小溪从左至右围着寨子环绕而过，寨子及溪流两侧农田郁郁葱葱……这是一个十分典型的黔中屯堡。

陈亮堡置于明初，是贵州卫左千户第三百户。清道光《贵阳府志》记载：

> 陈亮堡，在城南三十里，居民三百馀户，军米一百四十一担有奇，丁银十六两有奇……有水关口，有仙人洞，有纱帽山、将军山、狮子山、老鹰石。有溪自改毛来井，径接龙桥、水关口下流自中曹司。

而在同一时期，今花溪所在的花大寨、花小寨、石头寨，三个寨子加起来居民共仅有一百六十余户。再从其担负的“军米”和“丁银”数量等情况来看，说明那时的陈亮堡是一个人口繁盛、富裕且有众多“风景名胜”的自然村寨。没能成为“重镇”，或仅仅是因为地理位置和交通的原因。

历史上，陈亮曾经也是一个文教较发达的地方。清道光年间，周际华曾来此设馆授业。一九三八年，时贵阳县在此设立“贵阳县民众教育馆”，负责全县社会教育工作。寨子里原来建有景星楼、庆云阁、优坛寺、萧公寺、扶风碾等众多庙宇阁楼。然而，这些存活了几百年的乡土风物，大多于二十世纪六七十年代被毁，现已荡然无存。优坛寺曾被改造建成了陈亮小学，学校于二〇一四年并入邻村瓮岩“实验小学”，原址则被用作了“小孟工业园陈亮拆迁指挥部临时办公室”。

经村民指点，原优坛寺门前的两通石碑还在村委会大楼前坝子上，平时村里老人们闲聊时当“坐蹬”用。村委会是新建的朱红色二层楼房，建在河边平地上，跟寨子里的灰色屯堡建筑不一样，很醒目。

那两通石碑，就躺在坝子一侧的乒乓球桌旁。旁边几位老者很热心，帮忙找来拖布将石碑清洗干净。石碑立于清光绪丁亥年（一八八七）十月，记载村民修缮景星楼等事宜。碑文大多清晰可认，介绍本寨自明代创设以来，人才代生、功名世有，而景星阁（楼）则始建于清咸丰丙辰年（一八五六）。尤其是，碑文还一一介绍并强调寨子周围各山“俱关本寨风水，严禁采石开挖”，违者“各堡鸣官究治”。碑文最后，有赵、刘、蒋、李、杨等数十人具名附后。据村民介绍，现寨子里赵、刘二姓最多，均系明代自江西迁徙而来。

从碑文记载可知，村民竞相提到的“阁楼”，是指陈亮河（南明河支流小黄河）边相隔不远的庆云阁和景星楼两栋建筑，它们与扶风碾一起，构成了旧时陈亮河边大天坝（今奇瑞汽车厂）一带十分美丽的风景。

“而庆云阁，那才是最漂亮的建筑！”一位七十多岁的蒋姓老者对我说。据其介绍，庆云阁建于清乾隆年间，在扶风碾旁，共有三层：一层供财神，二层供关公，三层供刘备。关公手持大刀，有百三十斤重，现已不知去向。该楼是四角对五角、五角对六角，比甲秀楼还要漂亮。景星楼则供奉着马王、牛王，过去，村民常在此举办马王会、牛王会等活动。

> 庆云阁是我亲手拆的！一九六六年，大队将此楼分给我们小队，我们把它拆了并用其木材、石料建了一个仓库。那时候，因为家庭成分不好，是富农，我读了几年书后就学了木匠。记得那榫头我拆不下来，是用斧头将它们一一砍断的……现在，仓库也没有了。
>
> 原有庆云阁石碑一通，有一米见方宽，房屋拆后就丢在路边。几年后修街道时，村民们没有文化，将它砸烂后用来铺路基了，太可惜了！

蒋姓老者如数家珍，十分兴奋而又不无遗憾地给我介绍了这些情况。

现在，寨子里尚存清代“三进式”四合院建筑“赵家公馆”（现为“刘氏宗祠”）的一部分，刘清祖母墓及“梅花屋”石碑还在。

因建设工业园区，寨子面临被整体拆除。原寨子周边环境早已面目全非，寨前陈亮河经“修理”后已变成了一条深深的沟壑。建于清代被区志列为文物的两座石拱桥陈亮桥、新桥均已拆除，上游“水关口”也被拆除……寨子内，村民们新建或扩建（“种房”）的火柴盒式砖混房屋，连墙接栋、杂乱无章。从寨前开发大道对面高楼上看下去，寨子犹如挤成了一坨生铁，冷冰冰的像个怪物。

同附近刚刚被拆除的傅官堡一样，陈亮堡这座存活了六百年的黔中屯堡，也即将从我们的视野中消失。让我唯一牵挂的，是那两通石碑将安放在何处。

陈亮堡（2021年　摄）

陈亮堡旧时景观示意图（根据村民回忆描述绘制）

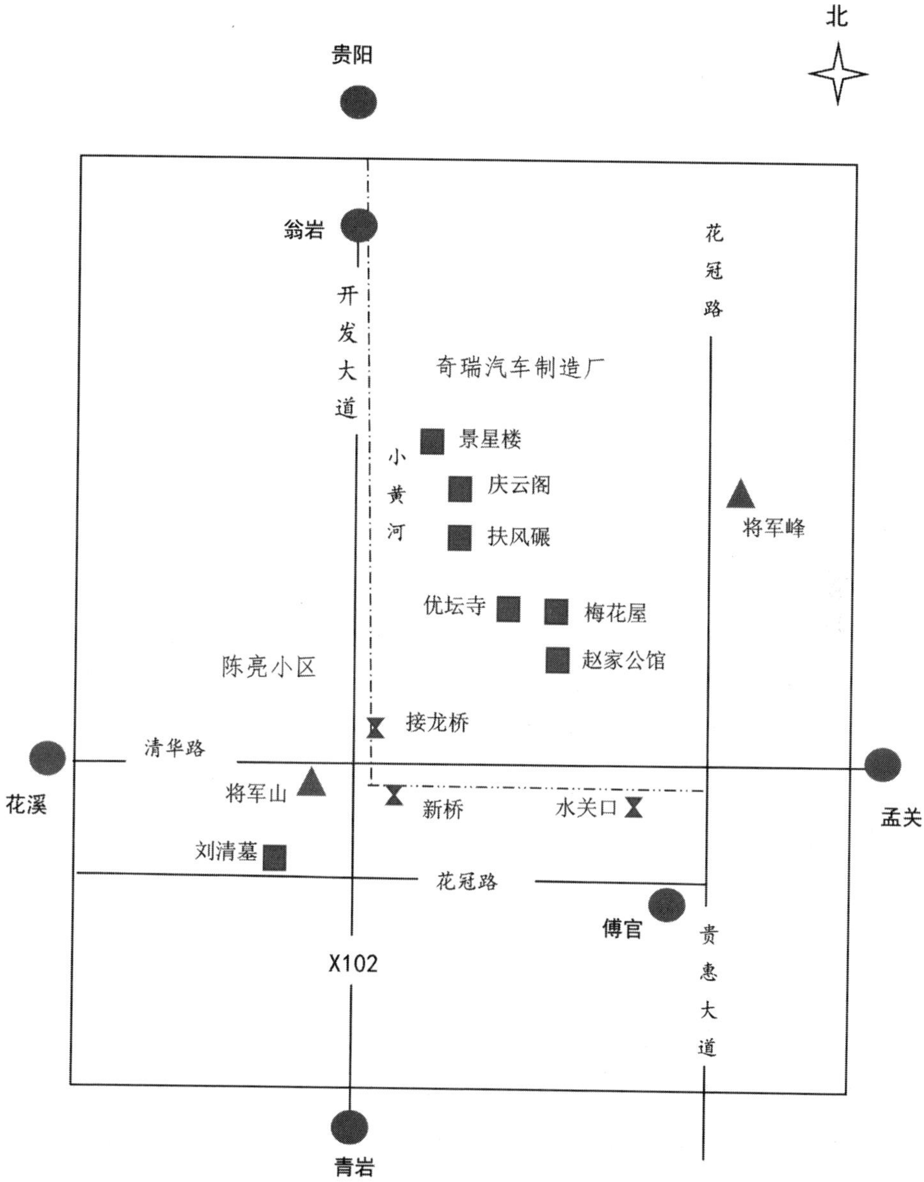

桐木岭

桐木岭作为地名，较早见于《徐霞客游记》。

明崇祯十一年（一六三八）四月十四日，徐霞客离开贵阳取道青岩经白云山前往云南。在花溪吃完午饭后继续南行，他写道：

> 九里，见路出中冈，路东水既东北坠峡下，路西水复西北注坑去，心异之……则此冈已为南北分水之脊矣。盖东西两界，俱层峰排闼门，而此冈中横其间为过脉……是云独木岭，或曰头目岭。昔金筑司在西界尖峰下，而此为头目所守处。

徐霞客在这段文字描述中提到三个关键词：南北分水之脊、独木岭（或曰头目岭）、金筑司。

大约三百年后的一九〇二年，日本学者鸟居龙藏在经过这里时写道：

> 由贵阳府直至这附近一带的地势，山岳远隔，均为平坦的旷野。尽管如此，却是贵州省的一处分水岭。无论怎样这里既有流向四川方面河流的源头，也有流向广西方面河流的源头……

现代水文考察证实，处在“南北分水之脊”的桐木岭，的确是长江流域乌江水系与珠江流域西江水系的“分水岭”。从桐木岭往北去的水经南明河流入长江，往南去的水经涟江流入珠江。

金筑司，即元明时期的金筑长官司。元世祖至元二十四年（一二八七），置金筑长官司。明洪武四年（一三七一）正月，置金筑长官司，隶四川行省；十年（一三七七）正月，改贵州金筑长官司为安抚司；明英宗正统三年（一四三八）八月，增置金筑安抚司流官同知一员。万历四十年（一六一二），金筑安抚土舍金大章向朝廷“乞改土为流”，遂改金筑安抚司为广顺州，改州判为流官，隶贵阳府。

《明实录》的记载，较完整地记录了明清时期贵州地区改土归流和国家化的一般进程，即从“土流分治”，到“土流并治”，再到“流官治理”的过程。这一过程，既跟少数民族的汉化“生苗变熟苗”有关，也同汉移民的涌入和多民族融合有关。

二十世纪八十年代，花溪燕楼乡曾经流传“金竹师的传说”故事。大意是说：在很久以前，居住在今斗篷山下的布依族寨子里，有一金姓人家生下一奇异男孩。男孩落地即拜继给门前一篷大金竹，取名“金竹师”。金竹师长大以后，“要去京师学习”（明朝制度规定，土官子弟“不由儒学读书习礼者，不听保袭”）。后来，金竹师因思念媳妇想回家，在大金竹的帮助下施妖术使太阳在一天中“三起三落”（有“作乱”之意），这让皇帝“又惊又怒”。于是，皇帝降旨捉拿妖人，并派兵前往金竹师家乡兴师问罪。经过几番战斗，金竹师或因“阴差阳错”，或因家人“误了天机”，总之因“气候不足”而完败。

原金筑长官司治所在“西界尖峰下”，指党武乡思丫村斗篷山（现贵州财经大学后）下。明洪武二十四年（一三九一），金筑安抚司治所迁往杏林峰（今长顺县广顺境内）。明万历年间，设金筑安抚司隶贵阳军民府，统领十八个长官司，它们分别是贵竹、麻向、木瓜、大华、程番、韦番、方番、洪番、卧龙番、金石番、小龙番、罗番、大龙番、小程番、上马桥、卢番、卢山、平伐长官司，范围包括今花溪区的花溪、青岩、石板、燕楼、马铃、党武、湖潮等地，共一百七十余寨。

桐木岭是花溪至青岩道上的一个“关口”，在明代处在大酸汤堡和青崖堡中间，南北各距离约九里。因其交通地理位置重要，长期由金筑长官司负责委派“头目”把守，兼有关卡、递铺等职责作用，“头目岭”或因此而得名？

明万历年间，郭子章《黔记》中提到，从省城“往定番州小路”中，设有花三哨（清代改称“花仡佬哨”）、桐木岭哨、青岩哨、新哨等。从这时起，此地已称“桐木岭”。

至民国时，桐木岭则以“跳花”而著称一时。过去，每年正月初八到初十，花溪、孟关、小碧、黔陶、青岩、湖潮、马铃等周边地区的苗族，要聚集于桐木岭举行跳花场活动，青年男女利用这一活动谈情说爱。

跳花，是历史上贵州民族地区十分普遍的一种交际性娱乐活动，也称跳月、跳场、跳芦笙等，尤其是在苗族地区最为常见。有学者曾经指出：“历史上，苗族利用‘跳月’求偶的习俗，曾被统治者视为‘伤风败俗’遭到禁止。”现凯里市舟溪乡沙河坝之甘囊香芦笙堂，仍保留有一通《永垂不朽》芦笙堂碑，碑文曰：

吹笙跳月，乃我苗族数千年来盛传之正当娱乐。每当新年正月，各地纷纷渐举以资娱乐而贺新年。更为我苗族自由婚配佳期。其意之大良有以也。

该碑立于民国三十一年（一九四三）正月十五日，一九八六年被列为“贵州省文物保护单位”。

一九四六年三月，时《贵州日报》曾刊登《春暖花开苗胞舞》一文写道：

风霜雨雪冷淡不了苗胞们对于跳厂（即“跳花”）的炽热喜爱。每年正月初八起，住居桐木岭附近百里以内的苗男苗女，从各个不同的地点方向，翻山越岭地赶赴那不及十丈见方的舞蹈草坪中作他们每年一届为期三天的新春团聚。在集会中他们以原始的载歌载舞来娱乐自己，同时揭开彼此间爱情追逐的序幕。……从正月初八到初十，这三天的时光为青年苗胞们宝爱着。他们不只愉快地度过新年时节，而且怀着这一时节能够给予他们春天的快乐，带来新春重临的消息……

今天的桐木岭，孟溪路、清溪路、思杨路、南环高速、地铁三号线、贵阳绕城快铁等道路纵横交错，已经成为城市建设的重要节点。道路周边地区，则正在按照城市规划修建大型城建项目。

“桐木岭已经不再跳花了。不得地方跳了。再说，现在也不得过去好玩了。”二〇一九年正月初八，一位村民对我如是说。

大夏大学

抗战军兴，贵州成了大后方。当时，大批机关、企业和学校西迁来黔。其中，迁入花溪或在花溪建校的有国立浙江大学、私立大夏大学、私立之江大学和国立贵州大学四所，另有中央防空学校等职业教育和中等教育学校九所、初等教育和社会教育机构若干。花溪地方，一时人文荟萃、书卷飘香。

私立大夏大学是西迁贵州最早、办学时间最长的一所大学，是西迁高校中唯一在贵州建校舍的学校，这跟这所学校的主要创始人、董事长王伯群有很大的关系。

王伯群原名王文选，贵州兴义人。中国同盟会会员、中国近代民主革命先驱、政治家和教育家，曾任广州大总统府参议兼军政府交通部部长等职。一九二八年七月，在王伯群兼任交通大学校长就职仪式上，主持人蔡元培先生说部长兼任校长有“三利”：一是能知道国家需要何种人才而培养；二是经费容易筹措；三是人才可以做到学以致用。

一九二八年至一九四四年，王伯群兼任大夏大学校长达十六年，直到病逝，且于一九三一年后主要从事教育事业。他认为，校长最主要的职责在于为学生选聘优质教师。

大夏大学入黔之初，先是由省政府将贵州讲武堂（现河滨公园对面原贵州教育学院一带）划给其作为校舍，后在花溪今贵州大学北校区一带，辟地两千亩为固定校址并修建校舍。抗战期间曾在贵阳师范学院任教的杨宪益先生回忆道：“我们刚离开的中央大学分校坐落在一个名叫柏溪（现吉林村）的小村庄，我们新建的校园附近还有一所从上海迁来的教会学校大夏大学”。其实，他这里指的是之江大学，一九四三年秋自福建迁来花溪借大夏大学新校舍开学。大夏大学在上海即以建筑宏伟、环境优美、设施完备而著称，在花溪新建校舍时也沿袭这一风格。至今，保留在上海和贵阳两地的“王伯群故居”，均被列入省级“文物保护单位”。

同时，大夏大学也是深入贵州社会最为全面而切实的高校，是抗战时期当之无愧的“贵州大学”。正如当时王伯群所宣示的那样：“我大夏大学之在西南，为贵州最高学府，所负使命，既重且大”，大夏大学当“协助政府以开发西南之资源”“促进西南之文化”。他与时任贵州省主席吴鼎昌在花溪成立“农村改进区”，由大夏大学和地方政府联合开展建设实验，旨在促进地方经济社会事业发展。从一九三八年入黔到一九四六年回迁上海，大夏大学在贵州八年（在贵阳六年，赤水两年）中，有毕业生一千五百七十六人，对贵州社会事业尤其是文化教育事业做出了重要贡献。

有专家认为，大夏大学对贵州的最大贡献是对贵州少数民族的调查研究。这是一批经过专业训练的专家教授，“第一次用崭新的理论方法，从不同视角，对西南少数民族情况进行全面综合的调查研究。”

来黔之初，大夏大学即成立“社会经济调查室”（后改名“社会研究部”），其核心任务就是对贵州少数民族“从事进行有系统之研究，以翼促成贵州社会建设之事业”。这项工作，得到了重庆政府的大力支持。其目的，当时一位记者曾写道：我们也曾有机会听到一位研究苗民社会生活的权威学者的讲话，据这位先生说，他最近奉省府的命令，组织一民俗研究会，其最大目的，在研究汉苗之生活习俗，冀求一沟通感情之法，而便于政治之推进。

在吴泽霖、陈国钧先生的主持下，大夏社会研究部以“西南边区考察团”之名，先后组织数十人深入今贵阳、安顺、毕节、黔东南、黔南等地，调查社会状况和民族资料。先后出版了《贵州苗夷社会研究》《炉山黑苗的生活》《威宁大花苗语字汇》《贵州苗夷歌谣》《贵州苗夷影荟》等著作。同时，其调查研究报告还及时发表在当时的《贵州日报》《贵州晨报》《时事导报副刊》，以及自编《社会旬刊》《社会研究期刊》等报刊上。

直到今天，这些调查研究成果对研究贵州少数民族社会历史文化仍具有很高的参考价值。另外，这些研究成果对于社会各界全面、客观、公正地认识和评价贵州少数民族，也发挥了十分积极的影响和作用。正如吴泽霖、陈国钧先生在《贵州苗夷社会研究》序（一九四二）中所言：

贵州全省人口共一千一百余万，其中百分之四十的人口是没有文字的苗夷族。可惜关于他们的生活，很少有人加以精确的调查，或客观的叙述，所以一直到现在，苗夷族的一切，在一般汉人的心目中，仍还是一种谜。苗夷二字，仍还是笼罩着一种神秘的观念，对于他们有种种荒诞无稽的传说，甚至有许多不近人情的诬蔑。

针对当时社会各界关心苗夷族情形者众多，陈国钧先生在一九四一年八月发表于《东方杂志》的《贵州苗夷族社会概况》一文中，介绍并提出“苗夷皆是中国最古居住之民族”“苗夷民的体质，异常坚强健康，绝少恶劣嗜好”“余所见之苗夷区，实是充满着友爱的乐园”“大多苗夷民墨守先人遗训，而局促高山岩壁之间，其生活落后殊甚”等，较客观和真实地描述了当时贵州部分少数民族的生活状况，充满了对他们作为中华民族大家庭一员的深厚感情。

此外，吴泽霖《贵阳苗族的跳花场》《海葩苗中的斗牛》《贵州苗夷的婚姻》《贵阳青苗中求婚》，陈国钧《贵阳仲家的歌会——赶七月场》《苗夷族中的“摇马郎”》《仲家的丧俗》，李植人《蒙贡寨的重阳节》等，对当时贵阳县（后改贵筑县，今花溪区）的少数民族风俗习惯，都有较深入的分析和生动的描述。

一九四二年六月至十月，大夏大学社会研究部在贵阳先后举办“苗夷文物展览”三次，引起很大轰动。展览共展出苗夷“文物”千余件，据当时报道，“每日参观者极为踊跃，无不兴趣浓厚”“可惜开放日期不多，人又天天拥挤”“这在国内尚属首次”……

还有专家分析指出，现贵州名校如贵州大学、贵州师范大学、贵阳一中等，都与大夏大学或多或少地有着一些渊源。其中，教育学院被视作大夏赠予贵州最珍贵的礼物。

一九四一年十月，大夏大学根据国民政府教育部命令停办教育学院，并按指令将教育系四个年级学生，全数并入新设的国立贵阳师范学院（现贵州师范大学），故而有“国立贵阳师范学院一经创办即得毕业生”一说。同时，贵阳师院成立后，请求租借大夏在花溪的校舍，王伯群当即表示同意，理由是“贵阳师院培植地方师资，发展国家教育，与本校所负使命并无二致”。大夏大学回迁上海后，其在贵阳的全部校舍划给贵阳师院为正式院址。

一九五一年十月，以大夏大学、光华大学为主体，在大夏大学原址上创建新中国第一所师范大学华东师范大学。二〇一四年十月，华东师范大学档案馆馆长汤涛教授一行，专程来黔“寻找王伯群校长”。在参观完贵州师范大学珍藏的

"私立大夏大学档案"后，他不无感慨地说："大夏直接遗留下来的学科遗产，在贵州师大得到见证。"

贵阳王伯群故居（2021年　摄）

抗战时期的贵阳清华中学

二〇一三年五月，贵阳清华中学在建校七十五周年之际，编辑出版了校本教材《清华记忆》（丛书），共计八十余万字。全书共四册，分为《清华基石》《清华脊梁》《清华范式》《清华家书》。丛书扉页上写着：

伟大的教育家周诒春率清华学子，邀各路精英，创一流名校。

周诒春（一八八三—一九五八），祖籍安徽休宁，生于湖北汉口。早年毕业于上海圣约翰大学、美国耶鲁大学，曾任南京临时政府外交部秘书、孙中山先生英文秘书。一九一三年八月接任清华学校（清华大学前身）校长，至一九一八年一月去职，是清华校训“自强不息、厚德载物”和德智体“三育并进”教育方针的提出者和倡导者。

“七七事变”后，许多不愿意当亡国奴的青年学生纷纷撤往后方。一九三七年九月，清华大学研究生王万福、唐宝心等“清华八子”在汉口筹建清华中学，以期服务失学学生，“训导青年，培养民力，宣传抗日”，得到了时在长沙筹办临时联合大学的清华大学校长梅贻琦、教务长潘光旦、文学院院长冯友兰等人的大力支持。后得《大公报》主笔张季鸾指点，决定到大后方贵州去办学。张建议去贵州，除战场局势变化外，最重要的理由是热心教育事业的原清华学校老校长周诒春应新任贵州省主席吴鼎昌之邀，即将出任贵州省政府委员兼财政厅厅长。

一九三八年二月，王万福、宋士英到贵阳后与周诒春“一拍即合”。贵阳私立清华中学便以“惊人的筹建速度”，于五月一日在贵阳市龙泉街复圣祠正式开学，首招高一、初一各一个班新生。一九三九年，由于武汉失守、长沙大火，国民政府大批机关内迁到贵州，学校按政府“疏散令”迁至距离贵阳市区十九公里的花溪镇现校址。

按照“依靠社会不依靠政府”的原则和“扎根贵州办清华”的志向，学校实行董事会制。以梅贻琦为名誉董事长，周诒春为董事长，何应钦四弟、时任贵阳市市长何辑五为副董事长，先后邀请地方名流任可澄、李宗恩、虞振镛（清华校友，时任职于贵州省建设厅）、吴泽霖（时任大夏大学教授），清华名师潘光旦、冯友兰、陈岱孙等约二十人为董事。同当时内迁贵阳的私立大夏大学一样，虽为“私立”（或曰“民办”），亦得“官助”。

其中，校董李宗恩博士（江苏武进人，历任北京协和医学院院长、中华医学会副会长等）为国立贵阳医学院首任院长，先后介绍其弟李宗津（毕业于苏州美专、“中国肖像画第一人”）、李宗瀛（毕业于西南联大）到清华中学任教。李宗津与同在该校执教、毕业于美国布雷默女子大学的周诒春之女周珊凤相识、相爱至喜结良缘，一时传为佳话。同时，抗战时期成建制迁入贵州的大学、中学及各种专业学校共有二十九所，战后均先后回迁。因时局变化而改建贵州并保留至今的，只有贵阳医学院（原拟筹建武昌医学院）和清华中学。这也可算作一段“佳话”吧。

“丛书”将周诒春教育思想概括为：

> 我清华学校历来之宗旨，凡可以造就一完全人格之教育，未尝不悉心尽力。
>
> 首重生活之训练，晋期品格之养成。
>
> 今日之学生，宜着重德智体三育固矣；清华学校，素以养成完全人格为宗旨，故对于三育以施教育之功，不遗余力。

学校创办人之一、第三任校长唐宝心在任职期间，大力倡导“清华精神”，推行“发展青年身心，培养健全国民，为研究高深学术及从事各种职业之预备”的办学宗旨。他在回忆中说：

> 我们提倡清华精神，周董事长每隔一周对学生讲话一次，提出“诚实、爱国、自主、合作”的要求。我们培养学生的荣誉感、自尊心和集体观念，考试时教师不监考，学生以作弊为耻。上课时教师一般都比较严厉，下课后师生又混在一起毫无隔阂……学校规定每天下午四点以后，除阴雨天以外，学生必须到户外活动至少一个小时。学校背靠大将山，面临花溪河，入学新生必须爬一次大将山，全校师生都必须学会游泳，游泳不及格的不得毕业。所有这些，实际都是继承了清华学校的优

良传统，也是周诒春先生的得意杰作。

时任校医、唐宝心校长夫人陈琰这样回忆道：

周老先生每逢星期天必到花溪来，看地形，做规划，请人设计造校舍，还动员全体在校师生参加劳动，搬砖、运土、种树、修整操场……大家热情高涨，工地上，一片热火朝天，现在回想起来，那真是少有的创举。

有学生回忆：

一次，贵阳有滑翔机表演，学校组织去观看，耀康老师（周诒春之子周耀康，毕业于上海圣约翰大学）与同学一起步行到贵阳河滨公园看对岸的起飞表演。再结队步行返回花溪时，一些同学走不动了，他找来一辆无篷大卡车，让我们几位体力不支的学生上车，耀康老师仍与多数同学一起，沿途打气步行回校。花溪至贵阳一个来回，走路要花七八个小时呢。

学生时代曾任“食堂经理”的北航教授刘润泉说道：

现在都难以想象，那时候的老师们怎么会放心我这个十三四岁的孩子管理食堂，但是的确管下来了。

凡此种种，清华师生的追忆还有很多……

学校创办人之一、时任训导主任兼英文、国文教员宋士英在后来回忆：时周老师（周诒春）对几个创办人说：“教学不等于关门办教育……只要你们能把学校办好，肯定会有人不远千里送子女来，也肯定会有人自动地捐钱来”。当时，很多知名人士的子女如李达之子李心天，罗尔纲之子罗嘉驩，梅兰芳之子梅绍武、梅葆玖，戴安澜之子戴复东，陈明仁之子陈扬铨、陈扬钊等相继就读清华中学。

“清华精神”，或体现在当年清华中学的《校歌》里：

贵山苍苍，富水汤汤。
莘莘学子，荟萃八方。
宏开讲舍，北胜南强。
风疾草劲，源远流长。
日新又新勿怠荒，

日新又新勿怠荒。
同心协力为国光，
行健不息须自强。
自强，自强，行健不息须自强。
自强，自强，行健不息须自强。

因周诒春的影响力，清华中学得到各路精英鼎力相助。当时的师资力量普遍来自清华、北大、中山、西南联大等名校及欧美留学毕业生。尤其是在一九四三年，“这一年各方优秀教师云集清华，学校出现空前繁荣兴盛的景象。”一九四三年三月十八日，国民政府主席蒋介石到清华中学视察，称赞其为“模范中学”。

名师出高徒，在最初的十多年办学时间里，清华中学培养学生仅一千余人，其中的佼佼者竟延袤数页，不胜枚举：

李心天，三级校友，中国心理卫生协会副理事长，我国医学心理学和临床神经心理学奠基人之一。

赵世开，七级校友，中国社会科学院语言研究所研究员，比较文学专家。

杨光启，七级校友，原化学工业部副部长。

梅绍武，八级校友，中国社会科学院美国研究所研究员，文学翻译家。

朱厚泽，十一级校友，原中共贵州省委书记、中宣部部长。

赵西林，十一级校友，著名书法家，曾任贵阳市副市长、市人大副主任。

丁廷模，十五级校友，原中共贵州省委副书记。

戴明贤，十八级校友，著名书法家、作家，西泠印社社员。

……

九级（一九四〇年入校，一九四五年离校）学生、后来曾任中国驻塞拉利昂共和国特命全权大使的罗嘉骝在回忆文章中说道：

> 一个中学出了这许多人才并不平常，我有一个想法，母校学教育、师范专业的师弟师妹们，如果有兴趣，能否把“抗战时期的贵阳清华中学”作为大学生、研究生甚至博士生的毕业论文？

“抗战时期的贵阳清华中学”，或早已成为了一段历史、一段记忆，但她给后世留下了一份宝贵的精神财富。

如今，适应并满足地方社会对优质教育资源的需求，据说也有配合贵阳经济技术开发区小孟工业园建设之意，清华中学已在附近麦乃村建设了新校区。新校区距离老校区两公里，距离小孟工业园区约四公里。从老校区出发，沿清华路翻过棉花关，步行约半小时可达。

“师生愿作蜡炬燃，一度秋风一度春”。历经八十多年的沧桑岁月，走进贵阳清华中学校门，首先映入眼帘的，依然是那块镌刻着八个大字的校训石碑：自强不息，厚德载物。

1943年花溪河畔的清华中学①

① 贵阳市花溪区地方志办公室编：《贵阳市花溪区志》，贵州人民出版社2007年版。

花溪修禊

修禊，源自古代一种祭事活动，即古人在春秋两季所举行的临水祓除不祥的祭事。后来，逐渐演变成一种文化娱乐活动。例如“上巳节”，在农历三月初三。《礼记》载：“仲春之月，令会男女，于是时也，奔者不禁。”古代中国强调男女授受不亲，只有在这一天（“修禊日”）不受限制，故有“法定情人节”一说。至今，“三月三”仍是广西壮族、贵州布依族等南方少数民族的传统盛大节日。

修禊文化，最著名的当然是东晋时期王羲之组织的兰亭修禊。据介绍，所作《兰亭集序》更是被后世推为“天下第一行书”，而兰亭则成了中国山水园林的发源地，自兰亭后，中国兴起造园之风。

民国时期，花溪公园曾举行过两次“修禊”。

第一次花溪修禊，是在民国二十五年（一九三六）孟夏，地点是在清晖楼（时改名“中山堂”）。东道主是时任贵阳县县长刘剑魂，参与者有聂树楷、桂百铸、杨恩元等。其中，杨恩元作有长诗《花溪修禊盛会上分韵得“到”字》。

杨诗咏叹贵州风景秀丽，天然生成。过去由于交通阻隔，“深藏若在窖”而不为人知。自明清道路开辟以来，文教渐兴，贵州的风景也开始广为人知。省城贵阳，则是“随处堪游钓”，尤以花溪最为著名。诗中对花溪“四山一水”及其周边景致依次作了描述，赞其“清越庐山钟，容与西湖棹”。也描述了一行人等“豪气拟元龙，才华追谢朓；或为梁父吟，偶试孙登啸。散步各分途，留影快摄照……倦飞随鸟还，偏西已夕曜。但备乳菽餐，愧无斗酒劳”的惬意畅快之举。此外，诗中最后说，“名迹自有真，由来非倖冒。但使此诗传，可作先路导”。时花溪风景开创之初，故而兼有“宣传推广”之意。

诗中提到同游者“聱园翁”聂树楷（一八六四—一九四二），贵州务川人，是一八九五年赴京会试时参加“公车上书”的一百零八名贵州籍举人之一。辛亥革命后，历任兴义县知事、贵西道尹、省政府秘书等职。时刘剑魂作《和磬园翁春游花溪韵》三首，有“桃花香透一溪风，觅句曾来白发翁”“处处笙歌春意满，麟山风阜翠纷披”等句。

而后，有诗、书、琴、曲、画“样样皆通”之誉的文化名人桂百铸，作《花溪揽胜图》赠送刘剑魂。这是桂百铸的代表作之一，也是贵州绘画史上第一幅表现花溪自然风景的作品。后来，刘剑魂之子刘雍将此画捐赠给贵州省博物馆珍藏。

第二次花溪修禊，是在民国三十年（一九四二）重阳，地点是在尚武俱乐部（今西舍），东道主是时任贵州省政府主席吴鼎昌。时花溪公园（时名“中正公园”）初成命名，贵州省政府主席吴鼎昌以“修禊花溪”之名，邀请正在贵阳疗养的张学良游花溪，同游者有李紫光、任可澄、陈恒安、李独清、柴晓莲等二十多位地方名流。活动以游花溪的“游”字为韵，各赋诗词以志。其中，张学良和诗一首以酬：“犯上已是当头祸，作乱原非愿所求。心存广宇壮山河，意挽中流助君舟。春秋褒贬分内事，明史鞭策固所由。龙场愿学王阳明，权把贵州当荆州。”

因战时禁酒，估计这两次“花溪修禊”均没能尽兴。尽管如此，那场面也不禁会让人想起苏东坡的名句：君不见兰亭修禊事，当时座上皆豪逸。

莫友芝《黔诗纪略》记载，黄平有鼓台山，在旧城南五里，山下有小溪蜿蜒曲折。明万历四十年（一六一二）中秋，黄平州知州四川巴县人杨凤翥（字卷阿）组织了一次“秋游”活动，并作《游鼓台山记》：“出东门外，越溪去……溪水从苑口透出。春夏交，撍石潴水以为灌田计；秋冬石折水落，苑中岩石坦如也，尽堪坐卧，其下流觞曲水，胜敌兰亭。”其中还写道：“天下名山亦多矣，不无人工点缀之巧。此山如村谷中人，不知致饰而一种自然率真之态，令人可仰可亲也”。那天游完后，一行人即在郊外“饮至月上，始携手入东平门”。

同游黄平人余兴贤作《游鼓台山和杨卷阿刺史韵》一诗，记其游历事云：

共醉平原已及期，杖藜出郭更探奇。
磴边瑶草寒香细，山半扶桑霁色移。
泉引一泓堪泛酒，崖磨千尺欲题诗。
追随轩盖登临后，异代风流此一时。

如此观之，举修禊、郊游雅事，黄平鼓台山似要略胜一筹。

谒任可澄墓

二〇二二年清明节，独自驾车前往花溪寻找任可澄墓。按照网友提示，直接导航行至甲秀南路“思源溪谷”住宅小区，导航提示，该小区始建于二〇〇〇年。小区在新建城市大道甲秀南路右侧，距离花溪公园三点五公里。

下车询问小区物管及居民，均不曾听说过此事。见大门左侧护栏加简易围墙外有一块松树林地，根据网友十多年前博文并附照片介绍，断定任公墓就在这片树林子里。经一热心保安带路，沿护栏行至小区后山脚下“越墙”而入。

这块林地约有一亩，左侧紧靠溪谷小区，右侧是在建一新项目“溪园综合楼”，紧挨着的是在建“恒大花溪童世界”配套工程建设工地，马路对面花燕路一侧则是大型楼盘“碧桂园·花溪 1 号”等。这里距离花溪区行政中心不足两公里，环花溪湖周围楼盘众多，道路交通、商业服务等已日渐完善，是目前花溪区居家置业的“热门”地块。

林地后面是几块不规整的菜地，寻着小路进入林地，一直往前行进约五十米，便可走到任可澄墓后。其实，它就在溪谷小区护栏后，距离小区不过三五米，距离甲秀南路十余米。因围栏和树木遮蔽，行走在小区道路上很难看见。墓碑没有任何雕饰，阴刻“任公志清之墓”六个隶书大字，立于“民国三十七年八月”。

任可澄生于清光绪四年（一八七八），卒于民国三十四年（一九四五）十二月，享年六十八岁。时因卜地未决，置棺暂厝于甲秀新村宅旁空地（今翠微巷）。

民国三十七年（一九四八）九月六日，贵州省政府政务会议议决，呈请国民政府明令褒扬，安葬任可澄于花溪吉麟村昔温峤（原吉林小学旁），并于是日举行全省公祭。“时志清先生既逝三年，国家优礼名贤，举行盛典”“贵州省政府主席谷正伦暨各机关法团学校士绅及公葬委员会同人等，谨以鲜花清酌，祖祭于任先生之灵”。社会各界纷纷敬献挽联，尤其以黔滇两省居多。其中，云南省主席龙云有挽云：

立言立德立功，大节久钦，滇海至今留化泽；

得位得名得寿，道山遽返，黔灵终古吊人琴。

历史上，与贵州有关被后世誉为立德、立功、立言“三不朽”的，只有两人：王阳明和任可澄。王阳明是浙江余姚人，谪居贵州的时间仅约两年。而任可澄，却是地道的贵州人，官网称其“是清末民初颇有声望的人士”。

资料介绍：

任可澄字志清，号匏斋，贵州普定人。光绪二十九年（一九〇三）举人，次年春考取进士授内阁中书，曾赴日本考察教育。一九〇五年丁忧回省，与在籍翰林院修撰赵以炯、内阁中书唐尔镛三人一起充任贵州学务处参议。宣统元年（一九〇九）组织宪政预备会，任会长。辛亥（一九一一）贵州光复后，任大汉贵州军政府枢密院副院长。民国四年（一九一五），任云南巡按使。袁世凯复辟称帝，与唐继尧密谋倒袁。云南宣布独立成立都督府，出兵讨袁。护国功成后，先后任云南省省长、贵州省省长、北洋政府教育总长、民国政府云贵监察使等职。

时逢乱世，任可澄多次被推到“风口浪尖”。作为中央和地方大吏，或深感“时事不可为”，其在任时间均不长，大多“以补苴无术，再三乞罢”。民国五年（一九一六）七月，任云南省省长，九月即离任代表唐继尧到京述职；民国九年（一九二〇）十一月贵州“民九事变”后，公推任可澄为临时省长。经多次电请黔军总司令王文华回省主持未果后，挂冠逃匿，闭门著述；民国十四年（一九二五）六月，因感吴佩孚、顾维钧之意诚，出任北洋政府教育总长。一年后获准辞职，作《辞职得代口号》直抒胸臆云：“黄阁滥登急一岁（客年六月二十一受事，今年六月二十二受代，恰一年）缁尘乍浣似更生。漫言大隐堪朝市，叵奈中原盛甲兵。北地风流悲寂寞，西山云气误阴晴。草堂猿鹤如相忆，为报羁栖无限情。”辞职后，“僦居北城冷巷，日惟摩挲故纸自娱。仅赖及门资济，常时不给，至于鬻及几案，见者太息，谓为民国以来阁员疆吏所无”，而任“夷然未尝一置意也”。

任可澄讲廉洁从政。女儿昭仪出嫁时，作《书示女儿昭仪出嫁前》云：“我做了多年的事，到今天还是不名一钱，你们从小看见的。假令不讲廉洁，何尝不会找钱?”“这一回你的喜事，因为我不在北京，你大哥也不在北京，日子又过于迫促，只得随随便便地办了。”一九二八年十二月二次北伐占领北京后，南京国民政府才将北京改称“北平”。作书时间大致是在辞去北洋政府教育总长后，或已回黔续修省志。

任可澄主张经世致用，反对空谈。终其一生，功勋卓著。前贵州省主席杨森挽云：“旷世勋业，一代宗师”。民国三十五年（一九四六），贵州文献征徵辑馆《拟祭任志清先生文》，概括先生一生主要事业。除主持修撰《贵州通志》外，还列举其他有七：“既授中书，勤慎服官。返里兴学，得士凤鸾；辛亥光复，手障狂澜。绾符两省，蒸黎蒙惠；共和再造，力持大计。总揽教育，整饬风气；奉使监察，严劾贪戾”。并称其“太上不朽，立功立德；况乎立言，式此南国”。

时人白之翰作《代任泰撰任公志清事略》，概其一生云“兴学从政，事迹至繁，其间不无有关国家本计者。而于桑梓安危之际，与文化导扬之事尤为用心，委曲致力，艰苦所在”，似尤为中肯。

相对于贵州辛亥首义、云南护国义举等时事政务而言，任可澄在提振贵州文教方面的成就堪称卓然超群。时人称其“导黔学之先河，以斯道而觉斯民”，将其与贵州历史上道真（尹珍）、淮海（孙应鳌）、渔璜（周起渭）、稚璜（丁宝桢）、子寿（黄彭年）、柴翁（郑珍）、眲叟（莫友芝）诸大家等量齐观。

其中，在“壮年兴学”方面，有“南明雪涯，四校岳矗”一说。指的是他与唐尔镛、华之鸿等人创办的贵州优级师范（在次南门外雪涯洞）、通省公立中学（今贵阳一中）、宪群法政学堂、南明中学四校，时人有“于是黔省始有普通教育之师资”“是为黔有中学之始”“黔才济济，悉出门墙”之颂。时学生向义作有《挽任志清师》（代南明四校学生）其二云：“相向哭失声，敢希东鲁四科，偕来弟子三千众；此间垂教泽，请视南明一水，不废江河万古流。”是日，四校学生代表一百五十余人参加公祭活动。

向义（一八九二—一九七〇）是著名古文字学、声韵学、训诂学专家，兼擅书法篆刻，尤其擅长联语。有专家评价云：“知方（向义字知方）先生是我们深所敬仰的长者，他在联语方面的成就，近现代学者中，当属仅见。”二〇〇三年，向义之子、原贵阳八中教师向行端在编印《六碑堪联剩》说明中说：父亲“在废科举制、广兴学堂之际，由于年龄太小，被编入省公立中学学习。未久，又破格升入优级师范大学堂学习，后随恩师任可澄入京求学（北京京师法政学堂），学成后不愿做官，回乡办学。中年以后，仍拒绝从政，潜心著作。”

另一门生胡羽高曾任贵阳县县长，“明习吏事，犹留意乡邦文献”。曾搜得私家著述《平黔纪略》并予以刊行，从而使被任可澄视为“有省以来第一大事”的贵州咸同之乱，“乃有明确有系之记载”。民国二十五年（一九三六），“谢绝政闻，潜心载籍，庶几述作益富”，著《牂牁丛考》。任可澄称此举“于吾乡极贫窭之学术界，多所贡献焉”，对其寄予厚望。

而“晚修方志”一项，晚年十分用心，“深欲以晚勤补其壮废”。

贵州省志，自清乾隆六年以后到清末近一百七十年没有重修或补增，任可澄称“此吾辈黔人所当认为盛耻，发愤以求雪也。”由于深感责任重大，遂于民国八年（一九一九）八月邀约杨恩元、王敬彝、聂树楷等倡议续修《贵州通志》并获省政府同意。由任可澄任总纂，其他人负责分纂，至民国二十九年（一九四〇）历时二十多年告成。全书一百一十卷，七百余万字。其中，《前事志》占全书三分之一，上起殷周下迄清末两千多年的贵州地方历史“全出其手”。后人评价，民国《贵州通志》“是民国期间各省编写通志最有成效的巨著之一”“贵州史上规模最大的一部通志”“为贵州省志中最好的一部”。

所谓“委曲致力，艰苦所在”，除辛亥革命前后所在宪政预备会与张百麟领导的自治学社斗争外，多指修志一项。一则“将欲上媲君卿贵与亭林之造耑宏大，下继郑莫之志以为黔乘之光”。二则因史料难以搜求，“苦乡先辈著作矜慎，文征綦难。而时代愈近，则采获愈不易。”

再则，《贵州通志》的撰写，前后历经二十多年。时逢连年战乱，“十年燕市，三载吴江，挟稿与俱，案罗缥缃”，任可澄携志稿“漂泊往来于北京、天津、苏州、云南和贵州等地，其中的艰辛可想而知。”其间，一九三一年，毛光翔主黔，重开志局并电邀任可澄返黔修志；一九三四年避黔地战事“乃携残稿经桂粤，辟地于苏州”，作有《寓吴门》一诗云：“老来避地常为客，愁里扃门大似庵。不负晚年铁石意，雪香如海在江南。”一九三六年八月，续修贵州通志局改组为贵州文献征辑馆，仍以任为馆长。

一九三七年，在新任云贵监察使时曾自述曰：“余老矣，愧无以慰苍生之望，年前主纂黔《通志》，并披印《黔南丛书》，兹犹未蒇事。”时人评述，“时会艰难，所志未偿百一，尝用耿耿”。故而在其任职四年届满后，便卜居昆明西山侧。居滇二载，并非独“爱滇池景物”，“晚年铁石意”尚未达矣。直到民国二十九年（一九四〇）完成《贵州通志·前事志》，随即携稿回省付印。

除兴学修志外，任可澄在治学方面“不为派别新旧所囿，于书殆无不观，而尤深嗜史籍”。其考证文章《牂牁江考证》《贵州土民总说》《鬼方考》《红岩访碑记》《西望山毗卢寺访碑记》《永历王墓记》等，“有根有据，言之成理，为解决贵州史实上一些悬案增补新说”。此外，先生诗词书法亦佳，有《匏斋诗存》《秋心词》《联语集》等传世，在安龙十八先生墓、息烽西望山、普定莲花洞等地有题字尚存。

一九四二年重阳，贵州省主席吴鼎昌举“花溪秋禊”事，邀请正在贵阳疗养的张学良游花溪。任可澄作《壬午花溪修禊即事有作》记其事，有“腐儒今散人，老矣甘放废。恨无谋可用，决胜帷幄内。抑岂能执戈，社稷资保卫。天人谁怨尤，自惜成疣赘”“百忧如可写，万事无足芥。所愿乱有豸，否极当来泰”等句，将一时心迹付诸笔端纸上。

时人讲述，先生平时身体健康“体素丰强”，走得却十分突然，“不意突以脑溢血疾，遽捐馆舍。”

先生卒后，先是暂厝于甲秀新村，后葬于花溪吉麟村昔温峤。据说，一九八五年因建花溪麟山水泥厂，由厂方迁葬于茶山坡。一九八七年五月，经贵阳市人民政府批准并公布为第三批文物保护单位。一九八九年九月墓被盗，一九九〇年五月修复后经批准将墓迁建于磊花公路（今甲秀南路）左侧尖山村大秧田松林坡。

从“暂厝”甲秀新村到“定居”甲秀南路，似乎冥冥中自有安排，抑或偶合尔。未可知矣。

向行端老师在《贵阳风物杂话》中记有一事：一九九五年的一天，贵阳市政协“旅游”视察组考察花溪。行前，一委员说可惜只有风景，没有人文！在考察结束后的座谈会上，“我发了言：认为应将任志清先生的墓地，葬于吉林村，也辟为一大景点。据说：任志清先生下葬时，阴阳先生选择在一个军营的篮球场上，军营就只好搬迁。周恩来总理在花溪见到此坟后说：‘这是你们贵州的大名人了，应该好好保护起来。’”

或因城市建设发展需要，任可澄墓几经迁移。对于现在的墓，时人有网评云：“墓地整体上是背山、面水、向阳的，当初选的风水应该还不错”“来参观的游客不是很多”。墓地距离新建城市大道甲秀南路较近，周围已是高楼林立，笔者担心难免被再次迁移。因念及文物“一旦毁坏，绝不复生”之言，寻思不如再迁至一大型公墓以作一劳永逸之计。一则免受屡迁之苦，二则于庄严肃穆之地以便后人凭吊，而不只是将其作为一“旅游景点”。

离开时，看着面前小区里高楼林立，甲秀南路车水马龙，工地上机器轰鸣……想起先生之墓原在吉麟村昔温峤，时有祭文曰：

花溪若带，麟峰若笏；

惟有道碑，精神不没。

任可澄墓（2022年 摄）

贵阳孔学堂

“孔学堂顾名思义，是一个‘学堂’，而不是一个‘庙堂’。”二〇一七年九月二十八日孔子诞辰日，在贵阳孔学堂建成五年后，孔学堂文化传播中心负责人这样对记者说。与此同时，该负责人进一步解读道“建设贵阳孔学堂一开始定的原则是，要和传统孔庙相一致，但不能做成孔庙。于是，贵阳孔学堂的建筑既遵循孔庙的规制，有一些基本的体现儒家文化内涵和形态的要素，例如棂星门、孔子像、大成门、大成殿、杏坛等，同时又具有‘学堂’的性质。换言之，贵阳孔学堂既可用作‘祭祀’，也可用作‘以文化人’，从而兼具‘庙堂’和‘学堂’的功能。”

古人云“国之大事，在祀在戎”，意思是能够称为“国家大事”的，只有祭祀和战争。可见“祭祀”一事，在中国古代是十分重要的。有社稷之祀、山川之祀、先师之祀等，各种祭祀活动都制定有严格的礼仪规制。直到今天，在许多农村居民家堂屋里，仍供奉着“天地君亲师”牌位。

《礼记》云：“凡始立学者，必释奠于先圣。”在过去，庙堂和学堂是严格分开来的。关于庙与学的“分合”过程，清道光二十年（一八四〇），贵州巡抚贺长龄在重修贵阳府学文庙（孔庙）的《重修记》中讲述得很清楚：

> 夏商周三代以上，君师道合，有学（学堂）而无庙（庙堂），“学于斯，即祭于斯，无两地也”。汉代“罢黜百家，独尊儒术”定孔子为“万世师表”，始有君师之分。但终汉之世，孔庙建设仅限于孔子的家乡山东曲阜。全国其他地方，仍是“有学无庙”。直到唐代“始诏天下皆立原庙”，此乃庙与学区分之始。从此，祭祀在庙堂，而学习则在专门设置的学堂（学校）里进行。到了宋代，由于人口和学生的日益增加，各地儒学（学堂）不能容纳，于是书院兴起。后来，随着书院的

迅猛发展，儒学则逐渐演变成了地方掌管文教的“官署”。

明弘治《贵州图经新志》记载，贵阳文庙始建于明洪武二十六年（一三九三），在贵州宣慰司儒学前（现喷水池文庙巷薛家井旁）。后经多次修葺、扩建，或又多次遭兵燹而重建，至清道光二十年重修。其间，有明成化年间贵州巡抚孔镛《重修文庙记》，明正统年间贵州按察使钱钺《新建棂星门记》、吏部尚书王直为其作记，清道光年间贵州巡抚贺长龄《重修记》等记其事。

贵阳文庙重新建成时，钱钺《新建棂星门记》中写道：

> 贵之父老，惊叹感激，奔走相告，合辞谓迪曰：吾郡南荒之域，前代只羁縻耳。今我太高祖皇帝，不夷待之，视与中国齿，既命文武重臣以抚之，复选精能之师以教之，使吾民若厥后世，囿于文治，其恩渥也。

同其他大多数地方一样，贵阳文庙在二十世纪“打倒孔家店”运动时，早已灰飞烟灭，片瓦不存。

传统中国书院，始于宋代，兴盛于明清。尤其是在清代，朝廷大力提倡，“所以导进人材，广学校所不及”，使之成为“人材之薮，教化之源”。据统计，明代贵州设有书院二十一所，清代则有一百三十三所。在贵阳，明代最著名的当属阳明书院，清代则以贵山书院为翘楚。

郭子章《黔记》记载，明代阳明书院创设于嘉靖十四年（一五三五），为巡按王杏所建，在治城东。嘉靖二十五年（一五四六），巡抚王学益改建于贵州宣慰司学右。隆庆五年（一五七一），按察使冯成能重建于都察院前，并作《阳明书院落成记》勒石立碑于书院内。在记中，冯成能简单叙述了重建阳明书院的过程。其中写到在书院建成之时，曾令围观者啧啧叹慕，谓：

> 海内名儒祠院，壮伟无若此者！

冯成能为重建阳明书院而写的这篇纪念文字很长，重点则是谈他自己对阳明心学的理解感悟。

明末阳明书院毁于兵燹。清康熙十二年（一六七三）巡抚曹申吉捐资重建，二十一年（一六八二）巡抚杨雍建重修，二十八年（一六八九）巡抚田雯扩建，并作有《阳明书院碑记》。清雍正十一年（一七三三），皇帝下诏令各地广设书院，以“有裨益于士习文风而无流弊”。是年，巡抚元展成在阳明书院旧址上建贵山书院，阳明书院就此退出贵阳历史舞台。

清代，贵阳一地共建有书院十三所，以“贵阳三书院”最为有名。除贵山书院外，还有正习书院（俗称“南书院”）和正本书院（俗称“北书院”）。

“我们有没有祭祀的功能呢？当然有，我们每年孔子诞辰日都要办祭孔大典，还有其他礼仪、祭祀性质的活动，影响很大。”记者采访中，中心负责人还这样对记者说道。

不管怎么说，历史上曾经被多次摧毁的贵阳孔庙，在时隔百年以后，又一次以一种“特色”的方式得到了恢复和重建。显然，这不是要让我们回到过去。

贵阳孔学堂坐落在美丽的花溪河畔，面前的“十里河滩”被誉为“贵阳市的肺”，目前已开辟成极负盛名的湿地公园。依山而建的建筑群，以其气势规模之宏大，亦可谓“海内名儒祠院，壮伟无若此者”。

青岩秋夜

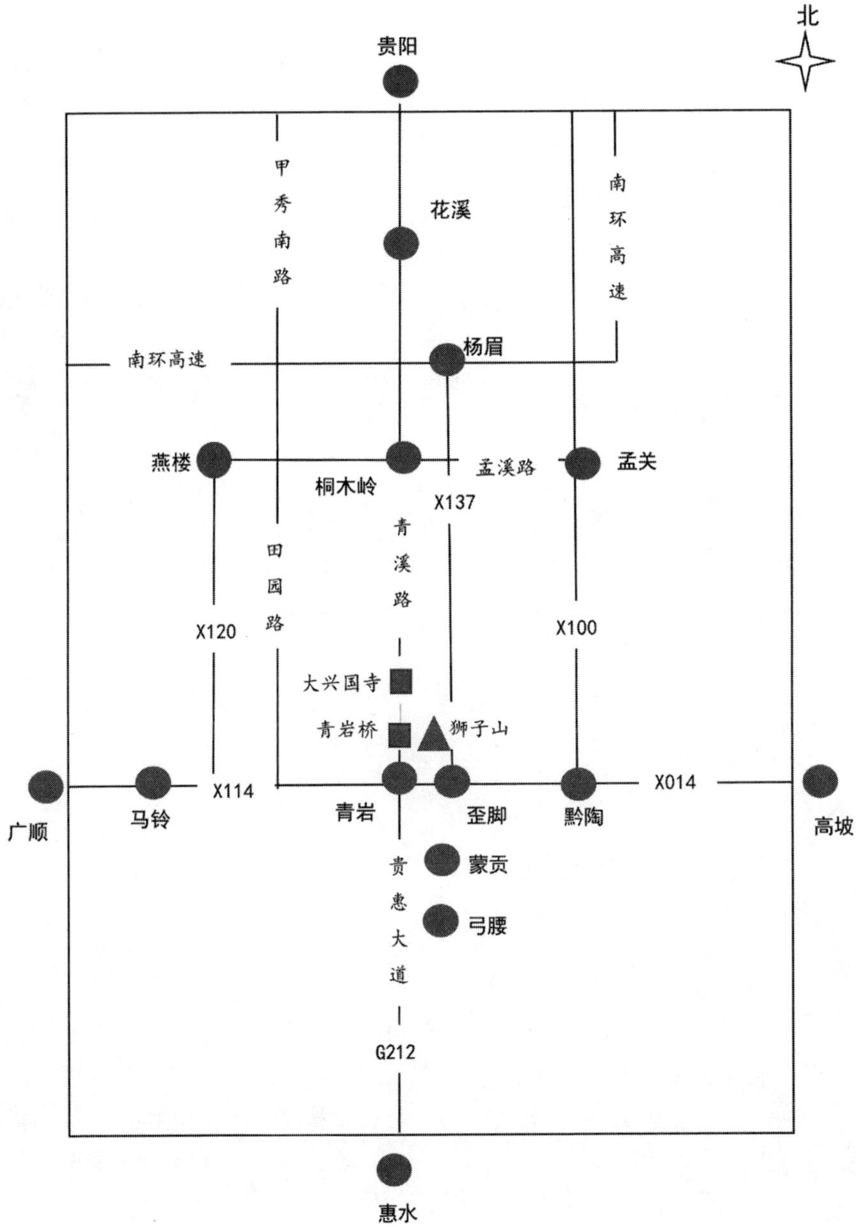
北
贵阳
花溪
甲秀南路
南环高速
杨眉
南环高速
燕楼
桐木岭
孟溪路
孟关
X137
青溪路
田园路
X120
X100
大兴国寺
青岩桥
狮子山
广顺
马铃
X114
青岩
歪脚
黔陶
X014
高坡
贵惠大道
蒙贡
弓腰
G212
惠水

徐霞客眼中的青岩

世上名“青岩”的地方很多。作为地名，最有名的或许是贵阳花溪青岩。二〇〇五年，青岩古镇被公布为第二批“中国历史文化名镇”。二〇一七年，被评为国家5A级旅游景区。

明崇祯十一年（一六三八）四月十四日，徐霞客离开贵阳取道青岩前往白云山。是日傍晚到达并住宿青岩，次日拂晓离开。

因为是路过性质，加之到达时已近傍晚，徐霞客关于青岩的描述并不多，仅二百余字。但是，他却在文中提到了三个关键词：青崖桥、青崖城、青崖屯。

青崖桥即现在的青岩桥，在青岩城北门外半里处，距离省城贵阳南约五十里。明清时期，青崖桥是从贵阳经青岩到达定番（惠水）、大塘（平塘），进而通往广西的必经之地。二〇一三年，青岩桥被列为全国重点文物保护单位。据介绍：

> 桥建成于明成化年间，古时从贵阳南下到青岩必先经过这座桥，桥东不远处即为狮子山。明崇祯十一年四月十四日徐霞客经过此桥……青岩桥为三孔石拱桥，长二十八米，宽二点七米，单孔净跨八米，矢高三米。桥的特点是拱券很薄，拱顶至桥面也很薄。这种薄拱技术的经济效果十分明显。

桥，是《黔游日记》中考察描述的一个重点。对于当时的青崖桥，徐霞客就写了一句话：“石梁跨之”。据专家考证，《徐霞客游记》中的“石梁”“小石梁”“小桥”“小石桥”“巨石梁”等，指的是单孔石拱桥。在《黔游日记》中，这样的“桥”有二十多座。

现在的青岩桥，为三孔联拱石拱桥。在《黔游日记》中，这样的桥有两座。一是今镇宁白水河上的“白虹桥”，二是今普安和晴隆交界处纳溪河上的纳溪桥。他分别写道：

随流半里，有巨石桥架水上，是为白虹桥。其桥南北横跨，下辟三门，而水流甚阔。

巨桥三门跨两陇间，水从东一门涌而北出，其西二门皆下平为田，岂水涸时耶？

也就是说，现在的青岩桥是在徐霞客经过之后的清代才修建的。二〇〇七年《花溪区志》虽然将此桥列入“文物”（非“保护单位”），注明修建年代是明清时期。但二〇二〇年六月，花溪区人民政府《花溪区各级文物保护单位一览表》中，却明确指出该桥修建年代为明代，并于二〇一三年被列入国家级“文物保护单位”。对于此说，姑且存疑焉？

对于当时的青崖城，徐霞客写道：

入青崖城之北门。其城新建，旧纡而东，今折其东隅而西就尖峰之上，城中颇有瓦楼阛阓街市焉。是日晴霁竟日，夜月复皎。

青岩城始建于明末“奢安之乱”期间（一六二一—一六三〇）。天启四年（一六二四），青岩土酋、贵州前卫游击班麟贵获准在“场坝”（四至坝）开工建城，两年完工。至此，青岩由自发形成的集市发展到城镇，已初具雏形。“游击”是明代武官等级，自上而下分为总兵、副将、参将、游击、守备等。

明崇祯十一年（一六三八），也就是徐霞客到达青岩时，恰逢贵州前卫指挥使同知班应寿（班麟贵之子）改青岩土城为石城，四门增建敌楼、垛口等，即《徐霞客游记》所称“其城新建”。其中，“旧纡而东，今折其东隅而西就尖峰之上”，指的是此番改扩建扩展了南门，新建了定广门（通往定番、广顺之意），使之成五门。同时，依山就势，将城墙延伸到西面山峰之上。

清代，青岩城有两次大修。一次是在嘉庆三年（一七九八），由武举人袁大鹏承头，加固城墙城门。另一次是在咸丰三年（一八五三），由青岩团务总理赵国澍承头，加高加厚墙体（高七米、厚四点七米），增设炮台等，使之“固若金汤”。

一九五八年“大跃进”以来，古城墙及城楼等被拆除。现在所看到的，是一九八九年以后维修和重建的。

“城中颇有瓦楼阛阓街市焉”，大意是指：城里竟然有不少青瓦楼房，且围绕这些楼房而形成了街市！这是让徐霞客颇感意外之处。此外，青岩现存明代建筑大多为清代重修或重建，以“穿斗式木结构悬山青瓦顶”为主，估计为徐霞客所见“瓦楼”形式。

至明末，随着贵州改土归流、内地化向纵深推进，青岩逐渐取代花仡佬场，成为省城贵阳南的“四至”之地，是贵阳南部最重要的农产品贸易市场。旧时有“定番米三日不到，省城即成饥荒”一说。而青岩则处在州县（定番州和新贵县）之间的接点上。为此，有人十分形象地形容它是惠水“粮仓”与贵阳“大锅”间的“梭米孔”。另有资料介绍，青岩北门外的郑家桥建于明代（或“明清”）。桥头原有指路碑云：“上走贵阳，下走定番，东走龙里，西走广顺”。

事实上，直到抗战时期，青岩场集贸易额都远远超过花仡佬场，以至于时贵阳县将征税机构设在青岩。今《花溪区志》介绍：“青岩古称‘四达之涂’，历来为贵阳通往惠水、罗甸、广顺等地的交通咽喉，明清即为用兵的要道及省垣粮道。”同时，青岩也是明清以来贵阳南部的商业中心，是花溪南部有悠久历史的农村商品集散地。

不仅如此，随着道路的开辟，尤其是在明末历经“奢安之乱”后，青岩的军事地理位置更加凸显，成为控扼八番十二司的“前沿阵地”。如徐霞客在《黔游日记》中所描述的那样：

> 青崖屯属贵州前卫，而地则广顺州所辖。北去省五十里，南去定番州三十五里，东北去龙里六十里，西南去广顺州五十里……是贵省南鄙要害。

此地原为金筑长官司领地，明洪武二十四年（一三九一）贵州前卫借用此地设防，设青崖堡。最迟至明末，青岩已发展成为省城贵阳的“南鄙要害”。

此外，明天启六年（一六二六）“奢安之乱”时，班麟贵因率部与明军配合作战有功，被提升为贵州前卫指挥同知、从三品、用为土守备，即徐霞客文中所指“今添设总兵常驻武官驻扎其内”。只不过，他在后来（四月二十五日）过北盘江入盘江新城（时称“连云”，奢安之乱后新建入滇通道“盘江十一城”之一）时写道：“青崖总兵姓班，三汊总兵姓商，此间总兵姓胡，添设虽多，而势不尊矣。”

明代青岩偏居贵阳南隅，文人官盖少有过往，留下的文字更是凤毛麟角。徐霞客因前往白云山探寻建文遗踪而过青岩，而且还为之写下二百余字，亦可谓青岩之幸矣！

到达青岩的傍晚，他怀着十分愉悦的心情写道：

> 是日晴霁竟日，夜月复皎。

兵城青岩

据说，布依语称青岩为“王荣城”，意为兵城，驻军的地方。

青岩作为地名，最早见于明弘治《贵州图经新志·山川》：“青崖，在治城南五十里，贵州前卫屯田其下。”最初，青岩只是一个屯田和驻军的地方，是明代贵州卫、贵州前卫在今贵阳城周边所设百余个屯堡之一。对此，有学者解释为：“屯田以百户所为单位，驻军处设堡，耕种之地为屯，合称‘屯堡’”。也就是说，青岩城原来是明军屯田的地方，因青崖堡而兴。

最早记载青岩战事的，是在明景泰二年（一四五一）正月。时任贵州巡抚王恂等奏：

> 都指挥佥事陈祯率官军至青崖扎营，酣饮高卧，致贼窥伺无备，攻烧入营，杀伤官军，劫去器械。

在这之前，明正统十四年（一四四九）后，贵州地区“苗贼蜂起，商贾不通”。至景泰年间，“贵州卫所、站、堡、旗甲军人往差逃亡，十去八九”。因青崖堡等处已形同虚设，时贵州都指挥佥事（明代官制，正四品）陈祯率军至青崖扎营。一则守护从今惠水到贵阳的“粮道”，二则是“坐地筹粮”（或曰“因粮于敌”），不想反被当地“苗贼”偷袭。

明天顺二年（一四五八），东苗在青岩等地起义。次年，明军发起“东苗之战”。明廷集中五省大军分兵四路进攻青崖等地，所向皆捷。后四路大军“合兵青崖”，攻石门山、决战六美山（也有称“大美山”，今高坡云顶一带）并大获全胜。青岩的军事地理位置，在这次战争中得到了充分的体现。

至明万历年间，时贵阳府属新贵县设“青岩哨”，驻军十五名。当时，除青岩哨外，周边花仡佬哨军兵二十名，桐木岭哨军兵二十三名、民兵八名，石板哨百户长一员、军二十名，摆早哨哨兵二十名，打铁哨哨兵二十名……也就是说，在东苗之战后的一百多年里，青岩作为军事据点的地位和作用似乎并不十分突出。

但是，明万历二十五年（一五九七）后，形势发生了很大的变化。是年，在此“设千总一员，红兵二十五名。又平伐乡（在今高坡、龙里、贵定一线）盗贼啸聚，议行都清守备挖压。”时因青岩周边高坡一带“苗乱”又起，以至于明军在这里设千总、增红兵、派驻守备弹压。

其中的“红兵”，即“红巾军”。根据明史专家吴晗先生的考证，当时的政府文书称其为“红军”，“因参加起义的人都在头上包一块红布作为标志”。“红军”是元末起义军韩山童、刘福通、郭子兴、朱元璋一系，是反对元朝军事势力的主要力量。也就是说，“红兵”是大明王朝的“创业”部队，通常由皇帝派往各地的太监（监军）统领，其装备和战斗力可想而知。

明末奢安之乱，自天启元年至崇祯三年（一六二一——一六三〇），前后历时十年。其间，天启三年（一六二三），水西土司安邦彦兵围贵阳。为断贵阳粮道，安邦彦派部属率四十八庄兵围攻青岩。在这次战斗中，青岩游击班麟贵率部协助并向贵阳输米，获“加升参将职衔，管事”。天启六年（一六二六）十一月，安邦彦再次遣阿二纠结虫添（人名）攻打白纳司（白纳长官司，今黔陶一带）。班麟贵率部与明军配合作战，“一战而夺其巢，再战而据其险”，击溃叛军。班麟贵因“剚刃”贼首老虫添，被评议为此战“首功”。

此后，青岩一线的军事战略地位日显重要。时任贵州巡抚王瑊曾上疏言道：“逆酋安邦彦每图大道必勾引水外苗仲以扰我……赋恒抄青（岩）之背与东苗会，而摆肘（今摆早）有安贼祖坟……该司（指青岩司）南近省城，旧无防兵，万一不保，匀（都匀）、哈（麻江）、定（惠水）、广（广顺）必尽骚然。”或因此之故，明廷按“以夷制夷”之策，授班麟贵为贵州前卫指挥同知，从三品、用为土守备，命就地“屯守”，控制八番十二司。

清雍正二年（一七二四），因“定番、广顺仲苗作乱”，贵州巡抚毛文铨会同云贵总督高其倬“讨平之”。其后在青岩置定广协，派副将领兵弹压，并于交通据点分置塘汛，对定番、广顺实行军事控制。清代，省以下军事单位依次为镇（总兵）、协（副将）、营（参将、守备等）、讯（把总）、塘（塘长）。青岩的军事战略地位，得到进一步的巩固。

两年后，因广顺州长寨苗“聚众造反”，云贵总督鄂尔泰以“穷究到底，杀一儆百，使不敢再犯”为由，奏请雍正皇帝批准，以青岩为前进基地，派三路大军进剿长寨，并由此揭开了长达六年铁血开辟贵州“苗疆六厅”的序幕。

咸同贵州各族人民大起义期间，太平军石达开部、黔南起义军潘名杰部多次攻陷青岩周边定番、广顺、长寨、花仡佬（花溪）等地，令省城震动。尤其是潘名杰同何得胜黄号军联合作战，在龙里、贵定、定番、广顺间出没无常。而定番、罗斛（今罗甸）所属，“乃省城储粮之区”，对双方都十分重要，潘名杰就曾先后四次率众攻占定番“求粮”。其间，太平军和黔南义军亦多次攻青岩，均遭青岩守军击退。其中：

> 咸丰十年（一八六〇）五月，太平军石达开部攻克广顺，“青岩团练赵国澍侦知贼向定番，率团练往御。”后来，太平军攻陷广顺后，“得但、周两姓藏银百万，大出意外，乃思攻省。幸为青岩赵渭三（慰三，赵国澍字）所扼，贵阳赖以保全”。六月，太平军复入广顺，连日攻定番州，分犯青岩迤南而东略近龙里、贵定、平伐，贵州总兵巴扬阿驰赴青岩，同团首候选知县赵国澍等拒之。
>
> 咸丰十一年（一八六一）正月，贵州提督兼任贵州巡抚田兴恕至青岩，令副将周学桂等攻定番城。官军克复定番、长寨。其间，“青岩绅士赵国澍计间其（指太平军）酋长，互相仇杀，于是务（人名）率其属遁去。贵阳境内始无粤贼迹”。
>
> 同治三年（一八六四）二月，总兵官赵德昌分派守备卢希恒、徐安邦暨青岩团练赵国霖（赵国澍之子）等分路进攻，先后收复定番、广顺、长寨等城。同时，潘名杰攻青岩，候选知府赵国霖督团力守两日，“贼遂西走燕楼、党武，继陷广顺州。六月，何得胜党由花革老（花溪）攻青岩，团总赵国霖却之。”

咸同年间，青岩成了清军在省城贵阳南的前出阵地和防守堡垒，成了名副其实的“兵城”，号称“攻不破的青岩城”。

为此，旧时青岩小山山王庙有联云：

手眼太稀奇，凛凛神威，莫认作小山土地；

豺狼皆远遁，峨峨庙貌，常对此大树将军。

青岩定广门（2021年　摄）

青岩民居

建筑是凝固的艺术，是历史的见证者。对此，著名学者陈志华教授曾在《乡土漫谈》一书中说：

建筑遗产，是历史信息最生动、最直观也最易理解的载体。

青岩因保存有大量古代建筑，一九九九年被贵州省人民政府确定为全省首批二十个重点民族村镇保护对象之一。之后，按照“保护为主，抢救第一”的方针和“有效保护、合理利用、加强管理”的政策，由贵州省建筑设计研究院编制了《青岩古镇保护规划》，制定了“近期以解决古镇风貌的保护与恢复、抢救濒危历史建筑、解决城区人民生活急需为主，远期达到城镇布局合理、市政功能设施齐全、生活居住环境优美、市场繁荣”的目标，相继修复、抢救了一批濒危历史建筑，有计划地开展环境整治和民居改造等项目。

二〇〇五年，青岩被公布为第二批“中国历史文化名镇”。次年，贵州省人民政府以“青岩古建筑群”为名，公布为“省级文物保护单位”。二〇一四年，作为贵州省第九届旅游发展大会主会场，青岩古镇实施了五十二个项目的升级改造和建设工程，总投资近五十亿元。二〇一七年，被评为国家5A级旅游景区。

青岩的古代建筑，以明清时期为主。作为古镇，青岩古代建筑包括了传统中国乡村建筑中的住宅、宗祠、庙宇、桥梁、书院、亭阁、戏台、牌坊、寨（城）墙、道路等，可以说是应有尽有。其中，被二〇〇九年《中国文物地图集·贵州分册》收录的有四十六处。包括道路、桥梁、寺宇、古井、民宅、营盘、牌坊、书院、名人故居等。

被该书录入的民宅，有位于西街的吴氏民宅、吴开富宅、吴开心宅、周氏民宅，北街的王氏民宅（“代办信局”旧址）、苏氏民宅，以及赵状元街的赵状元故居，歪脚寨的平刚故居，南街的张氏民宅（杨振德旧居），背街的丁氏民宅

（周贻能旧居）、陈氏民宅（八路军家属旧居）等十一处。西街民宅多建于清初，其他多建于清末。

以上十一处住宅建筑，均为穿斗式木结构悬山青瓦顶，以三合院居多，是典型的“汉族民居”。这些民宅的主人，大多是在明末清初迁入的，以江南、江西籍居多，以经商为主。其中，王氏民宅建于清嘉庆二十年（一八一五），是由店铺、朝门、中门、花厅、正房等组成的三合院。清光绪十四年（一八八八），青岩人苏抗在此开办了“代办信局”，从事邮递业务活动。据说这是中国历史上最早成立的一家私人邮局，比最早的官办邮政还早了八年。

据专家介绍：中国古代房屋建筑由屋顶、屋身和台基三部分组成，称“三段式”。其中，屋顶的地位最为显著。屋顶越大，等级就越高、屋主身份就越显贵。在讲究等级的社会秩序里，不按“规矩”搭建屋顶，不仅“犯法”，而且“无礼”。在中国木构建筑中，最常用的屋顶按等级分为庑殿顶、歇山顶、悬山顶和硬山顶四种。清朝规定：六品以下官吏及平民住宅的正堂，只能用悬山顶或硬山顶。

所谓“悬山顶”和“硬山顶”，都是“五脊两坡”，即一条正脊、四条垂脊，前后两面坡。其区别在于：悬山顶两侧的山墙凹进屋顶，有利于防雨。因两山有部分处于悬空状态，故名“悬山”。硬山顶的山墙或与屋面平齐，或高出屋面（称“风火墙”），有利于防风防火。由于其屋檐不出山墙，故名“硬山”。所谓“穿斗式木结构”，是中国古代木制建筑主要结构形式之一。与“抬梁式结构”相比，穿斗式结构不使用木梁，大木用料较少、施工方便，因而在普通民居中被大量采用。

或因此之故，在二〇〇八年出版的《中国民居建筑丛书·贵州民居》一书中，青岩民居因缺乏贵州民族的、地域的特点而几乎没有被列举和描写。该书提道：历史上，移民每到一个地方都会存在着一个与土著社群人民的相处问题。实际上，这是两个文化形体总合力量的沟通和碰撞，一般会产生“三种情况”。显然，青岩属于“移民的总体力量凌驾于本地社群之上”的第一种情况，即“他们会选择建立第二家乡，即在当地附近地区另择新点定居。”

也就是说，青岩实际上是一个汉族“江南式古镇”。这样的“古镇”，在贵州还有很多。其显著特点，就是体现在大量保存至今的“汉族民居”上。

青岩城的汉族移民从何而来？著名学者蓝勇研究认为：从移民历史上来看，

“湖广人主要来自江西，而四川人主要来自湖广，云南、贵州则以江南和江西籍移民为主”“云贵地区汉族以明代军屯、民屯、经商和开矿的江南籍、江西籍和湖广籍人为主”“江西籍移民以善于经商见长，江南籍移民以经商和开矿较多，而湖广籍移民以善于垦殖务农为长。”同时，明代徐世杰《榆溪集选·楚游诗序》记载：明代滇黔“无论通衢僻村，必有江西人开张店铺，或往来贸贩”，故而有“遍地江西”之称。照此说法，今青岩民居及其建造者，大多系江南、江西籍移民。

青岩城始建于明天启四年（一六二四），原为青岩土舍（土司）班氏布依族所领。随着汉族移民的激增，这一情况大约在清乾隆年间（一七三六——一七九六）发生了变化。其标志性事件是“赵、吴、刘、车等几个大姓联名控告班氏土司，胜诉后，将其衙门开办书院”，即后来的“青岩书院”。

一九〇二年十月，日本人类学家鸟居龙藏在青岩考察时，同当年的徐霞客一样，这些普通的“汉族民居”并没有引起他的注意。他关注的重点，是当地的苗族民居。对此，他是这样描述的：

> 关于房屋式样，各支系都大体相同。花苗之房屋，就其样式结构而论，房顶系用稻草铺盖，墙壁则以竹木编排。间有用泥土涂抹者，类似日本所谓的小土屋，建筑方式极为粗放质朴。因而室内式样也简陋且狭窄。通常虽分为二楼与一楼，然二楼像鸟巢一样堆放着稻草，全家成员都钻到里面就寝。换言之，因二楼只作为寝室使用，故顶棚很低，不能站立。而一楼为地皮房间，只有少许日常生活用具和不完备的炉灶。各家情形大致一样，生活非常简朴。此外，各家在房屋外面都建有猪棚，饲养若干头猪。屋内肮脏，几至不堪目睹。

这样的房屋，称为“干阑木构建筑”，或者是被称为“草寮”的茅草房，在清代学者的笔下也曾有描述，如清康熙年间田雯《黔书》“黔之俗，编竹复茆以为屋居，勾边鳞次，灶廪鄓井无异位”，清乾隆年间爱必达《黔南识略》“贫家垒土为垣，覆以茅，富者编竹为垣，涂以土，覆以瓦”。当然，这样的“传统民居”，在今天的青岩及其周边地区自然是早已没有的了。

从地方历史文化的角度看，青岩民居中最引人注目的是西街的“周氏民宅”。在其楼上，“十分罕见地安装有美人靠”。实际上，这种“你中有我，我中有你，相安无事”的情况，更突出体现在青岩的儒、释、道寺庙建筑中。这种跨文化的交流与融合发展，充分体现了青岩文化的“世俗化”倾向。同时，这种兼具整体性（中原主流文化）和多样性（地方民族文化）的“多元一体”生态格局，也体现了贵州文化异质共生、合而不同、各美其美、美美与共的内涵与特质。

今天的青岩，房屋鳞次栉比，街上熙熙攘攘、人流如织。伴随着不断延伸和扩张的“景区”，青岩早已今非昔比。从这个意义上看，青岩民居或许并不是历史文化名镇或青岩古建筑群中最耀眼的明珠。正如吴正光先生在《青岩镇的建筑文化》一书中分析的那样：“青岩绝大多数汉人，经营小本生意，社会地位都不太高，不可能像徽州地区的豪商巨贾和达官贵人那样，安装高门槛……”

然而，或许正是这些个体的、顽强而生动的传统民居，代表着正在消逝、与我们渐行渐远的传统乡土景观。在一位西方学者的眼里：

> 这些乡土景观的形象是普通人的形象：艰苦、渴望、互让、互爱。

青岩民居（2021年　摄）

贵阳南道

今青岩城北青岩桥头立有一碑，“全国重点文物保护单位茶马古道·青岩段”。一旁告示牌则称这段路为“北古驿道”，是“茶马古道贵州段”之一。

“北古驿道”是相对于“南古驿道”而言。南古驿道，指青岩城南下关口现存古驿道十数里。据当地文物部门称，“茶马古道·青岩段”全长三十余公里，估计应含此南北两段。

此“北古驿道”，即道光《贵阳府志》所称“贵阳南道”。时以省城贵阳为中心，向四方有七条重要交通“干道”，即贵阳东道、西道、南道、北道、西南道、东北道、次东北道，“凡此七路，皆经途也”。其中，贵阳东道、西道是元明清时从今湖南经贵州进入云南的古驿道“一线道”（也称湖广大道、普安路等）。用现在的话来说，东道、西道是“国道”，其他五道则是“省道”。

贵阳南道，“南历定番、大塘以达都匀牙舟汛（今平塘牙舟）”，其在今天的大致线路为贵阳至惠水（G212）、惠水至通州（G212）、通州至牙舟（G552）。其间，有四条支线：“凡南道，自大水沟而一歧，自定番而三歧，自平寨而一歧，盖为歧凡四云”。其中，在大水沟分路一支往贵定旧治。出惠水后先后分出三支，为“定番西南道”。其中一支“自定番城别于南道而西北出者，历罗斛至八让渡盘江可达泗城凌云县（今广西天峨、百色）”，即“定番西南通泗城凌云路”。

“茶马古道”是与中国古代南方丝绸之路、川盐古道等齐名的历史文化线路，也是近年来的旅游热词。按照一九九四年国际古迹理事会文化线路科技委员会（CIIC）提出的判别标准，作为一种文化遗产的“文化线路”，它应当具有特定的时间、空间、文化特征，以及相应的角色目的和功能，是一种“世界记忆”或“人类记忆”。

据专家考证，“茶马古道贵州段”主要分布在贵阳市、六盘水市、毕节市、安顺市、黔西南布依族苗族自治州，涉及十七个县（市、区）。沿线文物包括古道、桥梁、渡口、烽火台、关隘、卡子，以及会馆、商号、寺庙、牌坊、摩崖石刻等。

“茶马古道青岩段”的由来，或同以下两段历史文献记载有关。

一是南宋朝廷于邕州（今广西南宁）置买马司，交易场地在邕州以西的横山寨（今广西田东县境），自杞等“每冬以马叩边”。然而，“自杞诸蕃本自无马，盖转市之南诏。南诏，大理国也。”南宋周去非《岭外代答·宜州买马》（一一七八）等文献记载：马产于大理国，因南宋和大理国间有自杞国、罗殿国阻隔（“中有险阻”）。于是，南宋便在横山寨设马市（相当于“通商口岸”）专事买马，即“横山买马”。其收购的大理马，是由自杞人、罗殿人贩运而来。罗殿距离横山近，自杞至横山需要借道罗殿，而罗殿人时常“难之”。据专家考证，时自杞国在今贵州兴义、云南罗平一带，罗殿国在今贵州安顺一带，均为“爨蛮”（今彝族）地方部族政权。南宋绍兴三十一年（一一六一），自杞人不经罗殿径直将马贩运到距离自己较近的宜州（今广西河池），在遭到拒绝后“强行”出售。宜州地方官被迫收购后“与之约曰：后不许此来！”宋人认为自杞人恃强好斗，范成大《桂海虞衡志》云：“自杞本小蛮，尤凶狡嗜利，其卖马于横山，少拂意，即拔刃向人，亦尝有所杀伤。”南宋不在宜州设市，也有“堤防外夷”之意。

“横山买马”，是南宋在特殊时期开设的“通商口岸”。在这一时期，贵阳南道或只是一条自今云南大理，经黔西南、安顺、贵阳、黔南至广西的贩马通道，与“茶马互市”无关。

二是明代史料记载，明朝廷“命户部于四川、重庆、保宁三府及播州宣慰使司，置茶仓四所贮茶，以待客商纳米中买及与西番商人易马，各设官以掌之。”

时播州宣慰司（今贵州省遵义大部及黔南、黔东南部分地区）隶属四川行省，所置茶仓“与西番商人易马”，理当走川西一路进入云南和青藏地区，应该不会绕道贵阳、青岩经广西进入云南。

然而，贵州产马，则有可能自此时而起。到了元明时期，“贵州马”也曾名噪一时。明史载有朱元璋得养龙坑（今息烽养龙司）龙驹大喜，赐名“飞越峰”，并命有“开国文臣之首”之称的宋濂作《天马赞》一事。此外，明清时期贵州地方文献关于“贡马”，尤其是“水西马”的记载则很多，“黔中多产良骑，质小而蹄健，登危蹬若平地，故水西之骏，滇黔多贵之”，水西马“体卑而力劲，质小而德全”……然而，同大多数西南马一样，“黔马小而习险，其行步收敛，不敢放蹿，故蹀峻驰危，稳骤不蹶”。贵州马的特点也是善于登高爬山、耐力好、性情温顺，因不堪奔驰征战而不宜作战马。

“贵州是茶马古道经过的地方”一说，或同“中国古代南方丝绸之路”一样，只限于今黔西北川滇黔交界处的威宁、赫章一隅。不过，此说对于打造和宣传国家5A级旅游景区青岩古镇来说，或有“加持”或“锦上添花”之功。

清道光《贵阳府志》记载，最迟至清代，贵阳南道经青岩等处，可以连接今惠水、长寨、广顺、平塘、罗甸、贞丰、龙里、贵定的“路”达十七条之多，占贵阳府属四十二条“路”的百分之四十。因此之故，青岩成为“四至”之地，是省城贵阳的“南鄙要害”。这些乡村道路的实际开辟和形成时间，则可能更为久远。例如：

有学者考证，唐宋时期“西南诸蕃”经由此道前往中原王朝朝贡。

明清时期，朝廷以青岩为“桥头堡”，沿此道向周边地区进行大规模的改土归流、移民、设卡立寨、垦荒屯田等活动。

明崇祯十一年（一六三八）四月十五日，徐霞客途经马铃时，描写水车坝地方有三条道路交汇，“由溪北岸溯流入，为广顺州道；由溪南岸逾岭上，为白云山道；随溪东南下，为定番州道”。

清代川盐“仁岸”经仁怀、遵义、贵阳等地后，由此道进入今黔南、黔东南部分地区。清道光浙江归安进士沈丙莹曾作有《罗甸杂咏》十首，其中一首云“蜀盐负贩走千程，难得堆盘有水晶。一种峒人能淡食，不知世上有和羹”。

清咸丰五年（一八五五），咸同贵州各族人民大起义期间，著名学者莫友芝、郑珍先后经此道往返黔南平塘、罗甸等地。

一九〇二年，日本人类学家鸟居龙藏经由此道进入“八番之地”……

显然，贵阳南道作为“茶马古道”，似乎有些勉强。但是，这一由众多“乡村道路”组成的乡土路网系统，同历史上贵州地区的民族迁移、川盐古道、南宋买马、改土归流等重大事件有密切联系。

相对于“国道”东道、西道来说，贵阳南道或只能算作一种乡村道路。这些道路，是在无数次征伐、迁徙和奔走中走出来的。虽然，这些道路现在大多已废弃淹没在山箐丛林中。然而，一旦需要，人们又会很快把它们开辟出来。正如一位西方学者在谈到古罗马帝国时期的“乡村道路”时所描述的那样：

> 那些道路走向不定，但最终通往神庙或集市；这些向心的道路是农夫和牧民去往各自市场的道路，也是朝觐者、商人和小贩之类的徒步旅行者前往各自目的地的道路。
>
> 这种路多是乡间小路，当地人走出来的，与地形、土质高度适应，因时因地而变化。于是，逐渐演化出一种我们可称之为乡土路网的系统：灵活多变，未经规划，但毫无疑问是向心的；这一系统相对独立，无须维护……

正是这些乡村道路，把周围的村寨、村民和乡村生活联系起来，成就了青岩古镇“绚丽多彩”“多元一体”的民族、民俗、宗教、建筑和民间艺术等文化生态。

作为一种“地方记忆”，贵阳南道应当是名副其实的吧！

贵阳南道

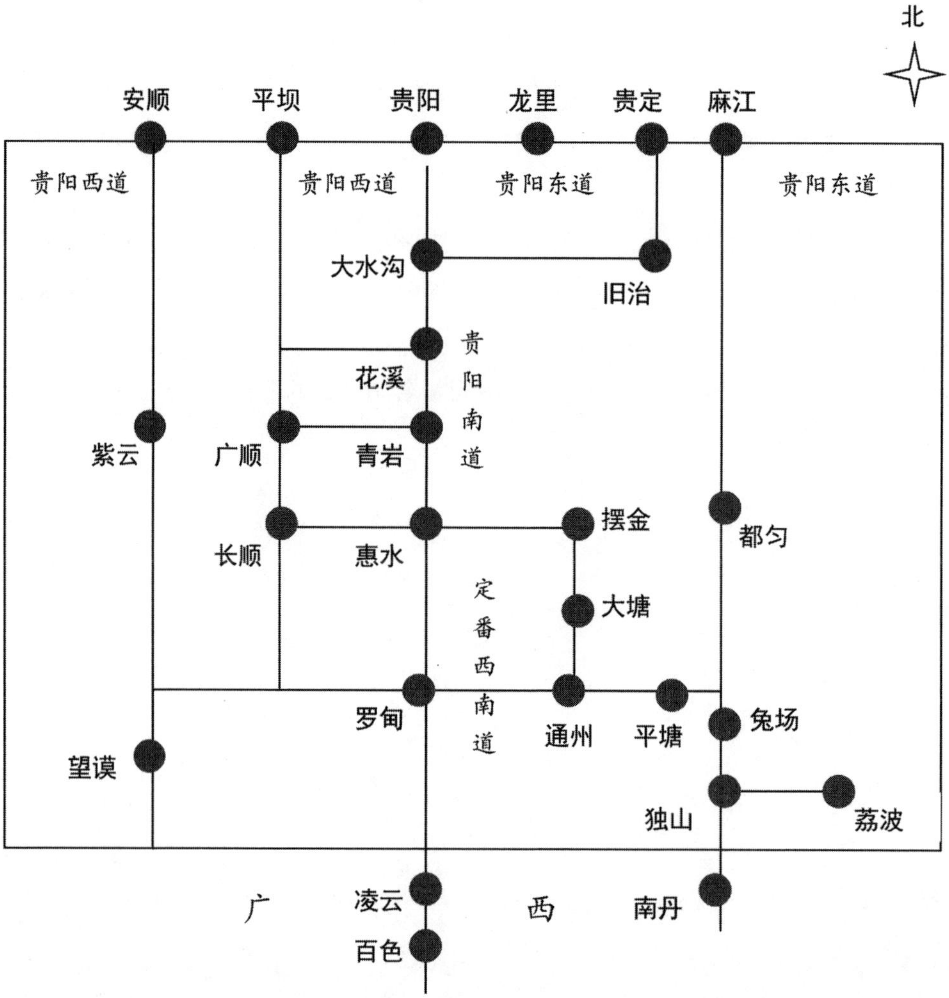
北
安顺
平坝
贵阳
龙里
贵定
麻江
贵阳西道
贵阳西道
贵阳东道
贵阳东道
大水沟
旧治
花溪
贵阳南道
紫云
广顺
青岩
摆金
都匀
长顺
惠水
大塘
定番西南道
罗甸
通州
平塘
兔场
望谟
独山
荔波
广西
凌云
南丹
百色

咸丰五年，青崖道上

莫友芝《郘亭遗文》卷六《濛水迎恩桥烈女坟祠记》记载：

> 咸丰五年（一八五五）秋，余自遵义将返都匀，道梗留会城且兼旬。八月壬寅，荔波解饷官约南取青崖道，贸然从之。

是年七月，莫友芝自遵义赴省城贵阳办理来年赴京会试兼大挑手续，并欲返独山探亲。当时，正值“咸同贵州各族人民大起义”之时。到达贵阳后，得知从贵阳经龙里、贵定、麻江、都匀至独山的“大路”受阻，遂在贵阳停留至八月中旬。后“贸然”应荔波解饷官邀约，拟一起向南走“青崖道”经惠水、平塘回独山。

文中“青崖道”，即道光《贵阳府志》所称“贵阳南道”。

据莫氏记载，其行程大致是八月十四日至青岩，次日经惠水至大塘（今平塘大塘乡）。十六日，计划经平州司（今平塘县城）回到家乡独山兔场。途中听说平州已被苗民攻陷，路不通而返回平塘。次日沿旧路经惠水至青岩，后由青岩返回省城贵阳，应好友唐炯之请入住唐氏待归草堂。此行，莫友芝在青岩住宿两晚以上，有诗《雨宿青崖》《再宿青崖》，描绘了当时凄风苦雨、兵荒马乱、人心惶惶的景象。途中，还作有《阙题》一诗，表达了对当时分别在荔波、黎平任县学训导的两位好友郑珍和黎柏容的思念与担忧之情：“思君欲渡劳村南，豺虎塞途不得过。微官易弃愁女归，何术跳身竟无挫。檬村东滞西渔棠，多难音书无一个。”劳村江在今荔波境，黎柏容号檬村。

郑珍是在咸丰四年（一八五四）获任荔波县学训导的。年底启程走“大路”经贵阳、都匀，于次年二月到达荔波。时黔北战乱初开，局势动荡，郑珍携一家老小自遵义赴荔波，原本就有“避乱”之意。从遵义沙滩启程时，作有《十一月二十五日，挈家之荔波学官避乱，纪事八十韵》一诗为记。

然而，此行并不如意。其间，孙儿孙女在都匀相继夭折，作有“孙男继孙女，半月客中亡”“本为逃生出，翻增促死悲。早知皆若此，苦窜竟何为”“青袍在昔为渠误，白发而今视汝轻。早识出山皆小草，漫随风雨漫随晴”等诗句。二月二十日，从都匀启程往荔波时，《二月二十日发都匀》有句云：“去国全家出，今朝五口行。坝头山路转，回头望双婴。”郑珍一家五口，是带着极度的悲伤之情前往荔波的，都匀成了他的伤心伤情之地。

而年前在从贵阳出发时，郑珍曾作《祀灶日作诗三首》。其中一则云“红泥小火鲍姑贫，学语牙牙弄小寅。细雨山城沅水上，何因便作倚觚人”，诗中为自己已作“倚觚人”似尚有不甘。

初到荔波时，当地秀美的山水，纯朴的村民，令郑珍心情略有缓释。教授诸生之余，治圃、修园、指导农户耕作，与友人浅饮唱和，有“一经两经罂口红”“夜向村居醉似泥”“石上一樽酒，了觉天地别”“依醉放归桡，回首肝胆彻”“莫作居夷寥落意，此间便恐是桃源”等诗句。生活似乎又重新回到正轨，且过上了桃源般的日子。可惜好景不长，至七月，黔南苗民起义迅速波及荔波。

九月十六日，郑珍在城破前辞官离任，率一家五口逃离荔波。此行道路漫长艰辛而险恶，一家人足足走了一个月（“匝月”），至十月中旬才逃到贵阳。

郑珍一家先从荔波逃到广西南丹，后因“南丹不可住”再行北返经罗甸到贵阳。在《罗斛寄莫荫臣》一诗中，有“访有一线路，及今犹可趋”一句。时“贼满都匀地”，一家人到达罗甸后一筹莫展、惊魂未定。后听说尚有一条偏僻的小路仍可达贵阳，不禁喜出望外。此“一线路”，应该是指“自南丹经芒场、六寨（均属南丹），绕道罗甸，再经定番，去贵阳之路”，即“贵阳南道”支线“定番西南道”之“定番西南通泗城凌云路”，是莫友芝所言“青崖道”范围。

也就是说，咸丰五年，郑莫二人由“青崖道”先后逃难到贵阳。只是，郑珍从南丹到罗甸一路上都有诗作，从罗甸到贵阳一路却没有留下只言片语，不知何故？

郑珍是唐炯的表兄，从荔波逃难到贵阳后亦入住待归草堂。恰逢莫友芝（郘亭）、莫庭芝（芷升）、唐炯（鄂生）诸好友在城，郑珍又惊又喜。十月十六日，诸亲友为其接风压惊。郑珍回顾这一个月来极尽艰辛的“逃难”之路，不由老泪纵横、感叹唏嘘，作诗《抵贵阳喜晤莫郘亭、芷升、唐鄂生，因怀黎柏容》以为记：

杜老饥愚复孱懦，弃官西走挈小大。
自言定分岂可逃，幸免戈殳此生荷。
我于此老一毫无，固应奇穷十倍过。
一场噩梦何足道，万劫妙明了无挫。
故山已近薇蕨馀，吾鄙独存四五个。
不图所思忽聚眼，却忆向来魂尚破。
谁欤致声与黎檬，盍早归乎共林卧。

毕竟是书生！诗中表达了当时郑珍“不图所思忽聚眼，却忆向来魂尚破”的心有余悸，以及甘心过“最穷的”日子、“守拙归园田”的余生志向。

郑珍一生命途多舛，时运不济，所谓“老去运转拙，两年历艰难”。这两年，好不容易脱离虎口，却又掉进狼窝，且经历了接连“丧双孺”的大悲大苦，故而发出“悠悠叹吾生，哀乐送百年。数也可奈何，何必辞阻艰”的感叹。“定分”也罢、“数”也罢，恐怕这就是他的“命”和“运”。

莫友芝得知独山故居的消息，是在一年以后。在他到达平塘的前十天，即八月五日，起义军就攻破了兔场，焚烧了莫氏影山草堂。其侄子们曾组织团练抗击义军，“后遭到严厉的报复”。

在这段“逆旅”之后，莫友芝东下江南投奔好友曾国藩麾下，做了一生的挚友和幕客，专注于金石文字，再也没有回过黔南。郑珍则从此断绝仕途，将毕生事业付诸语言文字。

郑莫二人被后世誉为“西南巨儒”，是遵义“沙滩文化”的代表人物。二人于道光年间编纂的《遵义府志》，被梁启超誉为“天下第一府志”。咸同贵州各族人民大起义期间，二人以一种极其特殊的心情和经历，同时走过这条“青崖道”。

咸丰五年，青崖道上，是郑莫二人的一段伤心之旅。

青岩“北古驿道”（2017年　摄）

青岩狮子山

清乾隆年间，新任云南布政使的江苏青浦人王昶在赴滇道中，一路所见贵州山水，曾不无感慨地说道：“不知造物何以作此绝境。倘能卜居终老，吾志毕矣！”嘉庆二十四年（一八一九）七月初七，时任翰林院编修的林则徐得旨充云南正考官，在途经贵定留云洞（时名牟珠洞，俗名“母猪洞”）时，也不禁发出“何黔山之多奇也”的感叹。

贵州多奇山，尤其多狮子山。狮子是“百兽之王”，是中国传统文化中的吉祥物，有镇妖避邪、飞黄腾达等寓意。明末曹学佺《贵州名胜志·贵阳军民府》载“狮子山，在城南一里，然城之东西里许，皆有山如狮子状”，意思是说，贵阳城南一里有狮子山，然而从城里出发无论向东或向西，走出一里左右，都会找到形状像狮子那样的山。旧时贵阳城周边形胜，就有“五虎三狮一凤凰”一说。至于全省各地，取名“狮子山”的就更多了。

明弘治《贵州图经新志》载，贵州城（现贵阳城）南狮子山有三，其中之一“在治城南三十里，形似尤切……贵州前卫屯田其下”。由于距离不符，该“狮子山”是否即青岩狮子山（一说指现花溪大将山南端裹旗山），就不得而知了。

最早准确指出青岩狮子山所在方位的，是清道光《贵阳府志》：城南之山，“曰青岩，在青岩司，滨青岩河。曰狮子山，上有寺，山突起河干，登其上可眺望数十里。曰飞云山，两山对峙，林木葱茜，四时长春。曰簸箕山，以形得名，以上在青岩司。”此条，不仅指明在青岩有狮子山，还指出其周围有青岩、飞云山、簸箕山。

狮子山在青岩东北一侧，海拔一千三百一十七米，是青岩周边最高峰，北望老鹰坡和杨眉堡，南望青岩城，东望兰花坡，西望簸箕山（一千二百八十三米），周围数十里一览无余。站在青岩古镇西南一侧，尤其是在定广门一侧黄家坡上向北眺望，狮子山清晰可见。一对狮子，一公一母、一前一后，自东向西信步走来，凝视着自北面花溪浩荡而来的大将山、簸箕山。也许，它以这种方式守护着身旁的这一大块坝子，守护着在这块土地上的村寨、道路、溪流、农田和世居其上的村民。

由于城镇的扩张，现在的青岩城已十分接近狮子山了。几年前从东门一侧修建的“双狮路”，长约九百米，双向六车道，直抵狮子山麓。

据《花溪区志》记载，旧时狮子山有“狮子山庙群”，有大佛殿、观音寺、莲花寺等。清道光《贵阳府志·祀宇副记第六》载：“狮子山庙在青岩城东北三里，崇祯三年建，道光二十三年重修，今已毁，基址尚存，原为三间殿式建筑，大殿旁有一泓泉水，清澈见底，久旱不涸，雨季不溢。”据村民介绍，现狮子山庙群均已损毁仅存部分基址。其中，公狮山顶上尚有一“石碗”，田径宽约二十厘米、深约十厘米，不知是人工开凿还是自然天成？

登狮子山，有两条路可达，一是从正面青岩堡一侧，二是从背面杨眉村河西寨一侧。其中，从青岩东门出城，沿县道 X014 公路过东风桥左转经新建的“歪杨公路”进入歪脚寨，寨子入口处有路牌显示“歪杨公路（歪脚到杨眉水库），县道六点四一公里，线路编号 X137，修建于 2011 年”。沿着杨眉河边前行约一点五公里，至水泥厂狮子山背后。这里原来有一水碾房，因开山取石，致母狮后侧已成一绝壁。水泥厂现已关闭，或许是因地制宜利用这一“绝壁”，现在建一山地旅游项目“山乐鸣体育主题挑战公园”。据了解，该公园将引进“飞拉达攀岩”，全长一千二百米，将是贵州省首条突破千米的体验线。从道路前面不远处的摆托寨桥头看上去，该“工程”似已初具规模。

出水泥厂前行约五百米，过了摆托寨桥便是杨眉村河西寨。河西寨在杨眉河边，依狮子山麓而建，是一个很小的寨子。据村民介绍，从寨子旁边的小路步行上山，约三十分钟可达山顶。

一九三五年四月九日，“中央红军在歪脚大八块、狮子山、望城坡一带与中央军吴奇伟部激战八小时，迫使吴军退缩至桐木岭。红军七人在战斗中英勇牺牲”，这便是著名的“狮子山战斗”，也称“狮子山阻击战”。

关于狮子山战斗的详细记载不多，大致情况如下：

“九日临近傍晚，当红军第一路（右路，红三军团为主）担负后卫的十三团到达狮子山西南面歪脚村的大八块一带时，得知敌军（中央军吴奇伟部）已先期在狮子山一线布防（防止红军进攻贵阳城），红军便迅速在各险要地段开沟挖壕修建作战工事，以掩护大部队向青岩城转移、集结。当晚八时，国民党军突然向红军阵地发起进攻。战斗持续到后半夜才停下来，交战中敌军伤亡一百多人，红军也有伤亡。后敌军撤出战斗，连夜退往贵阳方向，收缩防线。红三军十三团亦迅速集中部队，转向从北门桥入城，与先期占据青岩城的一、二路（中路，以五军团为主）红军胜利会师。”

从现场来看，战场是在西起杨眉河狮子山麓（现水泥厂）东至大八块一线。这是一块东西向长约一千米、宽六十至一百米的狭长低洼田地，“大八块”或因此而得名。它就像是一条天然壕沟将南北两边山体截然分开，是十分理想的阻击战场。

此外，时中央红军分左中右三路从龙里折向贵阳南青岩、惠水一线。其右路（一路）是从龙里比孟一带经孟关牛打场、黑石头（现杨眉水库附近）、毛狗冲、万家岭一路到达现歪脚大八块。而国民党军吴奇伟部，则是从花溪经桐木岭、杨中、杨眉，再沿杨眉河南下到达狮子山麓布防。中路（二路）大部是从龙里比孟一带，经谷洒、翁鸦、黔陶进入青岩。左路（三路，一军团为主）则是从高坡分两路到达惠水，其中一部在高坡翁西关与滇军追击部队发生“翁西关战斗”，也称“翁西关阻击战”。

狮子山战斗、翁西关战斗是中央红军长征“威逼贵阳”中，在贵阳东龙里倪儿关越过湘黔公路后，再由龙里突然折转向南（“贵阳转兵”）所经历的两次战斗。因为红军是通过性质，两次战斗都是接触式的，规模都不大。此后，中央红军连下惠水、长顺县城，再西进云南，北渡金沙江，成功实现了遵义会议制定的“北上”战略意图。

现青岩古镇东门外高寨河边原刘家碾房，建有“红军作战指挥所旧址”，二〇一八年被列为“省级文物保护单位”。狮子山战斗中牺牲的七名红军战士，葬在歪脚后山。一九九一年以“青岩红军墓”为名，被公布为“花溪区文物保护单位”。

青岩狮子山远眺（2020年　摄）

杨眉堡

杨眉堡，明代贵州前卫中千户所第六百户堡，清道光《贵阳府志》有载。据区志记载：

> 杨眉堡，是杨眉村辖七个村民组之大寨组。杨眉村属青岩镇，位于镇东北约五公里，毗邻花溪区黔陶乡、孟关乡，以及新设的贵阳经济技术开发区杨中社区。全村680户、2554人，以汉族、苗族（青苗）为主。辖区有耕地1200亩，其中，田952亩，土248亩。

杨眉在地形地貌上属花溪中部丘陵盆地区，处在“花溪丘峰槽谷盆地亚区”，海拔约一千零五十米。东西两端山峦绵延起伏，从北到南是一条狭长平地。有杨眉河自北面洞穴而出贯穿全寨，河流两岸土地肥沃。旧时贵阳田地有滥田、水车田、堰田、冷水田、塘田、井田、干田、梯子田、腰带田等称谓，杨眉这千余亩田地，属“水边之田”，旱涝无患。

按照今天的某种标准来看，杨眉堡属于那种典型的“三无”村寨：无名胜、无名人、无故事。虽然距离国家5A级旅游景区青岩古镇仅五公里，但因地理和交通位置偏僻而鲜为人知。

历史上，杨眉堡曾先后隶属孟关、黔陶和青岩。过去没有公路，走乡村小路到这三个地方距离相当，均约十里。就像是一把打开的扇子，这三个乡镇在扇沿依次排列，而杨眉则处在“扇钉”的位置。近年来，由于交通条件的改善，这三个乡镇之间的往来都不再经过杨眉。

周边最早建成的公路，是从黔陶到孟关的县道X100公路和从青岩到杨中、陈亮一线的县道X102公路。这两条南北向大致平行的公路，把杨眉“抛弃”在中间。后来，修建了从杨眉经大米冲到杨中夜关门附近长约两公里的村道，从歪脚经杨眉到杨眉水库的歪杨公路（编号X137，长约六点五公里），就把杨眉同

X100、X102公路联系了起来。

以前，沿着这条南北走向的槽谷平地，从青岩经杨眉、傅官、孟关、改貌、二戈寨，一路可达省城。村民说，那是一条“大路”，可通行马车。显然，这是明清时期从惠水经“梭米孔”青岩到“大锅”省城贵阳的一条重要粮道，现已废弃多年。

杨眉堡沿杨眉河西岸依山而建，背靠着的几座山，村民们称之为和尚坡、中间山和程家后山。河的对面，是金凤山、偏头山和新天坡等。金凤山（海拔一千二百二十七米）、偏头山或因山形而得名，府志有载，和尚坡（海拔一千二百二十五米）则因孤立一峰突起而得名。

过去的杨眉堡，有前后两个寨门。“前门”在北面，就是现在的寨门牌楼所在。现在的杨眉堡，早已经没有了寨墙、寨门，进而与下游的岩下寨、苗寨连成了一片。从对面偏头山下贵阳南环高速路上看下去，俨然一“大寨”。

无论是从村寨的选址、布局、建筑，还是从周边环境等方面来看，杨眉堡都具有“黔中屯堡”的典型特点。由于尚未开发，因而各方面的生态环境保存相对较为完整，堪称六百年贵州乡村历史文化与生境“活的标本”。

对此，有村民说，在花溪我们杨眉的条件是最好的，有山、有水、有田……只是苦于没有钱。若有资金投入进行开发，前景必将十分可观。看得出来，村民们对邻近杨中村被划入贵阳经济技术开发区小孟工业园区十分羡慕。

这里原来称杨四、杨七寨，“杨眉”是由两寨合并而成。据村民介绍，是将四、七两字合并成一个“眉”字而得名。最早来此立寨的是肖、谭、谢三家，后来迁入刘、程、周、许、齐等姓氏。他们都是汉族，自称明代由江西入黔辗转到此落籍。寨子里现在以刘姓居多，可占半截街。而苗族则居住在与岩下寨毗邻的苗寨，有唐、王等姓氏。

寨子里原有青龙寺和三教寺，后来均遭损毁。目前，青龙寺已得到重建，而三教寺原址则新建了“杨眉村老年活动中心”。此外，岩下寨山麓曾建有刘家祠堂，后来亦被拆毁，现在原址上建有现代普通民宅。

同大多数屯堡村寨一样，杨眉堡只有一条南北向不到三百米长、约三米宽的“街”。街道上仅有两三家超市，显然只是面向本寨村民的。村居建筑十分紧凑，房屋鳞次栉比、连墙接栋，大多是现代火柴盒式砖混建筑。令人意外的是，寨内尚存一座“垂花门”。朝门形制为本地常见的悬山顶青瓦结构，外墙呈八字形，其“魁星高照”门簪、寓意“出入平安”“双凤来朝”“枝繁叶茂”的缠枝纹门罩、罩上吊瓜下垂、莲花形柱础等木雕保存十分完好。屋内现存一木构青瓦房，保存亦十分完整。房屋原主人为刘氏，现有住户四五家，姓氏不一。

因有杨眉、岩下、苗寨三个自然寨，历史上杨眉堡周边建有三座营盘。它们分别建在寨子对面的新天坡、金凤山和苗寨后面的猫猫冲，以猫猫冲营盘规模为最大，金凤营最为雄伟。新中国成立后，猫猫冲营盘曾经被征用为军用仓库，现已废弃。

据村民介绍，金凤营建在高约二百米的金凤山上，四周陡峭，只有西面一羊肠小道可上。山顶有一槽状山窝，山窝里有泉水，有近二十亩平地可种粮食。清同治四年（一八六五），当地人在凹槽入口处以巨石建一城门，再从城门两边沿山脊修建城墙，形成一个周长约一点五公里的城堡。现城门洞及其上方镌刻着的“金鳳營”三个大字尚存，“城内”则是荒草萋萋，只剩下断壁残垣和几处屋基。二〇一〇年三月，以“青岩金凤营遗址”之名被列为花溪区文物保护单位。

营盘原为军事建筑，后在民间广泛使用。清代咸同年间，贵州地区经历了十数年的战乱，匪患猖獗，各地响应朝廷号令，纷纷建营盘以求自保。据载，今花溪境内营盘（含躲匪洞）共有七十六处，大多为清代建筑。

本地民谚“金山银山抵不住程家后山”，指的是岩下寨的程家，曾经出过多位“大官”。

现寨中有程氏后人，收藏有程仁圻修撰于清乾隆六年（一七四一）的《黔南程氏支族谱》，时任贵州巡抚田雯作有《世德堂程氏族谱序》。根据《族谱》记载，杨眉程氏一支，应该是在清康熙年间由今贵阳市白云区艳山红镇程官堡辗转迁移而来。时杨眉地方隶属贵阳府广顺州首善里，其先为程氏入黔一世祖程贵十一世孙程圣训。

程圣训（一五九五——一六五二），字心鲁，号元率。由选拔贡初任铜仁府儒学教授，升任四川重庆府巴县知县、遵义府知府，明亡后留滞遵义。任巴县知县时，“贼破城，圣训抱印投水，流三十里，如有物负之得不死。”

圣训之后，则有曾任四川仁寿县令、被誉为“仁寿三杰”、死后入祠贵阳忠烈祠的程春化，康熙八年中乡试第一名（俗称“解元”）的程春翔，任浙江绍兴府诸暨县知县的程珣，康熙辛丑年进士、历官监察御史、河东盐运使、陕西布政使、署理陕西巡抚、诰授通奉大夫、补授广东布政使的程仁圻等。

其中，程仁圻是程珣次子，清康熙五十六年（一七一七）中贵州乡试第四名，六十年（一七二一）成进士，乾隆六年（一七四一）被革职（原因不详）。或因此之故，程仁圻在《贵州通志》《贵阳府志》《广顺州志》均无传记。其墓先是在青岩，后迁至杨眉庄科寨山后，墓碑立于清乾隆五十六年（一七九一）。

杨眉程氏一支，自清乾隆八年之后便少有记载，仅有清道光年间十六世（字咸六）“敕文林郎”、十七世程元湘（字仙江）“授修职郎”等，以及至二十一世后裔（疑是《族谱》掌管人）的签名，字迹拙劣。

文史专家李芳曾于二〇一一年撰有《贵阳程官堡程氏家族纪略》一文，据其考证：程氏原本以武职起家，其后裔“轻武重文”而“不忍贪功好杀”，得功不多，未有武职升迁。自明正德年间九世孙程辂举云南乡试之后，程氏科第蝉联，以文名闻于乡里。

程春翔晚号集山道人。清康熙四十一年（一七〇二），应黔籍高僧善一如纯禅师之请，为其著作《黔南会灯录》作序。序中记有与善一对话云：

> 尝闻绘雪者不能绘其清，绘月者不能绘其明，绘花者不能绘其馨，绘泉者不能绘其声，绘人者不能绘其情。语言文字，固不足以见道也。今公集诸家之语，得无谓道在是乎？曰：唯唯，否否。昔道副有言，不执文字，而亦不离文字，以为道用……

近年来，由于城市的不断扩张，处在这条“贵阳粮道”上的傅官堡已被彻底铲除，大窝寨被填平，陈亮堡、杨梅堡（杨中）则正等待着被拆除（“城中村改造”）。真希望杨眉堡这个“三无”村寨，能够以一种独特的方式保存下来！

走进杨眉堡，常常会看到这样一番景象：两三妇女在房屋门前一边做着手工一边闲聊，一群群老者分别聚集在街边不同的地方，或玩着扑克或相互看着对方，一群群小孩或在寨子里玩耍或在河边戏水，一群看似无事的中年男人则在廊桥上谈天说地……在今天的村寨里，这是十分少见的。每当看到这样的情景，总会让人想起那句老话：五日一风，十日一雨，帝力于我何有哉！

然而，抬头看着那横亘在寨子上方两山之间的贵阳南环高速杨眉大桥，看见一辆辆汽车从桥上飞驰而过时，也不禁会让人想起清初贵州著名诗人程春翔《广顺道中》中的诗句：谩说深山深处好，如今车马亦纷纭。

清代，杨眉隶属广顺州首善里。

杨眉堡（2021年　摄）

蒙贡寨

青岩河出青岩后也称“玉带河”，弯弯曲曲一路南下约十里，在蒙贡寨附近注入自龙里经黔陶而来的涟江。蒙贡是青岩河的最后一站，此后，涟江便继续向南朝着惠水而去。

清道光年间，蒙贡属白纳长官司副司领地，《贵阳府志》记载：

在城南七十里，其东五里至骑龙寨，南至高寨，西二里至弓腰寨，北十里至青岩，市青岩场。有玉带河自青岩流入。

蒙贡现隶属花溪区青岩镇摆早村。区志记载，“摆早村辖蒙贡、弓腰大寨等7个自然寨，有372户、1725人，少数民族以白苗最多，布依族次之。”据调查了解，蒙贡寨现有村民七十余户、约五百人，以班姓布依族为主，有五十多户。另有孙、陈、赵等杂姓布依族十余户，王姓苗族一户。

蒙贡到青岩镇直线距离约三公里、公路距离约五公里，寨子建在海拔约一千零八十米的山坡上，周围群山环抱，树木繁茂。从寨子沿小路步行下到坡脚玉带河，高度差约三十米，距离约五百米，十分钟可达，有村民常去河边钓鱼。

过去，蒙贡是从青岩经骑龙到高坡、经思潜到惠水的必经之路。据村民讲述，从青岩到高坡的青甲公路（X014）原计划是经过蒙贡的，因寨子里上辈老人们担心“公路一通，人财两空”反对而改走黔陶。这里原来居住的是白苗，自班氏布依族迁入后，便成了本地“地主”并渐成大姓。到民国时期，这里的苗族村民就已经很少了。

一九四一年十二月，《贵州日报》刊载大夏大学教授李植人《蒙贡寨的重阳节》一文描述，“这里居住了三十多户人家，除了两户汉族，三户白苗外，全是夷族”。文章所称“夷族”，即今天的布依族。文章还提到：

如一般的寨子一样，这个寨子里供着两个神位，土地神与山王菩萨。相传“敬土地神，魔鬼不进门；敬山王菩萨，豺狼不进寨”。敬神的日子有一定——在九月九重阳节这天，这两个神是都必须得敬的。

直到现在，寨子里仍有两座土地庙，村民分别称之为“大院”和“小院”。跟其他布依族寨子一样，大院土地庙里放着两尊神像，小院土地庙里则只有一个。这里的“神像”，大都是从岩洞里请来的钟乳石。据村民介绍，大院土地庙是布依族村民祭拜的，小院土地庙则是苗族村民祭拜，各拜各的。虽然，现在寨子里苗族已经很少了，但还是给他们保留着。大院土地庙里奉着的两尊“神像”，是土地公公和土地婆婆。至于说是分别代表“土地神”和“山王菩萨”，村民们则没有听说过。

据资料介绍，黔西北苗族农历三月三有“祭山节”祭山神。祈词为：“山王神王，祭酒供上，请保佑白雨（冰雹）勿到我方，保佑苗家平安和顺，人畜兴旺。念毕，浇酒于地。然后，全寨人席地而宴，与山同醉。”

布依族村寨进出口的必经之地，是他们心中的“寨门”。寨门前建土地庙，内供土地神。有的寨旁有“风水林”，林中修有小木棚，内放一块长方形石头为“石神”。也有个别地区植护一株大树，并被视为神的住所，或称“树神”。

有班姓村民说：“蒙贡班姓一族系原青岩班氏土司后裔，迁居蒙贡至今约有七八代。据老人们传说，这里原来居住的苗族，因吃了野犀牛中毒拉肚子死光了，只有两个姑娘跑脱到外地。”

明末青岩班氏曾因军功官至副总兵（副将），控扼青岩城及周边八番十二司，威震一方，显赫一时。入清以后，朝廷削弱土司势力，仅授土指挥同知、正五品散官“武德骑尉”等职，后于康熙二十三年（一六八四）降格为贵阳府属外委土舍。随着青岩赵、贾、车、王、吴等客籍外姓移民的崛起，加之地方官府的打压，青岩班氏势力逐渐衰落。现青岩古镇赵公专祠内立于清道光四年（一八二四）的《朝阳寺文昌阁碑序》，记录了青岩客籍汉族诸姓与班氏长达四十六年的“供祖文昌阁”争讼过程。班氏族人虽倾其家财，最终却以“不尊上谕，亵渎文昌，律应重究，但念土酋无知，姑从宽免”而败诉。至咸丰十年（一八六〇），外委土舍一职传至班世清卒而废止。之后，班氏族人为避“咸同之乱”兵燹，先后逃往他乡谋生。

清《贵阳府志》修于道光二十三年（一八四三），时“蒙贡寨属白纳副司”。为此，蒙贡班氏一族或许是在咸同年间才迁入此地，“聚族而居”并另立新寨

（大院），故而“至今约有七八代”。

咸同之乱自清咸丰四年至同治十一年（一八五四——一八七二），前后历时十八年，是贵州历史上规模最大、时间最长、影响最深远的一次战乱，亦称“咸同贵州各族人民大起义”。这次战乱旷日持久、此伏彼起、波及全省，致经济残破、文化凋零，“全省几无完土”。

李植人在文章中还提到，时蒙贡寨有在节日里“全寨共食”的风俗。他是这样描述的：

> 重阳节的前一天，照例，负责人中推出一二人在各家收共食费用，这是以物价高低来执行的，比如今年每家摊派五角，也有不参加吃饭的，便出一二角香火钱；再有连香火钱也不愿付的，便被认为不得菩萨保佑，但是最贫穷的人也不吝惜这笔费用。这三十多户人家，只收到二元多钱，在这只存货不存钱的乡间，多数人家都得等到当天赶场以米谷豆子换钱之后，才能交出钱来……
>
> 一天中最紧张最热闹的时候是黄昏了，先由负责重阳节日家庭的男子，拿鞭炮、香、纸钱及公鸡二只，来到土地神及山王菩萨的像前祭祀，接着负责节日家的女子将菜蔬准备好，饭桌三张，一张设在堂屋中，一张设在侧房，一张在灶下，长条板凳从各家中搬来，这时从山脚下，山顶上传来清澈的孩子们的呼声，“吃晌午啊！”孩子们被人使着招呼着各家的人来吃饭了，在细雨蒙蒙沉寂的空气里，声音显得格外清楚。
>
> 一家只一个代表参加，女的有事，男的便去，每人提着一壶酒和自己需要的饭，在同寨中吃饭如同一家人一样，不须男女分坐，只保持长辈晚辈秩序而坐的次序而已……

经了解，这一风俗早已不存。目前，寨子里的班姓布依族村民，只有在清明节祭祖时才共餐。共餐的费用是按人头均分，每次每人约五十元。过去，共餐的费用，是由寨里大户人家掌管着的“祭田”收入来开支。土地改革后，就由各家摊派。

有村民班元礼，年约六十岁，现独自一人。他家原来有四口人，有水田四亩、土地七亩。水田种水稻每年可收几千斤谷子，有一万余元收入。另外，稻田兼养鱼可收入一千余元。土地是山地，只能种点果树、苞谷等作物，但这些东西不值钱，收入不多。据他说，因土地纠纷多、矛盾多，村里处理不了。目前，全寨村民没领到土地证。

组组通公路自西向东从寨子中间穿过，长约二百米。小院土地庙建在村口道路左侧山坡上，这里应该是以前的苗寨，房屋和住户不多。大院土地庙建在前面不远处道路右侧，山坡上房屋连墙接栋，是班氏布依族聚居的地方，是寨子的主体部分。同其他布依族山寨一样，房屋错落有致，井然有序。

村民的饮用水，取自道路左侧山坡下一口水井。过去，靠人力担水进家。二〇〇六年安装了水泵，村民们便用上了“自来水”。二〇一七年四月，花溪区水务管理局在井口周围修建了“保护”设施，并立石碑《青岩镇摆早蒙贡饮用水水源保护区》予以公告，规定“水源区保护范围为：井口上游 1km，下游 100m 的水域范围。违者必追究相应法律责任”等。

村民现都居住在新建的钢混结构房屋里，尚有几处布依族木构老屋，朝门、房屋、院墙、院坝等，布依族民居的构成要素应有尽有，虽无人居住但保存十分完整。其中一处房屋，四周柱子上还保存有二十世纪六十年代“三面红旗”（“总路线、大跃进、人民公社”）的标语。其中一条，上书“高举社会主义伟大旗帜”，仍清晰可辨。

据村干部介绍，蒙贡寨人少地多，加之距离青岩古镇很近，村民生活大多过得比较殷实。目前，只有一人是“低保户”，村里每月补助生活费四百八十元。

从蒙贡寨步行到骑龙寨约三公里，需半小时。途中要经过宫詹桥。宫詹桥原名蒙贡大桥，在今栗木山寨。不过，以前那一带无人居住，栗木山寨是后来才有的。传说蒙贡大桥原先由清康熙年间骑龙人周渔璜捐资修建，因周渔璜曾任“詹事府詹事”，是康熙皇帝近臣，人称“周宫詹”，故名“宫詹桥”以资纪念。

李植人《蒙贡寨的重阳节》一文，被录入二〇一一年贵州省文史研究馆编辑的《民国贵州文献大系・贵州苗夷社会研究》。除此之外，还录有《青苗的婚姻习俗》《苗族放蛊的故事》两篇文章，也描述得十分详细，但属一般性“知识介绍”，非李植人本人亲历亲见。

因地理位置和交通的原因，蒙贡寨至今还保留着贵州山地聚落——小型村寨的整体布局和形制。尽管距离国家 5A 级景区青岩古镇很近，但只要道路没有贯通、位置仍然“偏僻”，这一贵州山区农耕文明的典型聚落形态，作为一种历史记忆或将得以存续，按照一种平和而渐进的方式发展变化。

只有乡村还在，乡村文化才不会消失。

蒙贡寨的土地庙：大院和小院（2021年　摄）

歪脚寨

出杨眉堡沿杨眉河南行约四公里，便到了歪脚寨。

民国时期，歪脚寨曾是歪脚乡所在地，后来“小乡并大乡”并入了青岩镇。区志载：

> 歪脚村辖歪脚、高寨河、羊昌沟、云上坡、狮子山、大八块等六个自然寨。有518户，2192人。耕地1118亩，歪脚、羊昌沟有青苗。

寨前立有“花溪区河长公示牌”云：“杨眉河，起点孟关乡黑石头林场，终点青岩镇歪脚村。河流长度9.1km，水质现状Ⅱ类，水质目标Ⅲ类”，并注明有责任人（河长）、监督电话、流域示意图等。杨眉河名为“河”，实为一小溪沟，在歪脚附近注入青岩河。

清道光《贵阳府志》记载：青岩河为涟江西源“出广顺州之摆牛寨东”，白纳长官司副司管寨十六，“有乖觉寨，居民十户”“有余九、余十两寨，即余庆堡”。其中，余庆堡置于明代，隶属贵州前卫。

这就是说，现歪脚地方在明代曾置余庆堡和乖觉寨，至清代有三寨。其中，余九、余十两寨（余庆堡）隶属贵筑县南下里，乖觉寨隶属白纳长官司副司。从所载地理方位看，此“乖觉”即现在的“歪脚”，应系少数民族语音译。因与青岩近在咫尺，民间亦有“青岩歪一脚即到”一说。“歪脚”一名，应该是在清道光以后才有的。

出了歪脚，往左是通往黔陶、惠水的大道，往右走X014公路跨过玉带河上的东风桥，往回走约一里就是青岩镇。东风桥即歪脚桥，原是一座清代石拱桥，当地人称“拱拱桥”，一九七一年改建为钢筋混凝土双拱桥。

从地图上看，青岩河自西向东出青岩纳入杨眉河后，便弯弯曲曲、歪来歪去一路向南，直到蒙贡寨附近与涟江北源汇合，之后便轻快欢畅地向着惠水而去。在从歪脚到蒙贡仅数公里的地段上，形成了十余个“河湾”或“半岛”。歪脚寨，就处在第一个“半岛”上。这一河段称“玉带河”，当地人又称“歪脚河”。

歪脚寨建在“半岛”后方一小山坡上，左邻飞云山，右依狮子山，面前则是青岩河“玉带环绕”。河的对面，可见青岩一地平畴十里。尤其是飞云山，“两山对峙，林木葱茜，四时长春”。在古人的眼里，这里是一块风水宝地。寨中平氏后人说，平家老祖公经青岩来此，见此地有山有水，宜居、宜农、宜读，正是读书人朝思暮想的“田园”，便决定在此安居立寨。因其在过河时被“崴”了一脚，遂取名“歪脚”。平氏祖籍浙江山阴（今绍兴），先世游幕贵州，至平刚居青岩已七世。

寨子不大，原有寨墙和东、西、南三个寨门。现寨门仅存南门，寨墙有少许残垣断壁。南门是面向玉带河和青岩的，是寨子的“大门”。东、西二门，则分别通往黔陶、惠水和杨眉。村民说，原东门也是一个“大门”。

寨门系砖砌圆形拱门，门前有照壁，保存还较完好。寨前是一大块半圆形田土，就像是由寨子洒向玉带河的一张大网。这张网铺到了玉带河河边，直抵现在的青岩城下。

寨子大致呈东西向，过去的老路还在使用。路面很窄，长约五百米，道路下面是全寨的排污沟。同其他屯堡寨子一样，道路两旁楼房林立、连墙接栋。新修的歪杨公路靠寨后一侧，基本上与老路平行。进入寨子，紧挨着大门左侧的是一木制楼房，穿斗式木结构悬山青瓦顶，两层三开间，现已破败不堪，仅存主体架构。据村民介绍，这里原来是一“戏楼”，过去村民们常在这里唱戏、看电影、唱花灯等。旧时青岩，会馆、祠堂、庙宇等多建有“戏台”。

在距离寨门约五十米处，是一高大的木制土地庙门楼，这应该是目前歪脚寨的“标志性”建筑物，保存十分完好。门楼呈南北坐向，四柱三门，面阔约六米，进深约三米，高约五米，两层楼，穿斗式木结构悬山青瓦顶，莲花形垂瓜柱、大木立柱、石柱础等保存完好。东西两间墙龛里，同时供奉着土地公公、土地婆婆，村民称之为“双庙”。村民说，穿过土地庙往前走，不远处就是“平刚先生故居”原址。这是通往东门的老路，过去称为“平家街”，原东岳庙就建在东门一侧。后来，因有了从土地庙前通过的道路，村民新建房屋时便将这条老路给堵了。

据村民介绍，现寨子里有村民三百余户，以平、魏为大姓，另有张、刘、王等姓，均为汉族。原寨子有平家街、魏家街一说，现平家有五六十户。此外，寨子里还有两三户魏姓苗族（青苗），他们是从大八块迁来的，河对门高寨河寨也有魏姓青苗。现村民大多仍以务农为主，兼营小商业。

原“平刚先生故居”，曾以“清代建筑”被列为花溪区文物。根据原来的记载，故居“坐北向南。原有朝门、两厢、正房及粮仓等。正房面阔三间，进深三间，穿斗式木结构悬山青瓦顶。现存正房东次间”，现已不存。约六年前，因宅基地异主，新主人在原址上修建了二层钢筋水泥房，门牌号为歪脚村大寨组 129 号、130 号。

此外，曾被区志列为文物的，还有“歪脚石桥”“云龙阁遗址”“东岳庙遗址”。其中，东岳庙为明万历年间建，清道光二年（一八二二）重修。以上，现均已不存。

作为文物，“一旦毁坏，绝不复生”。村民不知，殊可惜也。

歪脚土地庙门楼（2020年　摄）

平刚先生轶事

有资料介绍：平刚晚年笃信佛教，嗜好鸦片。

《平刚日记》记有一事：一九四五年十二月三日，“省政府开会，吴鼎昌（省主席）提出数年来所搜鸦片有十二万五千两，如何处分？报重庆政府，蒋（蒋介石）谓宜焚，孔（孔祥熙）谓可惜，不如卖与美人（美国人），可得一笔钱。各议员或主蒋说，或主孔说，予皆以为大谬。蒋说不过好名而已，孔说亦在利上算。予以为今之世既主用西医，西药皆不能离鸦片，与其卖去，将来又高价向人买来，不如留以自备，是最上也。于是决如予说，归。”

关于此事，时任省政府委员、前民政厅厅长福泉人谭克敏在《民政十讲》中亦有记载：“贵州历年所收存之烟土，共十二万七千三百六十二两二钱，烟膏二千一百七十八两四钱，烟灰四千五百两三钱，料土一万一千三百六十二两二钱，合共十四万四千九百五十二两二钱。如以现时烟价论，值四十亿元以上。此数字不可谓不大，故有多数人之主张，此一笔巨款，如果用得其法，在本省建设一新兴事业，诚不可限量，否则以贵州之穷，何能筹此一笔整数，况且付之一炬，依须千百万元之焚毁费用，岂不大可惜乎。”

时抗战胜利，百废待兴。对于贵州来说，四十亿元无疑是一笔“巨款”。时省民政厅核定一九四五年全省七十七个县“造产收益”总额，合计仅为三千二百余万元。

谭克敏是主张销毁的。他认为：

> 政府为厉行禁政，不惜诛戮若干万烟民生命，岂可将生命换来之赃物变价成为巨富乎。且烟土出售，自可美其名曰制药，或供药吗啡，万一办理不善仍流为出售于人民，此十四万两之鸦片，更不知害煞多少同胞！岂非又开放烟禁乎！

价值虽大，亦不可爱惜。以烟土人命换来之建设，此种建设，徒遗人间之羞辱，何价值之有！

禁烟问题，不在法令不备，而在人谋不臧。

在他看来，禁烟之难，难在政令的贯彻执行，难在有太多“袒护之人”。

平刚日记结尾一个“归”字，可知其当日欢快愉悦之心情。平刚先生此举，似乎亦有“袒护”之嫌？

抗战时期贵州禁烟，当时的省政府是下了很大决心的，所取得的“成绩”实属来之不易。对此，吴鼎昌在《花溪闲笔续编》中记云：“本人素来主张命令应少而要，故主黔三年，手令尚不到十次。本年（指一九四一年）因为是贵州禁烟最后的一年，曾手令各县封闭烟馆，具结报省，这可表示本府对禁烟的决心，但迄今尚未具结送省的，有二十五县，法令虽少而要，仍有不能贯彻者。”至一九四二年，省政府甚至将禁烟一项列入“联保连坐”之列，以示令行禁止、雷厉风行。

历史上，贵州饱受烟毒之害。清道光年间，告老同乡的周际华曾向黔中大吏上书言道：

黔省鸦片之风甲于天下，盖……黔省是处皆能自种，其价不昂，故其购求亦易。窃闻遵义、大定，无论城乡，每有宴集，非开灯则立去，以为慢客之甚……凡游手无业之家，恃此为居奇养生之善术，因此传染日深，几于明目张胆，无复忌惮……黔人中之不止其所恃者，营中之兵弁，府县之书差，一气相呵，是以查拿之人即袒护之人，纵使示告严明，亦第视为具文。

如果说“鸦片之风”在清中叶只是危及于“游手无业之家”“兵弁书差”之徒，到了清晚期，则已流行于文人学者、达官贵人之间。一八八五年，日本人冈千仞来华游历。在上海期间，曾专程去看望老朋友王韬。他“看到的却是另一个王韬。这时候的王韬已经开始吸食鸦片，他像一只弯曲的大虾，蜷缩在烟床一角，抱着一管烟枪迷迷糊糊入梦”。在其后来所著《观光纪游》一书中，记其见闻云：“谈及洋烟流毒中土（指中国），余曰，闻紫诠（王韬）近亦嗜洋烟。子源曰，洋烟盛行或由愤世之士借烟排一切无聊，非特误庸愚小民，聪明士人亦往往婴其毒”“洋烟盛行，酒亭茶馆皆无不具”“入室内，男女横卧吃洋烟，颜无人色，为行僵尸间之思”。为此，冈千仞还作出了“非一洗烟毒与六经毒（指旧时科举制度等)，中土之事无可下手”的结论。

一八九七年秋，王韬病逝于上海，时年六十九岁。其墓地，多年来众说纷纭，“不知所踪”。

据陈恒安先生《平刚先生生平事略》介绍，平刚先生习染烟毒是在一九一三年。时宋教仁遇害，国民党一度涣散，平刚随即产生消极意念。是年，平刚在上海追随章太炎门下课读，常与同为章氏弟子的黄侃“学僧家梵唱，相与谐乐，以寄托其百无聊赖之心情”。其间，与革命同志陈之渔之女陈凤飞成婚。陈家有罂粟癖嗜，以致“平刚早被薰染，无法戒绝，终成痼疾”，进而“早年之革命急进气概，转变为迂缓与消沉。”

一九二三年，平刚因“父母衰老”“生活窘迫”之故，不得不离开广州革命政府回到贵阳。此后，平刚的活动及影响便局限于贵州省内。回省后，又先后因“家累”(估计是“烟资”短缺)而不得不先后屈就贵州军阀兴义系、桐梓系势力控制下的镇宁县、四川古蔺县、赤水县县长等职。

一九三六年以后，南京国民政府全面控制贵州军政，平刚出任贵州省临时参议会议长。平刚是同盟会元老，在黔声望很高，时又担任地方要职，估计不在“禁吸”之列。

《事略》还记有一事。平刚与陈果夫、陈立夫之叔陈士英是老友，故视陈果夫、陈立夫昆仲二人为后辈。陈果夫有肺病，袖中必携一小痰盂，以便咳嗽吐痰。抗战时期，陈果夫曾专程到访，“平刚于烟榻上招待之”。陈见其嗜好如故，劝说道：鸦片有毒，能伤身体，老伯何不戒除？平刚笑指陈果夫的小痰盂说：你何以不将这小痰盂丢掉?“出语甚为幽默，陈果夫为之大笑。”

平刚任贵州省临时参议会议长时，若遇会议争执则故作聋盲，或闭目静坐作若无所知状。时人作《竹枝词》，以“但愿大家飞墨盒，莫参上座野狐禅”之句相嘲讽。“野狐禅”一语，或可想见当时平刚先生之状态，“年逾花甲，较前衰瘠更甚，终年不离药裹。”

一九五〇年一月，贵州省人民政府发布《为禁绝鸦片告全省人民书》，明确宣布“吸食鸦片毒品者，应及时自行戒除。”八月，发出《关于禁绝鸦片烟毒实施办法》，明确规定了禁毒的政策和措施。其中，对吸食者，限期登记，限期戒除，逾期不作登记或未戒除毒瘾者，予以处罚。同年九月，贵阳市成立禁烟禁毒委员会，开展轰轰烈烈的全面禁烟禁毒运动。时贵阳市人口有二十余万，贵阳城挂牌烟馆有两千余家，抽大烟的有三万余人。到年底，焚烧鸦片二万三千两及烟具二万多件。同年，贵筑县则共查获烟具、烟枪三千多套，受理举报开设烟馆、运输、贩卖鸦片案三十七件、五十三人。没收鸦片五百六十四斤，查获的烟具、烟土等在各乡镇当众焚毁。至一九五二年底，贵州全省共封闭烟馆三千余家，收缴鸦片二百一十一万两。“通过三年的禁烟禁毒运动，全省绝大多数烟民戒除了烟瘾，吸食鸦片烟毒的现象基本绝迹。”

新中国成立后，平刚先生得到优厚待遇，任贵州省人民政府委员，但“因精力不逮，常不能前往人民政府开会”。一九五一年十二月病逝，享年七十四岁。“平刚墓”在贵阳市大营坡化工路，一九八七年被列为“贵阳市文物保护单位”。

陈恒安先生认为：

> 平刚先生对辛亥革命与贵州起义之联系，抗战时期在省参议会之呼吁减免粮役，在“黔南事变”时之维护贵阳安全，对民族民主革命烈士家属之帮助，以及写成《贵州革命先烈事略》一书等方面，“皆著劳绩”。

平刚故居①

① 吴正光著：《青岩镇的建筑文化》，贵州人民出版社 2008 年版。

大兴国寺

每次路过青岩大兴国寺庄严宏大的山门，总会想起唐代诗人杜牧那首著名七律《江南春》：

千里莺啼绿映红，水村山郭酒旗风。南朝四百八十寺，多少楼台烟雨中。

贵阳大兴国寺，又名大兴寺、大庆寺，元至正年间（一三四一——一三六八）江西庐陵道人（一说“贾人”）彭如玉创建。时江西庐陵（今江西吉安），就是明清时期大名鼎鼎的吉安府治所在。明正德五年（一五一〇），王阳明贬谪贵州龙场三年后，获授的官职就是庐陵知县。

大兴国寺是贵阳最早的佛教寺院，彭如玉所传“普庵祖师释氏法教”为普庵临济宗之教。普庵，江西宜春人，宋代禅师，法名印肃，号普庵，临济宗十二世传人牧庵的嗣法弟子。

清镇汉墓发现的“摇钱树佛像”表明，最迟在东汉末年，佛教已经影响今贵州地区。唐代则有“唐僧二十许人，从蜀川、牂牁道而出”的记载。据专家考证：牂牁道，在今贵州境内余庆、瓮安一线，唐贞观十三年（六三九）由侯弘仁开通，“佛教传入贵州，此即重要文化通道”。

唐武德年间（六一八—六二六），牛腾（大诗人王勃等“皆出其门下”）“大布释教于牂牁”，是为佛教传入贵州之始。另有名“义舟”者，则是“最早向外省人宣传贵州山水民俗的地方籍僧人”，有诗人刘禹锡《送义舟却还黔南诗》为证。此外，唐代与贵州佛教有关者，还有开建乐山大佛的黔籍高僧海通。

至宋代，佛教传布今贵州各地，主要集中在今黔北、黔东、黔西和黔西南地区。至元代，佛教始从黔北、黔东之发达地区向黔中地区全面推进。

明清两代，大兴国寺是贵阳僧纲司衙门所在地，担负“辅佐王道，化导边民”职责，并处理佛门事务。经多次改、扩、重建，大兴国寺“名僧驻锡，殿阁多重，寺宇壮观，香火旺盛”，为全省各寺之冠。

大约在明代中期，佛教的一个支派临济宗传入贵州。明末清初，由于中原及四川等地战乱频发，而贵州一地则相对较为安定，外地一些僧侣为避战乱而纷至沓来，其“人数之众，分布之广，前所未有”。尤其是“禅宗重镇”四川，禅宗诸子纷纷逃入贵州，形成所谓“百二十禅师降临黔疆”之势。

明清鼎革之际，所谓“五岳高僧来挂锡，半生多难爱逃禅”，这些僧侣显然不只是为“避乱”或“游览”而来。他们大都能诗善文，有的还擅长书画。其中，清顺治八年（一六五一），山晖行浣（一六二一——一六八七）四川夔州（今重庆奉节）人，在黔十余年间，先后驻锡今福泉、瓮安、黄平等地寺院。今人陈垣先生称“山晖之入黔，亦破天荒也。”历史上，称为贵州“破天荒”者，仅尹珍、王阳明几人而已。由此可见，后人对其在贵州产生的影响评价甚高。山晖行浣禅师后来在江浙一带阐教，著有《开圣禅院山晖浣语录》十二卷。时人沅州萧元会为是书作序，称其“博极经史，淹贯百家；字妙钟王，诗羞李杜。踞临济之席者，舍师而外，殆难先屈一指矣。”

加之，南明永历帝朱由榔也好礼佛，其驻跸贵州安龙时，大批中原（江南）官员和士大夫奔赴行朝。南明亡后，他们中的许多人因不愿做异族臣子而“由儒入禅”，以逃禅全其志节。一时间贵州人文荟萃，盛况空前。尤其是巴蜀禅师入黔人数之众，开法地域之广，兴建佛寺之多，使禅宗在贵州广为流传。仅贵阳府亲辖地就有佛寺二百余座，城内及近郊三十六座。这是贵州佛教的鼎盛时期，大有“骎骎乎足与中原相抗衡”之势。

为此，已故“贵州文化老人”陈福桐先生曾经说：“自建省以来，贵州文化事业由于政治的统一，日益与中原地区同步前进。在各种文化发展的同时，若论其品位之高、影响之大、数量之多、历史之久，当推诗文化（包括少数民族的古歌）、地方志文化和禅文化。”

其中的禅文化，以临济宗破山禅系为主。编撰于一七〇三年的《黔南会灯录》云：“吾黔宗风，兴自明末……为破天荒也”，所载高僧一百二十人，临济宗即占一百一十余人，禅院九十余座遍布黔省各地，而曹洞宗仅三人三寺而已。

破山海明（四川大竹人，一五九七——一六六六），临济宗三十一世，就是提出“酒肉穿肠过，佛祖心中留”的那位高僧，时乃西南临济禅宗之祖师。其嗣法弟子丈雪通醉、敏树如相、燕居德申等十三人（称“破山门下十三子”）及其再传弟子，在黔中南北开堂说法，先后修建禅院九十余座，影响深远，至今仍传承不绝。

丈雪通醉主要在遵义地区弘法，敏树如相、燕居德申则都曾在大兴寺开堂。尤其是敏树如相禅师，明末自四川入黔后先居石阡三昧寺，后住持贵阳大兴寺，门徒甚众，名噪西南。其弟子及再传弟子分赴贵州各地，是破山一派在贵州最有势力的一支。其嗣法弟子禄藜甫禅师住持大兴寺，曾有法语云：“……且道，山僧有何长处？喝一喝云：中兴临济宗，扶起无为化。”

燕居德申入黔之初住贵筑大兴寺，后来开法清镇九龙寺并僦居于此。

敏树如相另一嗣法弟子赤松道领，则因于康熙十一年（一六七二）首开黔灵山弘福寺而闻名。至清中叶，随着弘福寺的崛起，大兴国寺逐渐走向衰微。

清末，大兴国寺各佛殿年久失修，日渐毁损。民国年间，曾于正殿设贵州省立师范学校附属小学（现达德学校旧址）。一九三一年，改建为明星电影院。一九三九年二月四日，大兴国寺在贵阳“二四轰炸”中彻底毁灭。新中国成立后，寺址先后被新黔日报、市检察院等单位使用。后经政府征用，建新百货大楼智诚名店。大兴国寺历经六百多年变迁，所藏文物，除铜钟移至弘福寺外，余均无存。

二〇一〇年四月三十日，大兴国寺在青岩城北五公里处小西冲举行了异地重建启动仪式。规划用地面积约十三点四万平方米，总建筑面积约三点三万平方米，资金总投入两亿多元。历时五年，功成告竣。二〇一六年九月六日，贵阳大兴国寺隆重举行大兴国寺重建落成全堂佛像、盛世宝塔开光庆典法会。各级领导、海内外佛教界同人、四众弟子，出席和参加庆典活动。庆典活动取得圆满成功，有再现“中兴临济宗，扶起无为化”之势。

古镇青岩庙堂林立，除“九寺、八庙、五阁、二祠、一宫、一院”外，还有基督教堂、天主教堂等。大兴国寺重建于距离青岩城北五公里处的小西冲，而不是在城内或城边觅一块福地开建，除了难以容纳这一宏大建筑群外，也许还同贵州佛教的“传统精神”有关。对此，有专家分析指出：

> 贵州佛教对原始巫教的适应和吸收，并不表现为佛、道、儒、巫的“诸教合一”或“水乳交融”，而只是对原始巫教适应、让步和某些内涵的吸收。这与藏传佛教的“佛苯融合”和云南佛教的“佛巫合一”，

有着明显的区别。在贵州，僧人住持道观，道士修建佛寺，信士供奉佛祖、玉皇、神仙、名人，比比皆是，有的甚至将佛、道、儒乃至历史名人供奉于同一佛寺和道观内。

何况，就其数量而言，青岩镇的道教建筑远远多于佛教建筑。

新建的大兴国寺，是目前贵阳市最大的寺庙。它以“规模宏大，富丽堂皇”“结构典雅，庄重肃穆”而瞩目于青岩古镇，为其又增添一亮丽“景点”。初春时节，用杜牧这首七绝来形容青岩这座云贵高原上的“江南古镇”，似乎别有一番韵味。

黔陶水长

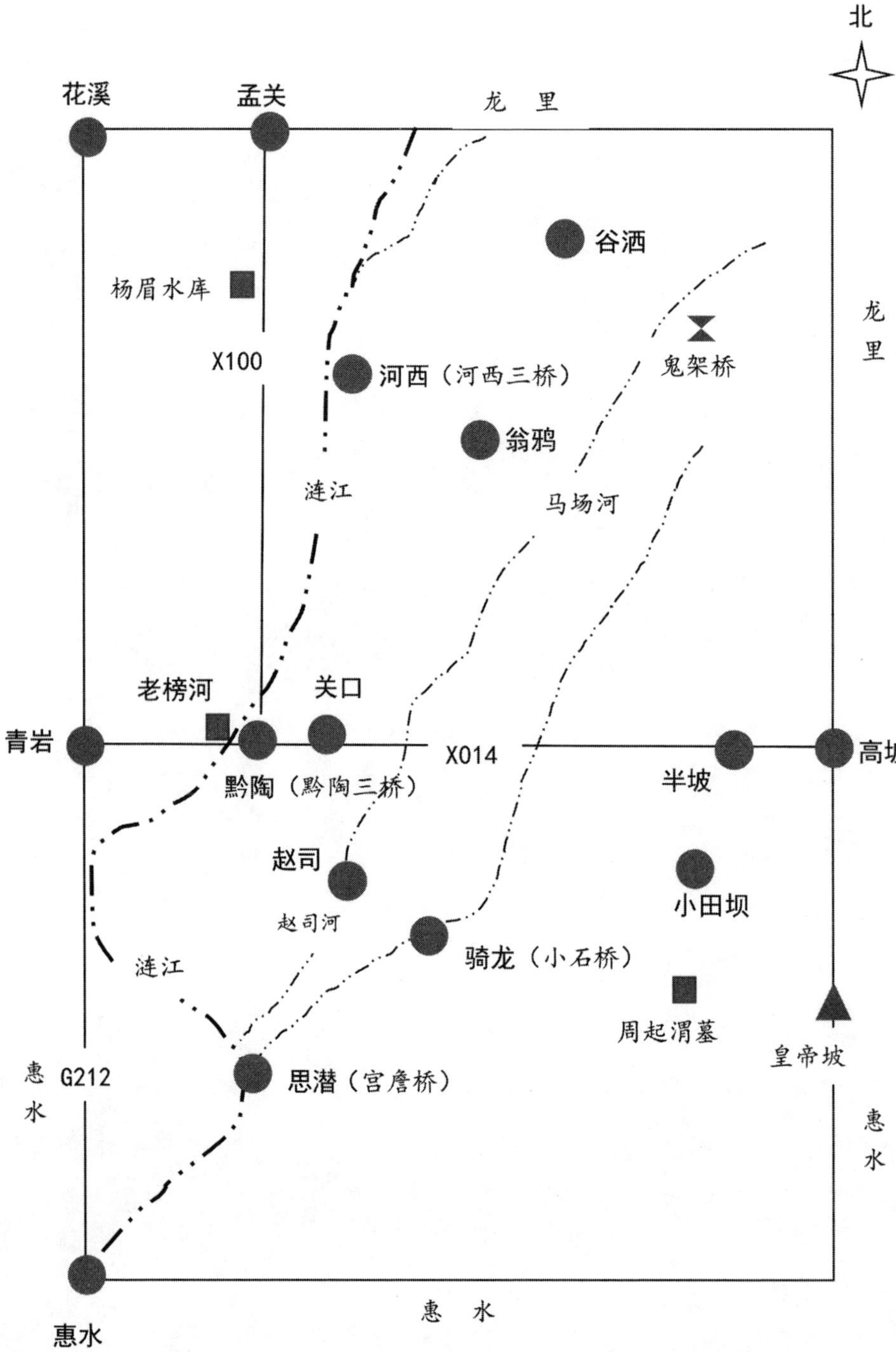
北
花溪
孟关
龙　里
谷洒
杨眉水库
龙
里
X100
河西（河西三桥）
鬼架桥
翁鸦
涟江
马场河
老榜河
关口
青岩
X014
高坡
黔陶（黔陶三桥）
半坡
赵司
小田坝
赵司河
骑龙（小石桥）
涟江
周起渭墓
皇帝坡
惠
水
G212
思潜（宫詹桥）
惠
水
惠水
惠　水

碗　场

一九三五年四月，中央红军长征中，时任五军团参谋长陈伯钧在《日记》中写道：

> 4月10日，阴。行军。由梅家庄经混子场、述都、谷社、碗场到青岩，约五十五里。

《日记》中提到的“碗场”，即今天的黔陶，原名打铁寨、鼎罐窑、碗厂。过去，黔人谓市为“场”，多以十二干支所属名其贸易之所，如子日为鼠场，丑日为牛场等。以地方特产为集市乃至地名的，并不多见。

萧公权先生在《中国乡村》一书中说：“不知在过去什么时候，一些人户从其他地方迁移而来，修建房屋，成为‘当地居民’。……这就是村落。”同中国其他很多地方一样，黔陶也经历了从乡村、集市到城镇这三种“中国乡村”的主要形态。

黔陶初名“打铁寨”“打铁关”，过去是从青岩经黔陶往龙里道上的一个关口，是旧时贵阳“十四关”之一。明末《徐霞客游记》曾提到这条道路。据当地村民介绍，本地原来居住的是散居山间的几户苗族人家，最早来此立寨的是从今惠水迁来的罗氏布依族，以打铁为生，或兼营马店，故名“打铁寨”。此外，关于“打铁苗”，一九〇二年日本学者鸟居龙藏在八番之地（今惠水）考察后，于《西南中国纪行》中有专门描述并拍有照片。从演奏者的服饰、使用的乐器（芦笙）和舞蹈形式来看，“打铁苗”似苗族的一个族群。

至清道光年间，今黔陶地方是一个有寨（打铁寨）、塘（塘讯，“兵卒巡察会哨之所”），有居民五十余户的小型村寨。无集市，“市高坡场”。

“碗场”的兴起，是在本地陶瓷业产生之后。清道光元年（一八二一），黔陶地方开始生产陶器，时名“鼎罐厂”。清末民初，随着生产规模的扩大，逐渐形成省内最大的陶瓷品生产和销售市场，“碗场”因此而得名。民国十九年（一九三〇），设黔陶镇。

源自翁鸦高山峡谷的涓涓细流在关口寨汇聚成一条小溪，自东向西绕过黔陶后向北汇入涟江（老榜河）。当地人称这条河为黔陶河，它把黔陶分为两部分。北面沿青岩至高坡公路（X014 公路）的泥巴山下是打铁寨，以布依族、苗族农户为主，约有二百户。南面则是后来从四川、湖南以及附近青岩、龙里等地迁移而来，以制陶业为生计的外来汉族移民，有三百余户。随着一个个土法制陶作坊的兴起，这些人也逐渐定居下来，成为本地的“居民”。这些居民亦工亦商，在黔陶河右岸的生活区，开辟出了一个兴旺繁荣的陶瓷品市场。

一九三五年四月九日，时任中央红军总部独立炮兵营山炮排排长张量后来回忆道：“我记忆最深的是，那天夜晚从贵阳附近穿过时，连里通知我们：要过贵阳了，行动要快，不能拉距离。我们把背包、绑带都捆扎好，一个紧跟一个前进。部队穿行在山野树林之中，四周一片漆黑，也不知贵阳的城市在哪里。当时，我们从一条小街道上穿过，所以，我一直以为贵阳是个小村庄。”从当天中央红军经过花溪的行军路线来看，文中所称“一条小街道”，应该就是当时的“碗场”。

有资料记载：

> 到一九四〇年代，黔陶已成为全省陶瓷器业的中心，其产品销往全省各地。大致销路及所占比例是：贵阳市三成、东路（黄平、镇远等地）二成、南路（定番、独山等地）一成、西路（安顺等地）二成、北路（遵义、桐梓等地）一成。

直到新中国建立后，“碗场”的繁荣依然持续了相当长一段时间。一位原贵阳陶瓷厂工人回忆道：“那时候是三天一场，尤其是在‘以陶代钢’年代，每天来这里拉陶瓷制品的车辆很多，商户也很多。”

改革开放后，本地陶瓷业逐渐衰落。二〇一二年，集体企业贵阳陶瓷厂改制后，原陶瓷厂转让给了一家民营驾驶培训学校。至此，黔陶陶瓷业戛然而止，“碗场”也随之消失。取而代之的，是我们常见的普通乡场。

时至今日，“今天此地，明日彼处，每天都有固定场所赶集”的情形，在本地依然盛行。其间，黔陶场曾经从原来的“三天一场”改为“一周一场”、周日举行。再后来，或因地处周边青岩场（周日）、孟关场（周六）、高坡场（甲子场，6 天一场）三大集市包围之中，分别相距仅约十公里，地理位置十分尴尬。于是，现黔陶场改为每周一场、周三举行。

一九九三年六月，黔陶乡人民政府于街上石拱桥头立有《黔陶农贸市场落成志记》石碑，记云：

黔贵州之称也，陶千家万户食用器也，先贤故曰黔陶。为促进黔陶农村经济发展，由乡政府投资五万元，市区乡十九个单位筹资拾贰万馀元，一百四十人捐资三仟陆佰柒拾馀元，於一九九二年七月十五日奠基，共建此市场。历经九个月，於一九九三年四月十九日竣工。凡筹资五佰元以上的单位和捐资伍拾元以上的个人均刻芳名，永垂万古。

“黔陶现在已经垮了，没有几个人了”。采访中，七十多岁的原贵阳陶瓷厂杨姓工人这样说道。企业改制后，原贵阳陶瓷厂工人每月按工龄领取退休金，从两千元到四千元不等。至于工人的子女，因为是居民没有土地，就只有自谋生路了。目前，镇上居民除老人小孩外，大多是周边寨子迁来居家或做小生意的村民。毕竟是乡政府所在地，遇赶场天，乡属河西、马场、骑龙、赵司、谷洒、翁鸦、关口等寨村民也会来此赶场，除日常生活和生产用品交易外，也是一个集社交、娱乐、信息分享等众多功能于一体的热闹日子。

通常情况下，集市至午时便人去场空。

黔陶场（2022年　摄）

黔　陶

黔陶是一个地名，也曾经是一著名商标。民国十八年（一九二九），时任贵阳县县长郑先辛定青岩碗场产品名“黔陶”。次年，设黔陶镇。

方志记载，贵州陶土开发始于明代。清道光初年，往来客商无意中发现黔陶（时名“打铁寨”）的黏土（白胶泥）适合制陶，于是逐渐有人来此落户开窑制陶。

至清宣统三年（一九一一），本地陶瓷生产已有十八户，以一家一户家庭式作坊为主，土法生产，规模不大。至民国十八年，黔陶陶瓷业发展到五十一户，员工六百余人，产品以碗、杯、盘、缸、瓶、罐等生活用品为主。

直到抗战初期，黔陶陶瓷业发展规模也不大，产品市场仅限于省内。时有资料记载：“黔陶镇距离贵阳市约七十华里，一名碗场，系陶瓷器业的中心地。全镇约三百五十户人家，其中五十一家经营陶瓷器业。资本额最低为二百至三百元，最高达四千元左右，资本总额在六万三千元以上，均未脱离家内手工业范畴。”时产品仍以生活用品为主，在距离二十华里的沙坡寨（今孟关沙坡村）有马店，有约三十头驮马常驻，由马驮至省城销往全省各地。

当时，本地主要陶瓷器厂有魏春林厂、龚庆云厂、钟海钦厂、赵礼恒厂四家及新生实业公司。其中，新生实业公司由安顺著名商人、实业家伍效高创办。伍效高早年贩运烟土获利颇丰，一九三八年从越南、法国商人手中购买设备，辗转运到贵阳，创办“新生五金厂”而开贵州五金工业之先河。一九四二年又与刘熙乙、孙蕴奇等人以股份制形式创设贵州第一家私人银行“聚康银行”。从一九三八年到一九四九年，由其创办或投资的企事业二十余家，为抗战及贵州经济建设做出了很大的贡献。

一九三九年，伍效高以股份制形式在黔陶组建新生陶瓷厂，全面改进生产工艺。这是贵州陶瓷业，由家庭手工作坊向专业工厂生产、由全手工操作向简易机械生产、由陶器向瓷器生产的转折点。此后，贵州瓷器生产开始逐步扩大。

贵州最早的股份制企业，当属开办于清光绪年间的青溪铁厂。该厂于光绪十一年（一八八五）筹办，至光绪十五年（一八八九）生产出第一批“天字一号”铁锭，这比后来张之洞在湖北开办的汉阳铁厂还要早三年。青溪铁厂以股份制形式，从最初的“官商合办”到后来的“中外合资”，前后历时二十年。它是近代中国洋务运动的产物，是近代贵州社会现代化的先声。然而，青溪铁厂最终却因经营不善以“撤了两个官员，死了两条人命，留下一个废墟”而破产，“黔省实业界经此挫折，乃多年不能复振矣”。在这之后，近代贵州股份制企业虽然仍在继续探索和尝试，但其真正的发展则是在抗日战争时期，新生陶瓷厂就是其中的一个佼佼者。

新生陶瓷厂厂址设在今老榜河，自创办至烧制成功，历时三年。聘请厂长为江苏宜兴人，技工来自湖南醴陵、衡阳、江西景德镇等地四十余人。这些人因避战祸内迁来黔，带来了先进的生产工艺和技术。陶瓷厂所用原材料石英为关口寨产，陶土是本地产，石灰石为高坡产，蜡石是龙里产，硅石是本地附近所产。其瓷器产品有二十六种，质量逊于景瓷超过湘瓷，在省内特别受欢迎。

一九四一年，官办贵州企业公司在黔陶独资设立贵州陶瓷厂。一九四四年八月衡阳失守后，中央电瓷厂迁来贵阳。贵州企业公司以战时需要为名，强行“租用”新生陶瓷厂建中央电瓷厂，生产日用、电用、卫生和工业瓷器四大类产品，这标志着贵州瓷器产业日趋成熟和规模化、机械化生产时代的开始。一九四四年十二月黔南事变后，中央电瓷厂再迁重庆，原新生陶瓷厂主要设备被破坏殆尽，元气大伤，直至一九四九年停产。

近代贵州本地企业，因受地理环境、交通和资本金的制约影响，大多因地制宜、就地取材，一般规模不大，以满足本地需求为主。由于资本普遍较小，在面临外来资本尤其是官僚资本进入的情况下，一般是既无招架之功，也无还架之力，大多不堪一击，或隐身而退或铩羽而归。在此情况下，也很难孕育出现代意义上的“实业”和“实业家”，故而其存续寿命大都不能长久。

伍效高先生在后来回忆中说道：“我在抗战爆发的第二年，便着手将我在汉口、广州、南宁等地经营的大东、隆大公司陆续结业，调资回黔办厂……为发展贵州工业，给家乡人民作点贡献，同时也给自己和儿孙辈留条后路，我就决定办工厂……回贵州后，就以‘实业救国’为名，邀约贵阳、安顺的朋友集资组织公司（即新生实业公司）”。也许，“实业救国”只是个名，谋利才是商人的本色。除此之外，“给自己和儿孙辈留条后路”，在当时恐怕也是一种无奈之举。

从打铁寨、鼎罐窑、碗厂（场）到黔陶，是贵州近代工业化、城镇化的一段历史记忆。曾经辉煌的黔陶陶瓷业，犹如昙花一现，现仅保存“黔陶”这一美丽地名。

这也可以当作一种幸运吧。

黔陶（2021年　摄）

溪南四司

一九三九年，一个美国人写道：

> 对于部族人而言，贵州是一个特殊的避难所。他们在陡峭又贫瘠的山丘和高山中找到了天然的避难的地方。没人有那种坚持的精神和信念把他们从那里赶走。他们中的大多数都集中在贵州东北—西南对角线的南部……

黔陶乡在花溪西南部，大致就处在这条“东北—西南对角线”上，南北长十五公里，北窄五公里，南宽十公里。其地形地貌特征为低中山丘陵谷地，有近南北向（东北—西南向）的狮子口、大湾坡、老榜河背斜与黔陶向斜，山高坡陡，沟壑幽深，溪流潺潺，海拔一〇五〇至一三二五米。明清时期，这条“对角线”以北是贵阳至花溪、青岩一线汉化较早的地区，以南则是沿贵阳东南部边缘龙里、高坡、惠水一线“生苗”地带，以东苗（清代称“高坡苗”）为主。

清代，今黔陶乡为中曹正、副长官司，百纳正、副长官司“四长官司”辖地，是贵州最早实行土司制度并延续时间最长的地区之一。

土司制度源于汉晋以来的“土官土吏”、唐宋的“羁縻州县”，主要盛行于中国西南西北部分地区，“其道在于羁縻”，即所谓对“大姓相擅、世积威约”者，假以爵禄，宠之名号，使之“易为统摄，奔走唯命”。

蓝勇研究认为，汉代通过开通道路、设立郡县和迁入移民三大主体措施，形成了西南历史上第一次的汉族移民高潮。两晋南北朝时，许多北方移民（“蜀中大姓”）进入“西南夷”地区，往往以家族为聚居，沿交通线为中心居住，形成一个个大的部族，被称为“夷化了的汉族”或“汉化了的夷族”，史家多称为“南中大姓”。其中，今贵州地区的南中大姓有龙氏、傅氏、尹氏、董氏、谢氏、赵氏等。经持续不断的发展扩大，至唐宋时，谢氏占据应州、牂州、矩州、曲州，势力扩大及充州、蛮州；赵氏占据充州、明州；宋氏据蛮州（今开阳等地）。

元明清时期，贵州是土司制度盛行的地区之一。其中，元代在今贵州地区设有大小土司三百余处，明代归并、改置后，设有贵州、播州、思州、思南四宣慰司，若干安抚司及九十余长官司、蛮夷长官司。这一百余土司，地位有高低之分，有的上下一统，有的则族属各不相同、互不统率，它们分别隶属于布政司、宣慰司、府、州，以及部分卫所。前者属文职，后者属武职。

经清初大规模“改土归流”后，贵阳府亲辖地所属十个长官司中，保留中曹正司、中曹副司、白纳正司、白纳副司、青岩司（土舍）、养龙司（在今息峰）六个长官司，其余则编入新贵县。康熙二十六年（一六八七），新贵县并入新设置的贵筑县。至清道光年间，四长官司共管寨一百二十七个，另有青岩土舍管寨二十七个。以上“四司一舍”共管寨一百五十四个，占当时贵阳府属七百六十三寨的五分之一。

对于贵阳人来说，最有名的当属“中曹司”。直到今天，“中曹司”仍是贵阳市的一个地名，在今贵阳南花溪大道中段，原中曹长官司所领今四方河、小河一带。

中曹长官司，“元代置中曹白纳等处长官司，后改中曹百纳长官司，在城南二十里”。明洪武五年（一三七二）置中曹蛮夷长官司，移至城南十五里（即今贵阳“中曹司”地方），以土人谢石宝、刘礼宾为正副长官。清初顺治年间，朝廷为弹压高坡苗，以其“征高坡苗”有功为名，封赏今高坡、黔陶、龙里部分土地作为其领地，并令其将治所迁至该地。其中，正长官谢氏迁往高坡，后改在今黔陶半坡立寨。副长官刘氏迁治今黔陶河西。

中曹正副长官司所辖七十寨，大致分布在今黔陶乡东北部、高坡乡东部以及龙里草原乡的一部分。从交通地形上看，半坡寨控扼石门、板桥山（皇帝坡）一线，是高坡地区通往青岩的天然“关隘”。河西、谷洒一带，则控制着从高坡以及今龙里水场乡、草原乡通过涟江上游河谷地带进入青岩的间道。其目的是控制高坡苗进出“花溪—青岩”一带槽谷盆地人口稠密地区，以及从惠水至贵阳的粮食运输生命线。现半坡寨有中曹长官司治所、谢氏族墓等土司遗存。

白纳长官司，“元置白纳县，旋废县为茶山百纳长官司，在贵阳城东南七十里，废县在今青岩弓腰寨”。明永乐四年（一四〇六），设白纳长官司，以土人周可敬为长官，治骑龙寨，并置流官吏目一员。次年，设白纳副长官司，授当地人赵仲祖为副长官，治赵司寨。

白纳正副长官司所辖五十七寨，是今黔陶乡主要部分，包括今黔陶、关口、马场、骑龙、赵司等村属各寨，以及现青岩镇属歪脚、思潜、摆早村的几个自然寨。这些村寨大多位于丘陵河谷平地，处在控制东苗的第二线。现有周可敬墓、白纳长官司遗址等土司遗存。

明万历《贵州通志》称中曹长官司、白纳长官司正副长官，均为“土人”。清道光《贵阳府志》将本地居民分为三种类型：苗佐，泛指包括苗族、布依族在内的世居少数民族。土司之裔，即“土人”，指汉晋以来自巴蜀等地迁徙而来的汉人。清嘉庆年间李宗昉在《黔记》中说：“凡他省人客黔娶妻生子，名‘转窝子’，转窝所生名‘门斗子’，再转则‘土人’矣。”他们往往聚族而居，主要居住在交通沿线的平坝上。客民，即“屯堡人”，明代以来以汉族为主的外来移民。这一状况，一直持续到二十世纪五十年代民族识别和划分之前。

这些“土人”，或因年代久远与本地苗夷族融合，或因交通阻隔而被“少数民族化”（“夷化了的汉族”或“汉化了的夷族”）。在贵州地区内地化进程中，他们充当了“拓殖先锋”和“军中马前卒”的角色，经历了从“帝国臣民”到“帝国哨兵”，再到“华夷一族”的演变过程，并最终融入中华民族“多元一体”的大家庭之中。

蓝勇在《西南历史文化地理》中写道：《资治通鉴》引《唐纪》记云贵地方“西南夷”云：

> 其地有杨、李、赵、董等数十姓，各据一州，大者六百，小者二三百户，无大君长，不相统一，语虽小讹，其生业、风俗大略与中国同，自云本皆华人。

中曹长官司半坡旧址

中曹长官司半坡旧址在黔陶乡半坡寨。据介绍，半坡村辖半坡寨、格号冲、小田坝三个自然寨，现有一百五十余户，七百余人。

一九八八年贵阳市文物管理委员会编写的《贵阳文物图经》介绍：

> 中曹长官司半坡旧址，清代建筑，在黔陶乡南六公里。清康熙年间建，咸丰末年被焚重建。系穿斗式悬山顶木结构四合大院。坐东向西，占地一千二百平方米。除三朝门被毁外，其他较为完好，今为民居。
>
> 中曹长官司旧址，在小河镇南两公里。始建于明初。相传清代被焚后又重建，系穿斗式悬山顶木结构四合大院，坐西向东。占地一千五百平方米。现正堂及右厢尚存，今为民居。

显然，半坡旧址是按照小河四方河旧址形制修建的，只是规模小了约三百平方米。穿斗式悬山顶木结构四合大院，是清代贵州常见的一种汉族民居形式，体现了这一时期贵州的社会文化背景与审美精神。

在讲礼制的汉文化中，建筑屋顶是最能体现等级次序的，不能乱建。相对于庑殿式、歇山式等贵族式屋顶而言，悬山顶、硬山顶是常见的普通民居屋顶形制，人字顶、前后两坡是其基本特征。悬山顶因屋面伸出山墙之外，可以使山墙免遭风雨侵蚀，因而更适合木构建筑。而穿斗式以落地木柱支撑屋顶重量的构架形式，则是古代中国南方流行的一种房屋结构，具有柱径较小而密、竖架灵活、山墙抗风能力强、选材施工较方便等特点。

明清时期，在制砖业尚不发达的贵州山区，穿斗式悬山顶木结构是因地制宜、就地取材的一种普遍选择。而“坐西朝东”或“坐南朝北”“坐北朝南”，则跟山形地势、日照等有关。不过，小河中曹长官司旧址“坐西朝东”，也许跟谢氏族谱称其入黔始祖谢石宝是明初国都应天府（今南京）人有关吧。

有专家分析指出，明清时期的贵州土司长官驻地，大者一座城，小者一个寨。其住所官邸也是其衙门，大者“类似皇宫”，小者一栋房屋。“大者一座城”“类似皇宫”者，大致如水西安氏、播州杨氏等宣慰使级别。其他大多属“小者一个寨”“一栋房屋”之长官司长官级别。按照明代官制，宣慰司宣慰使、长官司正长官均属“土官”系列，品位分别为从三品和正六品。当然，作为“土官”，其驻所官邸的大小或只是体现了他们所管辖领地、人口和财富的多少。基于群体活动和防卫的需要，将一个寨子扩大便可以是一座城，甚至是一个国家，将一栋房屋扩大便可以是一座宫殿。

近年来，笔者曾先后四次到访半坡，所见“中曹长官司半坡旧址”已逐渐衰败。不久前，区政府在屋前立了文保碑“花溪区文物保护单位”，指明该房屋被列入“文保单位”的时间是一九九一年。另于屋后墙脚铁丝网内立有警示牌云：

中曹长官司半坡旧址，糟杤严重，有垮塌风险，严禁靠近！

房屋建在一斜坡上，坐南朝北。门前坡下原来是田土，可见远处群山逶迤起伏。现在的房屋是后来陆续修建的，已完全挡住了视线。现旧址尚存一朝门基础，木构房屋仅存正房和东耳房两间，西耳房仅存一间屋架。有谢氏村民说，本寨房屋均是这一朝向，不知同四方河中曹司旧址在北面是否有关。

据村民描述，原房屋是二进式四合大院，占地千余平方米。大门自北而入，面前是一天然台地。左转自东北面二门进入大院。大院内现三层转角楼房原来是一天井，天井外是一花台，植有桂花、柏树等，现柏树尚存，树龄约有两百年。经天井上台阶上得“正殿”又是一天井，经此方可进入长官司“衙门”。

主屋为五开间，一正房东西耳房各两间。房屋进深约七米，总宽约十六米，屋内立柱七根。其中，正房兼作衙门，是谢氏土司办公的地方，没有楼板和隔层。两边耳房一楼均有隔层，分作两间。二楼无隔层，用于堆放杂物。西厢房地基尚存，东厢房已改建为一层简易水泥平房。原正房门柱前各立有一块高约两米、宽二十厘米、厚五厘米的木板，上书一联云：“累代沐鸿恩，熙朝開駿業”，表明其是在清康熙朝时来此“创业”。该木板现由谢氏后人保存，平时不轻易示人，只是在祭祖时才取出来供后人祭拜。

原大门外围墙是用石头砌的，院内台地由土砖依势砌成。沿房屋外是道路，东北方向道路一旁原来建有一影壁，上面雕龙刻凤。从这里向上方看去，可见不远处高坡石门寨及其下方的坪寨，感觉近在咫尺。从青岩到高坡的盘山公路（X014），就在这两山沟壑之间。

村民谢启奎，现年七十四岁。据他介绍，目前谢氏在全省有三十余万人，主要分布在花溪、开阳、普定、黔西、织金、关岭、六枝、惠水等地。现半坡寨有谢、李、陈、王、罗、郑等百余户，以谢氏为大姓，有近三十户。目前，绝大多数村民以务农为主，兼外出打工。

从寨后至小田坝寨公路左侧，有谢氏族墓十余座。自第十二世谢天恩起，除第十六世谢君重葬赵司寨外，其余各代均葬于此，保存完整。

此外，原小河中院有寿椿别墅，为谢氏后人谢启元建于一九三二年。刘隆民先生将此楼与王伯群故居、毛家公馆、虎峰别墅和观水路上的英式别墅合称为贵阳五大“民国建筑”，现已毁。

花溪地方，先后被列为文物的土司治所遗址，还有白纳长官司遗址（在黔陶赵司）、金竹长官司遗址（在花溪桐木岭），现均已片瓦不存。

半坡中曹长官司衙署旧址（2017年　摄）

诗翁本色是酒客

花溪地方人杰地灵，名人众多。民间流传故事最多的，当属清康熙诗人周启渭。仅一九九〇年编《中国民间故事集成·花溪区卷》，就收录有“周渔璜故事”二十五则。

周启渭，字渔璜，一字桐埜，别号载公。生于清康熙四年（一六六五），其先世为“土人”周可敬，明洪武年间因军功被封为白纳长官司正长官，治今花溪黔陶骑龙寨。改土归流后，填籍江西庐陵，其家累世以耕读为业。

渔璜幼时聪颖早慧，因“过目不忘”之功而远近闻名，乡人“艳羡为天人”。时贵州巡抚山东德州人田雯与之论诗，也“叹其人之奇，诗之工”，并结成忘年交。

清康熙三十三年（一六九四），渔璜赴京应会试，中贡士，殿试列为三甲，赐同进士出身，旋改翰林院庶吉士。三年学业期满后，留馆授翰林院检讨（官阶为从七品），后续升侍读、侍读学士，充日讲起注官，一七一三年擢升詹事府詹事（正三品）。其间，先后充浙江乡试主考官、简放顺天府学政，奉命作钦差祭禹陵、明孝陵兼阅兵江淮。

渔璜一生，以诗名传世，被誉为“黔中诗帅”。所谓“诗当康熙，如日正中。起问汉大，惟渔璜公。《桐埜》一编，眉山、放翁。”（郑珍）“孰与夜郎争汉大，手持玉尺上金台。”（史申义）“以掞天之才，力持大雅……昔所称风雅之宗，领袖群彦者，非先生欤！”（毛奇龄）“始余订交桐埜以《金陵怀古诗》”（陈廷敬）……尤其是，清光绪年间同乡贵阳陈田作《黔诗纪略后编》评曰：“是时，新城王渔洋（王士祯），嘉兴朱竹垞（朱彝尊）为南北宗。竹垞博综，与先生角力或有短长；若专论诗，先生华妙不减渔洋，颖持岂逊竹垞？各占一席，亦未可知。”这番评价，抑或“誉之太过”，但亦足以让渔璜诗名永垂。

渔璜一生作诗凡千余首，精选三百余首编为《桐埜诗集》传世。其中，《泛舟西湖夜半始归》“天边明月光难并，人世西湖景不同。直把西湖比明月，湖心亭是广寒宫”一联，为后世所称绝。后人评价其“较东坡别具一格”（查为仁《莲坡诗话》）、“断句入耳有终身不能忘者”（袁枚《随园诗话》）。渔璜对此也颇矜许，自评云：“余《西湖》比明月句，坡公之后仅见。”

明清贵州，随着中原及江南先进农业技术的推广和应用，促进了水田和水稻种植的发展，凡有条件的地方都垦为水田，且盛产香米，“炊之香白异常”。水稻的广泛种植和发展，也推动了民间酿酒的兴起，所谓“春米如雪，酿酒如蜜”。清初许缵曾《滇行纪程》载：“贵州各属产米精绝，尽香稻也。所酿酒亦甘芳入妙，楚中远不及，而天下未有举为褒谭，详志之，以告好事家之知有黔米也。”

黔陶地方因水源充足而盛产香稻，民间至今仍流行自酿米酒。渔璜不仅是诗人，也是酒客。

翰林二十年，职闲官冷，门庭落寞，生活清苦，浅酌低吟。加之食欲不振，形容十分憔悴，“年未四十，鬓已半白矣”。本来体弱多病，却又嗜酒如命，常独酌以消忧。其本人和朋友多作有诗句记其事，如“曾醉京华两度春，莺花熟识旧游人”“白云溪山还故吾，花间劝酒歌提壶”“坐中杯觞传急鼓，醉中歌曲趁红牙”“终年病废犹耽酒，客舍尘埃亦有花”“杯盘往复常通夕，风雨萧条不废晨”“俸钱付书贾，斗酒谋主孟。时复招朋侪，琅琅发高韵”“此藤此地初种时，诗翁酌我索我诗”“一咏与一觞，淋漓忘我尔”……终其一生，常常忘情于诗酒。

尤其令人称奇的是，渔璜还曾“堆花作筵席”，以紫藤花作肴以佐酒，招朋友宴集。此举深得掌院学士揆叙（大学士明珠之子）欣赏，作诗赞云“鸣姜亦良筹，人蜜乃奇策。或浮冻醪春，或点菜家白。馀香沁樽罍，堕芯沾几席。称嗟遍交友，传示及词客”，传为一时雅事。

清康熙五十二年（一七一三）冬，江淮阅兵后返京，因劳累而病情加重。据时人讲述，渔璜之病自去年督学顺天之后，由外感而咳嗽引起。自那以后，“竟酒不满半升”，再也不能像以往那样“剧饮”了，“自饭则盐豉一器，食又甚少”。

次年夏，门人方椠将外派任职，行前特来探望。后记其事云：“先生留饮，并有门下士官都门者数辈，夜漏下二刻不止。某睇先生酒所（醉意），起辞去。屣方至门，而先生复挽之入，曰：何屑屑也！子不读少陵之诗《赠卫八处士》乎？‘明日隔山岳，世事两茫茫’。子行作吏，吾见子止于此，乃遂不能忍俄顷？何屑屑也！因复微吟前句，为凄怆伤怀久之。辞不获命，洗盏更酌。而先生则嗒然隐几，不能复谢客也。”

何屑屑也！何屑屑也！这是渔璜先生的临终遗言。所谓“酒中万愁散，诗外一言无”，诗人哀而不伤，已将万般愁绪化作酒香融入了诗歌，除此再无言语。

同样是诗人，黄庭坚早年嗜酒，四十岁以后“煮茗当酒倾”以茶代酒。渔璜学不了山谷道人，甚至让他学杜牧也做不到。杜牧“病不饮酒”时说“谁知病太守，犹得作茶仙”，而在渔璜看来，茶酒从来不同道，即便是病入膏肓，也不忍让酒杯离手。权且当作眼饮，也须淋漓尽致，直至体力不支而后退。

杜甫《赠卫八处士》作于安史之乱时，表达了乱离之际世事茫茫、别易合难的伤感。而渔璜却是生活在著名的“康熙盛世”，不知其愁绪从何而来？

渔璜一生，翰林其皮，诗翁其腹，骨子里却是一位酒客。

宫詹桥（2015年　摄）

赵司贡茶

赵司村隶属黔陶乡，是独寨村。明清时期，赵司寨为白纳长官司副长官驻地。赵司产茶，区志称“赵司茶曾为清代贡茶”，“赵司贡茶”因此而得名。

清康熙三十六年（一六九七），时年三十三岁的周渔璜在翰林院三年修业期满后，告假回乡探亲。三年后，返京就职翰林院检讨。传说，周渔璜返京时，给康熙皇帝献上了家乡特产赵司茶。该茶以其优良的品质，获康熙皇帝题诗赞云：“品尝周公赵司茶，皇宫内外十里香”。于是，赵司茶成了名满天下的贡茶。

据周渔璜曾参与编纂的康熙《贵州通志》记载，时贵阳府属“物产”中无“茶”。康熙皇帝“题诗”一事，在周渔璜众多诗文中也无半点记载。实际上，花溪民间关于周渔璜的故事很多。这一传说，不过是再次表达人们对这位“黔中诗帅”的惋惜和爱戴，同时也表达对家乡风物的一种美好愿望而已。

但是，明清时期贵阳府属今花溪地区是产茶的，而且确实有过“贡茶”一说。只是此“贡茶”是否出自赵司地方，并没有明确记载。

明万历《贵州通志》记载，贵阳府“方产”中有茶。“贡赋”一项中，有“三年额贡茶，芽五十三斤十一两六钱五厘。金筑司十三斤六两一钱二分五厘，方番司二十五斤……卧龙司十五斤……”且“徭役”一项中，万历二十五年（一五九七）金筑司“额有表笺、贡马、茶芽……”这说明最迟到明万历年间，贵阳府属金筑安抚司（今花溪南部、西部和长顺广顺一带）产茶，有“贡茶”。另外，贵州宣慰司“徭役”一项中，十二马头（今开阳一带）“额有表笺、贡马、茶芽……”

另据清道光《贵阳府志》记载，《乾隆府州厅志》云：贵阳土贡蓝、马、刺竹、葛布、茶、朱砂、水银、龙爪树、脆蛇，不过效元和诸志，胪陈而已，非事实也。虽说是“胪陈而已，非事实也”，但却明确指出在贵阳府属古今“土贡”

中，是有“茶”的。且依旧志所载：

食物之属则有茶，山园中间有种者，谓之丛茶。谷雨前采取，善于制造者匀细而香美，近时种之者弥众。

“赵司贡茶”或由此而生，或“因人传事”，或“因事传人”，就不得而知了。

民国三十一年（一九四二）贵阳文通书局出版陈恒安先生编写《贵阳市指南》一书中，有“黔酒与黔茶”一节。书中写道：

贵州因山地多雾，空气润湿，随处产茶，质味均佳妙。黔茶之最珍贵者，为贵定云雾山所产之云雾茶……惜产量过少，极不易得。求其次者，则各地所产之园茶，香味亦不输龙井，产量以石阡、安顺、开阳各地为大宗，贵阳所习用者，多为青岩所产。

时赵司隶属贵筑县新六区，区公所驻青岩。这可能是最早明确指出青岩产茶的记载，也是最早全面介绍“黔茶”的文字资料。

陈恒安先生文中所指青岩所产园子茶，即府志所称“丛茶”，应该包括有赵司茶。所谓“园子茶”，即绿茶，“以其需要培肥，多植于园地中，故名。”另有红茶，名高树茶，植于山地。当时有：

黔省旧习不甚嗜茶，故种茶者获利极微，故对于焙制、择选，均难求改进。年来以省外来黔人士日多，嗜茶者渐众，且咸赞黔茶之佳美，可得善价，以焙制、拣选为业之茶庄，遂纷纷兴起。

这说明，贵阳饮茶之风，始于抗战时期。陈恒安先生为当时名士，是贵州著名诗词家、书法家、文玩鉴赏家，所说应当符合实际情况。

另据刘隆民先生《一条路上的老贵阳》记载：

战时贵阳有不少茶庄、茶社和茶馆、茶楼，尤其以梦草池（即后来的中山公园、中共贵阳市委所在地）内的紫泉茶社最为有名，茶社因园内有泉、水成紫色而取名。当时贵阳人大都喝青岩土茶，紫泉茶社却有贵定云雾茶喝。这个茶社的档次较高，是骚人墨客的品茗之处。传说茶社老板规定，泡茶所用之水，一定要用北门桥一品泉的水。烧水时不用锑壶、铜壶，只用沙罐。水烧开之后，还要冒七十二个滚才用来泡茶。据说泡茶的水达到这个要求，茶叶就会在茶汤中立起来像美人一样舞动。

贵州自古产茶，唐代陆羽《茶经》云：

茶之出黔中，生思州、播州、费州、夷州……往往得之，其味极佳。

其中的思州、播州、费州、夷州等地，均在今贵州境内。明弘治《贵州图经新志》记载，时贵州布政使司所辖黎平府、镇宁州、龙里卫、平越卫、清平卫、永宁卫等地的“土产”中有茶。其中，镇宁州茶“州境皆出”，黎平府茶“叶大而味美”。

宋绍圣元年（一〇九四），著名文学家、书法家黄庭坚，在被贬谪黔中的三年中，曾作有《阮郎归》词：“黔中桃李可寻芳，摘茶人自忙。月团犀胯斗圆方，研膏入焙香。青箬裹，绛纱囊。品高闻外江。酒阑传碗舞红裳，都濡春味长。”

时黔中道治所在今重庆彭水，辖今贵州沿河、务川等地。黄庭坚在被贬谪黔州期间，四处访茶寻茶。这首词赞美的黔中名茶“都濡月兔茶”，就产自时名都濡的务川。同时，他还在给友人的尺牍《答从圣使君》中写道：“此邦茶乃可饮，但去城或数日，土人不善制度，焙多带烟尔，不然亦殊佳。今往黔州都濡月兔两饼，施州八香六饼试将焙尝。都濡在刘氏时贡炮也，味殊厚，恨此方难得真好事者耳。”说的是都濡茶在汉代即为贡茶，味道醇厚，只是当地人制作粗糙，不得其法。

黄庭坚所称赞的“都濡月兔茶”，也称“都濡高枝”，是植于山地的高树茶。清乾隆《贵州通志》也有记载：“茶出婺川，色味亦佳。”

据明史专家吴晗先生介绍，中国朝贡制度，封王叫作朝，做买卖叫作“贡”。所谓朝贡，说得通俗一点，就是你带些物资来卖给我，我给你一些物资做交换。明制，土司需朝廷任命，并要求数年朝觐一次。朝觐时，自然要带一些方物（土特产）作为“礼物”，皇帝则赐予冠带、绮、帛、钞等物品以示“恩惠”。中国是礼仪之邦，所谓“来而不往非礼矣”。到后来，朝廷不堪重负，成了一种负担。

贡茶之风，大兴于唐代。所谓“贡茶”，最初只是一些地方官员或士人，将本地所产茶作为“土特产”来奉献给上级或皇室，后专指进贡皇室。贡茶制度是古代中国独特的文化现象，历史上的“贡茶”不胜枚举。一些地方名茶，或因一次进贡而享尽殊荣。当然，此贡茶指的是进献给皇室的“贡茶”，而不是作为贡赋之“贡茶”。

中国是个茶文化历史悠久的国家，自古以来，所谓“开门七件事，柴米油盐酱醋茶”，帝王将相如此，老百姓亦然。对于普通人来说，茶只是一种居家生活必需品。是不是贡茶、名茶，恐怕就不会太在意了。

据媒体报道：二〇一一年，花溪久安乡发现大规模古茶树群，共有五万四千多株。据专家鉴定，这些古茶树平均树龄在六百年左右，其中树龄在一千至一千五百年间的古茶树有一千四百五十株。这些古茶树，为目前国内发现的最古老最大的栽培型“灌木中小叶种”茶树，也是目前最大的灌木型古茶树居群。二〇一五年，以久安古茶树为主的“花溪区古茶树和茶文化系统”，被农业部评为“中国重要农业文化遗产”。近年来，久安乡以此为依托，大力实施农业产业结构调整和人居环境改造，先后荣获“贵州十大最美茶乡”“全国造林绿化百佳乡”“中国高原古茶树之乡”“贵州省十大茶旅目的地”“省级生态乡镇”等称号。久安古茶，大有“后来居上”之势！

周渔璜一生嗜酒，或“为得诗句而嗜酒”。他没有像黄庭坚那样，在四十岁以后就戒酒而改嗜茶。不然，也许他也会像黄庭坚那样，在收到家乡寄来的土茶后便立即对翰林院名人雅士题诗送茶，从而让赵司茶如“双井茶”那样誉满京城、声名远播。

在渔璜先生的诗文里，就很少提到一个“茶”字。

黔陶赵司：“渔璜古茶”茶园入口（2021年　摄）

黔陶的桥

“小桥，流水，人家”，元人马致远的名句，描述的是江南水乡的景致。

贵州多山水，故而桥也多。过去，山区的村寨一般较小，很难做到自给自足，乡村活动需要越过村寨界线，同其他村寨的活动联系起来，因而筑路架桥就是一件十分必要的事情。尤其是对于山区居民来说，桥梁是往来集市、城镇所必不可少的。

在山区，桥无疑是最美的建筑。

不过，贵州的桥与江南水乡的桥不一样。江南的桥大多建在平直的地平线上，贵州的桥大多建在深山沟壑中，因连接村寨之间的道路而建。小桥、流水、荒野，或许才是它的真实面貌。现在，由于道路改造和提升，这些桥大多已被废弃。犹如孤魂野叟般掩隐在一个个山涧河谷里，任凭风吹雨打而慢慢老去，直到最后消失。

黔陶在大山之中。数百年来，因桥成路、因桥成市、因桥成镇。同其他一些地方相比，黔陶的桥是幸运的，大多保存还较为完整。

据清道光《贵阳府志》记载，原贵阳府辖区有桥二百九十八座，另有跳蹬、堤、堰若干。其中，在今黔陶乡的有：

> 龙山桥，在骑龙寨西石谱前，桥畔竹树阴森，清凉可爱。长春桥，在城六十里赵司寨，嘉庆十一年欧文德建。普陀桥，在关口寨，康熙四十四年赵文耀建。再新桥，在打铁关，明洪武时建，嘉庆十二年补修。

二〇〇七年，区志录入明清时期的古桥，有黔陶街石拱桥、再新桥、小桥边石拱桥，以及在骑龙寨的板桥山石拱桥。此外，还有一些老桥没有被录入，比如现河西寨的河西桥、新桥和老桥。

黔陶石拱桥在街上，单孔桥。一九九三年六月，由本地单位、个人集资，在桥的两边开辟集市，乡政府于桥头立有《黔陶农贸市场落成志记》石碑一通。

再新桥距离黔陶街北约两公里，在今黔陶至孟关 X100 公路黔陶大桥左侧下方涟江（老榜河）上，黔陶河在上游不远处注入涟江。桥为五孔石桥，长约三十米、宽约五米。在 X100 公路修筑前，这座桥是从黔陶跨越涟江通往孟关的要津。现在，该桥因已失去了道路通行的作用而开辟成了风景区。其周边建有布依风情园、燕子洞、卧龙湾等休闲度假山庄，景致十分静谧、古朴而秀美。

黔陶河上小桥边石拱桥，在距离黔陶街北约一公里 X100 公路转弯处右侧。现该桥为三孔石凳水泥板桥，保存有原石拱桥一孔，上面被新建水泥桥桥面覆盖。无论是从桥上通过，还是从 X100 公路路边看去，都很难发现。

在河西寨及其上游仅约一公里的河段上，有三座小桥。

上游板凳关下是一座三孔石桥，村民称为“老桥”。传说是本寨班姓地主因人丁不旺而捐建的，具体修建年代不详，估计有近二百年的历史。在从河西到孟关的乡村公路建成之前，这座桥是河西、大摆茶等寨前往孟关、龙里的交通要道。现该桥已废弃不用，但桥体保存还较完整，没有后来修缮的痕迹。从板凳关上看下去，它就像是一位风烛残年、任凭凋谢的老妇人，早已将自己往日的生动美丽化作一江春水，静静地向南流去。

寨子里那座单孔石桥，路旁告示牌上称为“河西桥”。桥长十一米，桥的两头各有两棵巨大的柏树。立于二〇一八年的《古树名木保护牌》提示：柏木，二级古树，树龄三百年以上。村民介绍，这座桥是原寨子里封姓人家修建的，修建原因不详。原来桥边立有石碑，字迹十分模糊。后来改造时，石碑不知丢到哪去了。现在，寨子里已无封氏后人。该桥桥拱保存完整，已改造为水泥路面，可通汽车。

两桥之间还有一桥，村民称为“新桥”，告示牌也称“新桥”。那是一座钢筋水泥平板桥，是连接大摆茶等村寨的。据村民介绍，原新桥路边有大地主蒋家大墓。墓的主人，或许是指解放前夕国民党政府“黔陶乡乡长、恶霸”蒋恒昌家长辈。墓的柱子是用碗砌的，很大很气派，但已被挖掘一空。墓地现已改扩建为养猪场，租给外地人在使用。

在骑龙寨石谱寺山脚有一座小石桥，疑是《贵阳府志》所称“龙山桥”。桥宽约一米、长仅约两米，较符合“桥畔竹树阴森，清凉可爱”的特征。

一九八〇年七月，已故文史专家唐莫尧先生前往骑龙寨子石谱“寻芳”，曾提到过这座“小石桥”。他在《黔山访胜纪行》中写道：

> 我们沿着寨墙下到河心，河中有些乱石可走到对岸。这条河叫玉带河。河边一些地方怪石突起，放眼一看，在农舍里旁，在溪沟边，在田坎脚，都有突起的怪石；有两块大石凸起在河边，这大概就是“石谱”了……顺河过去，不远就是石谱寺，它被高大的树木掩映着，过了小石桥，便看见庙在凸起的石头上。

村民说，骑龙寨建在“龙背”上。这条龙脉，从骑龙朝着大马场方向一路奔向高坡，龙尾在寨子里。若是站在高坡石门观景台上，则清晰可见。当地村民把“石谱寺”叫作“石脚寺”，或意指寺庙建在“龙脚”上。文中提到的“小石桥”，就是上得此山（龙山）的“龙山桥”。

此外，唐先生在文中还提到骑龙原名“奇巄”，意指奇特隆起的山形，为清康熙年间吴中蕃在编纂《贵州通志》时所取名。

据当地村民介绍，在骑龙寨赵司河上原有一桥，系周渔璜之妻马氏所建。这座桥是通往思潜的，后来被洪水冲垮，今已不存。

现青岩镇属蒙贡村涟江上有蒙贡桥，世称“宫詹桥”，一九九七年被列为贵阳市文物保护单位。此桥最早叫作高车桥，因其附近建有许多高高的水车而得名。传说，此桥为周渔璜捐资修建。据介绍：桥在从新哨通往思潜的乡村公路上，为三孔石拱桥，桥高七点五米，宽五米，长五十余米，东西向。桥东头立有两块石碑，一块上书“宫詹桥”“康熙五十八年（一七一九）”等字样，为清康熙年间武状元曹维城书写；另一块立于嘉庆十四年（一八〇九），记当时修葺桥栏事，为时任翰林院检讨、浙江道监察御史何学林所撰。

一九八九年，文史专家黄万机先生作《周渔璜年谱》记其事云：

> 康熙五十三年（一七一四）秋，自知病笃难起，特作遗书交代后事。按：此遗书现仍保存于周氏后人处……嘱其弟起濂孝养老父……所遗京中财产，由老父处置。所馀薪俸二万七千馀两白银，有五千两借给他人，勿须追还，剩下者可捐出一部分修葺家乡的石谱寺，修造高车桥，并修建储谷三百石的义仓，以资助乡里贫乏者。九月二十五日，渔璜与世长辞……

河西老桥（2020年　摄）

河西寨

河西寨隶属黔陶乡黔陶村第四村民组，民国初年曾置河西乡，是当年中央红军长征经过的地方。有资料记载：

> 一九三五年四月九日，从牛打场过来的另一路红军，由河西小路经黔陶直上打铁寨后山大坡顶休息……红军当晚就进入青岩镇的歪脚村了。

根据《贵阳府志》等记载，河西寨“在城南四十里”“有河西水，自龙里鼠场堡（现龙里水场）流入”，曾经是中曹长官司刘氏副长官治所所在。

河西水即涟江北源，自龙里高山峡谷中蜿蜒而来。河西寨在河的西岸，或因此而得名。寨子依山傍水，是较典型的河谷坡地型村寨，南北长东西窄。河对面是对门山，地势较陡。寨内房屋顺着公路一旁沿江自下而上布置，坐西朝东，随坡就势，疏密相间。寨子中，还有一条与沿江公路平行的狭窄小巷，这可能是以前的老路。小巷左侧靠公路一边的房屋，应该是后来陆续修建的。

全寨现有村民约六十户、三百余人，均为布依族。其中，班姓五十余户、二百余人；韦姓四户、约二十人；卢姓三户、十余人。卢氏自马铃乡水车坝迁来，韦氏从贵定平伐羊场迁来。卢、韦两姓村民均系新中国成立前在班氏地主家做工，新中国成立后留在本地入户。

二〇二二年十月，笔者曾到此采访。据一班姓村民介绍，他家现有一儿一女，儿子在浙江打工，女儿已外嫁。全家有耕地十二块、共三亩多，分散在山间河谷，种水稻、玉米、辣椒等，粮食可自足。村里给六十岁以上老人发养老金，每月一百七十元。据他说，本地土地大多按季耕种，很少有荒芜闲置的。

寨子建在群山之中，周围田土不多，交通不便。在历经约二百年后，居民户数和人口数几乎没有什么变化。萧公权先生曾经在《中国乡村》一书中说：“在

19 世纪和 20 世纪初的几十年里，乡村生活看起来并没有发生广泛而根本的变化。”从某种意义上看，这一说法似乎仍然适用于今天的河西寨。在近二十年加速城市化浪潮中，连接城市和高速路网的那条蜿蜒曲折的乡村小道，像是一条背街小巷，依然承载着村民们数百年来一如既往的生活。人们仍按季节变化在田地里劳作，土地并没有荒芜。直到现在，这里仍是一个避乱隐世的好去处。

从南边进入寨子小巷，巷口曾建有土地庙。原土地庙有朝门，进入朝门右侧并列有两间房屋。二十世纪六十年代“破四旧”时，土地庙被拆了。后来，有村民在这里修建了住宅。现仅在路边原址上筑了一个高约十厘米、平面约一米的水泥地台。

进入小巷向上行走约二十米，是原班氏地主老宅。除主屋外，其他附属建筑或改建为钢筋水泥平顶房，或仅存屋基。主屋现由韦姓村民居住，系土改时分得的。整个房屋建筑为砖木结构，还保留有“八”字形朝门、垂花柱、八卦门簪、幺门、石磴、卍字格窗棂等。朝门右侧木板墙上，有墨写文字模糊不清，系多年前人为擦拭，现存“……钦命贵州提督学政……”“捷报”“喜报”等字样，这是目前寨子里保存最大最完整的老屋。也许，该房屋地址是原中曹长官司副长官刘氏衙署所在。史载：“雍正七年（一七二九）刘崇恩因土权叠害案内，遂改土归流”。

村民介绍，本寨以及附近摆茶等地村民以赶孟关场为主。那是个大场，人多交易东西多，赶黔陶场的不多。以前去孟关，是沿着河边小路（即当年红军走过的“河西小路”），一直走到新桥上坡翻过板凳关，再经龙里牛打场去孟关。约五十年前，村里组织村民出工修建了现在这条宽约两米的乡村公路，原河边小路已不复存在。十多年前，政府将这条道路硬化。

从地图上看，水场乡就像是龙里向西踢进贵阳市的一只脚，深深地嵌入花溪区孟关乡和黔陶乡之间。从几年前开始，牛打场一带就变成了一个大工地，周围机器轰鸣、高楼林立、热火朝天，目前在建的有贵州当代 MOMA 未来城、和泓蓝城桃花源等众多楼盘。除双龙新区外，这里是近年来龙里与贵阳同城化建设发展的又一个规划项目——“龙溪新城”的前沿阵地。

在牛打场，新修建的城市大道贵龙纵线横空驾临。站在高架桥上向南眺望，远处群山逶迤，不仔细看很难发现那条蜿蜒曲折静静流淌着的小河。河的两边，断断续续、或隐或现地分布着或长或短的田土，最宽处不足百米。其中，最大的一块田土在寨子上游附近，村民们称之为“长田”。

传说，有宝藏在“长田三百步”处。几十年来，村民们竞相寻找挖掘，至今尚未发现。

河西寨民居（2021年 摄）

谷 洒

谷洒，一个美丽而富有诗意的名字。

谷洒寨是黔陶乡谷洒村所辖七个自然寨之一，距离乡政府东北约八公里，界龙里县民主乡，清道光《贵阳府志》有载。“谷洒”应系布依族语音译，周边还有名为谷龙、谷仲、谷壤、谷通、谷增、谷脚等村寨。此外，贵定县也有名叫“谷撒”的寨子。

沿 X014 公路出黔陶后约五百米，左转进入乡村公路 Y035。这条公路于二十世纪八十年代末建成，由黔陶经关口、翁鸦、谷洒、马店至岩脚，里程十二公里。再往前走，可达龙里鸡场堡与新建的龙溪大道（贵龙纵线）相连接。

从关口出发，沿 Y035 公路行至约八公里处，右侧一条小路通往谷洒寨。进村道路依山而建，呈“S”形横穿整个寨子，犹如一条腰带，把寨子分为上下两截。走出寨尾，过鬼架桥可达龙里新场、金谷等寨，再折向南就可以到高坡了。这应该是过去村民前往高坡赶场的路，所谓“去场二十里”。

现在的谷洒寨，分上、中、下三组。寨子依山而建，坐北向南。它四面环山，谷地狭窄，地形如同一只“口袋”，只有东、西两个曲折的出口。其“口袋”形的地势，会让人产生一种安全感、凝聚力。中秋时节，站在村口路边望去，整个寨子像是一位仙女在不经意间洒下的一片金色稻谷，从上到下，错落有致和不均衡地铺向谷底。同贵州许多隐藏在大山之中的村寨一样，对于都市人来说，谷洒有一种乡村之美、自然之美、简约之美。

村口路边左侧立有一土地庙，这里有小路向上通往上寨。沿着大路直行，道路两边的村民建筑，构成了寨子的主体部分——中寨。寨子里的建筑以水泥砖混结构为主。木构建筑仅存两三处，为清代建筑，现已残破不堪无人居住。

区志所载建于清代的“谷洒营盘”，在村口道路右下方。约两米高的营墙保存完好，但营内房屋已改建为现代建筑。从外面看去，它更像是建在山坡上的一座庄园。住在旁边的柏姓村民介绍说，那里面曾经住过“苗王”。

据一刘姓村民介绍，现在全村共分为四组。一、二组（中寨）村民均为汉族，分布在大路两边相对较平坦的地块上，三十余户。其中，刘姓是大户，有二十余户共一百五十余人。另有柏姓五户、陈姓一户、高姓一户；三组（上寨）在山上，是苗寨，约六十户、七百余人，以杨姓苗族为主；四组（下寨）在坡底，苗族，仅约七户。现全寨共九十余户，登记在册人口九百七十余人，村支书和村主任均姓刘。不过，现实际在家仅二百余人，青壮年和小孩大多在外务工或上学。

村民介绍，目前村里土地种植面积仅约三分之一，大多因无人耕种而荒芜。村里原来有一所小学，在寨尾不远处。几年前，因入学儿童少被撤销了，原址现改为村两委使用。寨子里，汉苗之间很少相互通婚，也少有往来。苗族与汉族交流说汉话，本族之间说苗话。

该刘姓村民家有三个小孩，两男一女。大儿子现在云南当兵，老二老三现在花溪读书。为照顾小孩，夫妻在花溪租房陪读，顺便做点儿小生意养家。“若不是为了陪孩子读书，自己也去外地打工了”。该村民如是说。据其介绍：

> 本村刘姓祖上自江西来黔，原住贵阳中曹司，后奉命征剿高坡“苗匪”，具体时间不详。先住高坡，后迁来谷洒。有族谱但在某长辈处，原件不得见过，见过的也是经修改过的，外人更是不可能得见。现中曹司刘家寨有刘氏族墓、祠堂，族墓在山顶上，与谢家各占一半。每年清明节，族人都要去那里“挂青”。

如此说来，谷洒寨刘氏就是贵阳中曹长官司副长官刘礼宾之后裔了？

巧的是，在北面隔着一条大沟隶属龙里县的中堡寨，住着的也是刘、柏、杨三姓村民，以刘姓布依族为主，现保存有入黔始祖大墓。其后人于二〇一七年在墓旁立有《刘氏明黔始祖碑记》，称其入黔始祖原籍江西，明洪武年间自湖广入黔征战有功，受封千户。后奉命就地屯垦，遂与杨、柏金兰之辈及众袍泽，栉风沐雨垦荒拓土于斯……云云。而在不远处的岩脚寨，则有柏氏入黔始祖墓。

同周围其他一些寨子相比，谷洒目前还没有“种房”的现象。然而，规划中的“龙溪新城”（龙里、花溪）建设如火如荼，新建成的城市主干道龙溪大道从谷洒和岩脚之间的马店横穿而过。这条大道，将谷洒同贵阳、龙里连接起来，进而与国家高速路网更加便捷和紧密地联系了起来。据村干部介绍，已有开发商看中谷洒地块建康养项目。一旦交通条件得以改善，谷洒将很快融入贵阳都市圈。对此，村民们充满了憧憬和期待！

谷洒寨（2020年 摄）

涟江源

民国《贵州通志·舆地志》考证：濛江亦称都泥江，“有东、西、北三源，北源最大”。

这里的濛江北源，即涟江北源。源自今龙里比孟，自北向南进入黔陶乡境，经河西、黔陶（老榜河）在蒙贡有西源青岩河汇入，在思潜附近有赵司河注入，后经思潜进入惠水。其中，赵司河是北源最主要的支流，在马场段称马场河，也源自龙里。其在骑龙寨汇集摆东河、门口小河后，于思潜蒙贡桥处注入涟江。

卫星地图显示，涟江出惠水后向南约一百五十公里，行至罗甸与长顺县之间的交砚，有来自紫云的格凸河注入，以后称为“濛江”。然后继续南下进入广西，先注入红水河，再注入珠江的主要干流西江，在广州附近流入南海。

涟江北源流经地区，基本上就是今黔陶布依族苗族乡行政区划范围。

黔陶乡处在从高坡、龙里高山台地到青岩槽谷盆地的中山丘陵地带，境内有近南北向的翁鸦岩溶中山峡谷、老榜河背斜、黔陶向斜等典型地貌，地势北高南低，海拔从一千五百米下到约一千米。北宽十公里南窄五公里，南北长十五公里，总面积七十五平方公里，其形状像是一个倒置的“葫芦”。北源之水在乡属河西、翁鸦、谷洒、马场、半坡一线布置，自东北向西南方向缓缓而下，在蒙贡、赵司、骑龙一带逐渐收缩，于思潜汇集成江。全乡有七个行政村、三十三个自然寨（街），居民二千余户、一万余人。除个别村寨外，这些村寨大多规模不大，平均每个村寨不到三百人。

明清时期，除半坡、谷洒、河西、翁鸦等几个寨子隶属于中曹正副司外，其他各寨均系白纳正副长官司管辖地。元代曾在这一带设置白纳县，据说县治在今青岩镇摆早村弓腰寨。“白纳”之名虽系音译，却总是让人想起“海纳百川”一语。

所谓"积细流而成江河"。这些源自高山深菁的涓涓之水，有的有名，有的无名，有的是经地表流过的小溪沟，有的则是出自大山底下溶洞里的暗河。它们将收藏在四周大山里的"天上之水"采集起来，汇聚在黔陶并不宽敞的怀里，最终集结在"壶口"思潜处，以"涟江"之名向南而去。

这一地区山峦连绵起伏，虽然田土面积不大，却多是"水边之田，旱涝无患"，非常适合农业生产。这在旧时以塘田、井田、干田、梯子田、腰带田等为主的贵阳府亲辖地，是十分难得的。

贵州俗语："汉族住坝子，布依住水边，苗家住在山巅巅。"从一九九〇年编《中国民间故事集成·花溪区卷》所绘"花溪区民族分布图"看，马店、谷洒一带为汉、苗、布依族杂居区，从翁鸦沿 Y035 公路经关口、黔陶沿 X014 公路至青岩一线及其以南地区，多为布依族聚居区。

然而，最早居住在这里的却是时称"东苗"的苗族支系。

明天顺三年（一四五九），朝廷对溪南地区进行了一次大规模的征伐，史称"东苗之战"。这次征战历时半年，进军范围涉及今花溪区黔陶、高坡、青岩、马铃等地，四路官军沿路攻寨六百余个。此战之后，这里的苗族大多被迫后撤至今高坡腹地。随后，大量汉族的（时称"土民"）、布依族的，或多民族杂居的村寨随之而立，寨子周围的土地也得到了进一步的开垦。在这一过程中，仲家（布依族）则"皆与汉人杂处者多，其面积所占，汉人得五分之二，仲家得五分之三……生计与汉人同，士农工商皆有之，因与汉人杂居之故，进化甚速，人口亦甚发达，非苗人所可同日而语也。"

一九〇二年十月，日本学者鸟居龙藏自贵阳前往惠水考察苗族状况，在经过花溪后，他是这样描述的：

> 经过此地复前行六七里，又有一条河流。前一条河（指花溪河）向北而去，而这条河则相反向南，经八番一带后进入广西，最终汇入著名的珠江。故倘若沿此河下行，肯定能抵达广西省。仲家苗族支系过去由广西迁入贵州，大致即沿此河迁入。直到现今，沿河两岸仍分布着许多苗族。

鸟居这里所称"仲家苗族支系""苗族"，指的是今天的布依族。当然，这一进程最早可追溯到汉晋时期的"百越北上"。

据资料记载，五代时楚国遣龙、方、石、程、韦、洪、卢、张八姓屯戍涟江流域，后演变为“西南八姓番”“西南七姓番”等。这可能是关于中原王朝势力进入这一地区的最早记载，也是贵州地区布依族先民较早接受汉文化，并在明清贵州“开发”或“内地化”进程中占得先机、“进化甚速，人口亦甚发达”的重要原因。

“仲家苗族支系过去由广西迁入贵州，大致即沿此河迁入”。让人惊叹的是，这一集团性的族群迁移，竟直抵苗岭屋脊涟江源头。

河西涟江源（2020年　摄）

涟江源

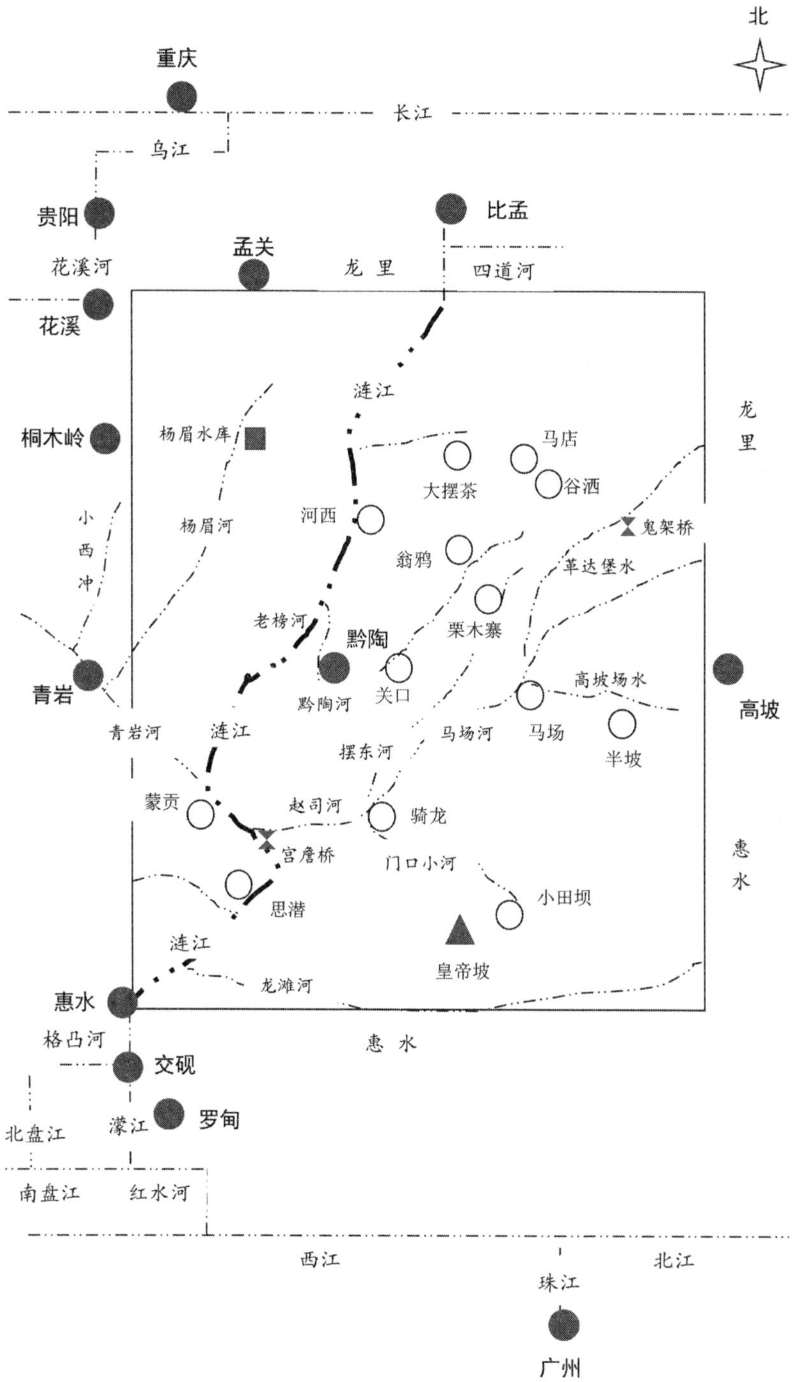
北
重庆
长江
乌江
贵阳
比孟
孟关
龙 里
四道河
花溪河
花溪
涟江
桐木岭
杨眉水库
马店
龙
里
大摆茶
谷洒
河西
杨眉河
鬼架桥
小
西
冲
翁鸦
革达堡水
老榜河
栗木寨
黔陶
高坡场水
青岩
关口
高坡
黔陶河
马场
青岩河
涟江
马场河
半坡
摆东河
蒙贡
赵司河
骑龙
宫詹桥
惠
水
门口小河
思潜
小田坝
涟江
皇帝坡
龙滩河
惠水
格凸河
惠 水
交砚
罗甸
北盘江
濛江
南盘江
红水河
西江
北江
珠江
广州

高坡云深

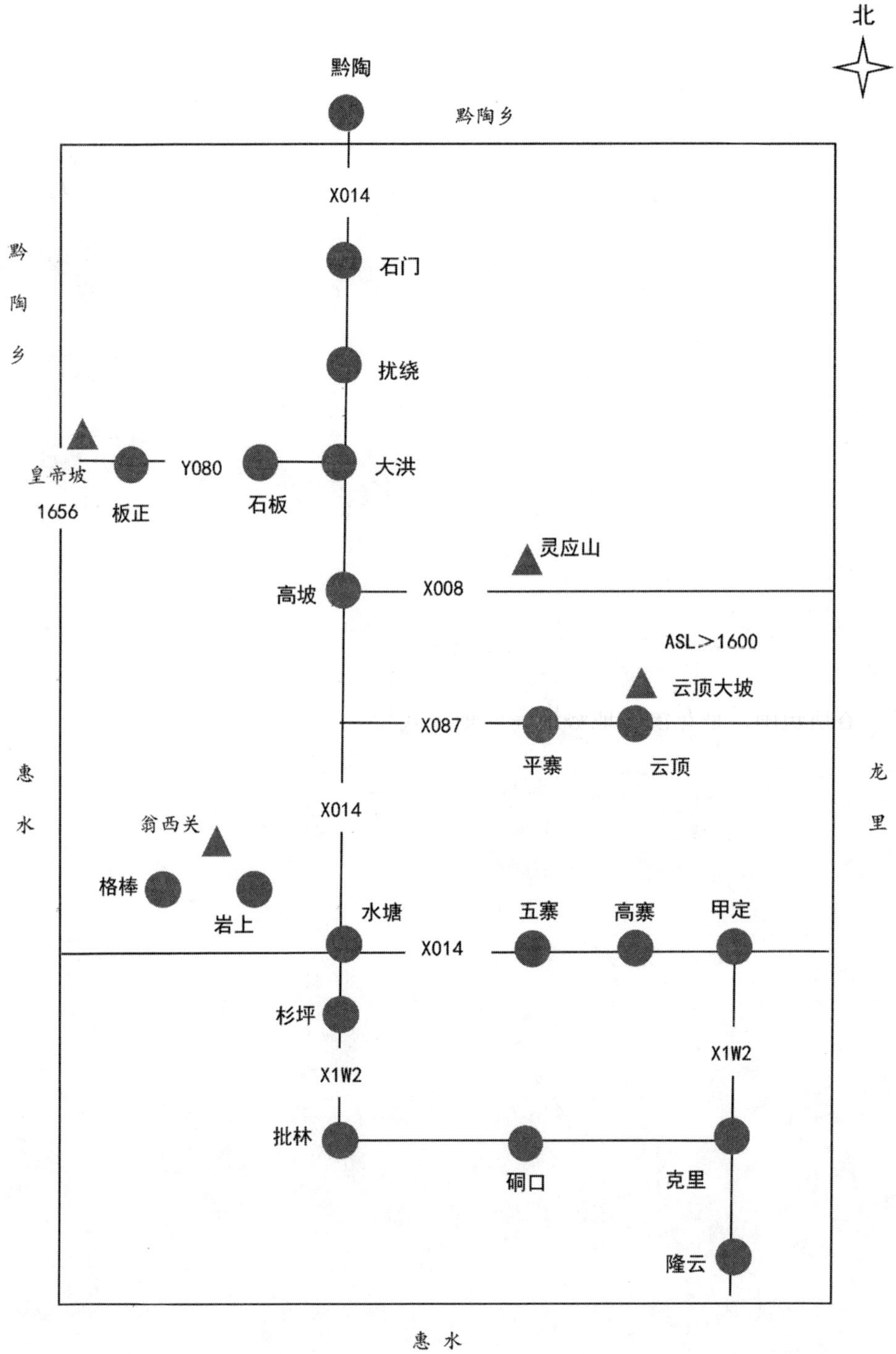
北
黔陶
黔陶乡
X014
石门
扰绕
黔陶乡
皇帝坡
1656
板正
Y080
石板
大洪
灵应山
高坡
X008
ASL＞1600
云顶大坡
X087
平寨
云顶
惠水
龙里
X014
翁西关
格棒
岩上
水塘
五寨
高寨
甲定
X014
杉坪
X1W2
X1W2
批林
硐口
克里
隆云
惠水

高　坡

高坡在贵阳的边缘。尽管处在同一块高原上，相距不过四十公里，高坡却比贵阳市区海拔高出五百米以上。在许多贵阳人的眼里，高坡是一个高地，是一块远离省城充满异域风情的土地，一个神奇和美丽的地方。那里既有壮美的自然风光，也有丰富的历史故事和历史遗迹。

高坡，苗语称“格巴”或“仡巴”，意指“猪地、猪场”。现高坡乡面积约一百六十六平方公里，在地形地貌上属中山台地，包括高坡场台地、甲定岩溶中山峡谷、翁鸦岩溶中山峡谷三个亚区。其中，以高坡场台地亚区为主，四周被断层深谷所包围，是花溪区地势最高的地垒式台地，大部分海拔在一千四百米以上。在其东西两端的云顶和皇帝坡，则是高坡也是贵阳市的最高处，海拔在一千六百米以上。

从地理位置上看，高坡东连都匀，南达惠水、罗甸，西至安顺，北抵省城贵阳。这是苗岭中段的一块高地，也是长江水系和珠江水系的分水岭，境内溪流以珠江水系为主。周围高大陡峭的岩壁，将高坡阻隔为一个相对独立的地域空间。如果说黔陶乡正好处在“贵州东北—西南对角线”上，那高坡乡就处在这条“对角线”的南部。它是距离贵阳市区最近、最大的苗族聚居区，相对而言，也是目前贵阳市的“贫穷落后”地区。

从青岩走 X014 公路，或从孟关走 X100 公路到黔陶，继续前行数百米过了关口后，举目一望，高坡就像是一座巨大的城堡，横亘在面前不远处。无论是车行、骑行抑或是步行，作为旅行的目的地，都会给人一种“朝圣”的感动。

最早迁徙来到这里定居的，是被称为“东苗”的一支苗族支系。直到明清时期，它们仍散居在今贵阳南部、龙里、贵定一带，且“惯于马战”。那时候，从高坡到龙里、贵定一带村寨众多，境内“道路”纵横，有着较发达的乡村路网。以至于“作乱”的东苗能够穿越崇山峻岭奔袭都匀卫，又能安全撤回。但是，这些道路大多是连接村寨之间的乡村小道，是村民因生产和生活需要而走出来的与地形土质相适应并根据需要而变化的乡间小路。

明天顺年间的“东苗之战”，改变了这里的格局。战后一批汉族、布依族移民从附近迁移而来，立寨设卡。至明末清初，朝廷通过历次“征高坡苗”，使国家和地方势力在这里得到了进一步的拓展。地方政府在此设立塘汛，守护从青岩到龙里、贵定的这条道路，招民垦荒屯田，修路架桥，逐渐形成了现在的居住格局。目前，高坡十九个行政村中，以汉族或以汉族为主的有街上村、高坡场、新安村。这三个村占据着高坡场台地的中心，是高坡通往青岩的咽喉。扰绕村是唯一的布依族村，汉苗杂居的是水塘村和洞口村。其他十三个村，均为苗族或以苗族为主。

从地图上看，高坡像是省城贵阳踢向龙里、贵定方向的“一只脚”。X014 公路从青岩经黔陶、高坡、甲定，一直延伸到龙里的摆省、湾寨、羊场，直到贵定的云雾（平伐）与贵阳南道的“定番西南道”相连接。明清时期，这条道路深入东苗腹地，将贵阳府属青岩司（土舍）、中曹长官司、白纳长官司、龙里长官司、平伐长官司所辖数百个苗寨连接起来，构成了拱卫“一线道”和省城贵阳的一道外围防线。显然，这是高坡最早被并入国家交通路网的一条道路。

直到一九六四年十月，X014 公路才修通到高坡。在这以前，只有一条“大路”从石门上去，那时去高坡全靠骑马。

目前，除 X014 公路呈西北—东南向纵贯全境外，高坡连接外地的主要公路还有两条：一条是县道 X008 公路，从街上村往东进入龙里县民主乡。另一条是从水塘往东，进入惠水接县道 Y006 公路。这三条道路组成“工”字形，辐射高坡全境十九村八十七寨。直到现在，高坡的路网系统仍然是相对独立和封闭的，主要通往高坡和甲定这两个集市。连接外地的道路不多，且大多蜿蜒起伏、坡陡路窄。

学者潘年英在《百年高坡》一书中写道：“在明代，高坡当时还是一片大森林，生活于其间的苗族，以采集和狩猎为生，农业技术还处在最原始的状态中。”这种状况一直持续到清代前期。同贵州其他苗区一样，大规模的农业开发是在清中期以后。清乾隆《贵州通志》引江进之诗句“耕山到处皆凭火，出户无人不佩刀”“绝壁烧痕随雨绿，隔年禾穗入春香”，是对当时贵州地区农业生产景象的一种生动描述。在高坡，这一景象是随着大量移民的迁入而展开的。

二十世纪八十年代，著名学者杨庭硕曾在高坡开展田野考察。他说：

> 在民国时代，贵阳市几家大木行的木料来源，基本上由高坡供应，尤其是贵阳人所用棺材，几乎全由高坡拉来……在旧社会，高坡的林业一直很发达，春木勃发的季节，高坡扰绕大坡的峡谷里就是一片繁忙的伐木景象，木材沿马场河拉至青岩，在青岩上市出售。这种生活景象一直持续到建国后的五十年代，一九五七年高坡为了修公路，大肆砍伐林木，许多木材来不及处理，烂在山上，腐烂后的木材长出菌子，这菌子都供人们吃了十多年。

另有当事人回忆：

> 公路未通前，高坡到处是大森林。1958 年搞大炼钢铁，上级指示高坡群众砍伐森林，几天工夫，森林就被砍伐一空，很多大杉树因没法拉出来而烂在山上，腐烂的痕迹至今尚存。

目前，高坡是花溪区唯一没有高等级公路经过的乡镇。它处在由贵阳环城高速、银百高速和厦蓉高速所组成的东南向“喇叭口”中。受地形地貌和区位等因素的影响，这一状况或将持续相当一段时间。

但是，全长二百一十公里的贵阳旅游环线公路即将建成。其中，以高坡场台地为中心、总长约四十公里的“高坡小环线”，被列为二〇二一年花溪区政府为民办“十件实事”之一。根据花溪区政府发布的土地征收成片开发方案，这条“小环线”周边片区主要用途为交通运输，涉及十九个村委会（包括青岩镇、黔陶乡部分村寨），成片区面积约一点三万公顷。该片区将串联起国家级 5A 级景区青岩古镇、4A 级景区天河潭、花溪恒大童世界等景区景点约四十五处。

旅游环线的建成，是一件利国利民的好事。它将使高坡地区“孤立”存在了数百年的乡村道路，全面并入周边的国家高速路网中。

高坡石门（2020年　摄）

东苗之战

明清贵州，也有“十年一小反，三十年一大反”一说。有学者统计，明清两代五百四十三年历史，贵州有大小战事的年份共三百七十二年（占百分之六十八点五）。其中，明代二百七十六年，有战事年份一百四十五年（占百分之五十三）。

东苗之战，也称“石门山战役”，始于明天顺二年（一四五八）。据《明史》记载，战争的起因是“东苗十三番贼首干把珠等僭称伪号，攻劫都匀等处”。为此，明廷一面命令地方军卫操练军马、修理城堡、相机剿捕，一面调集四川、湖广、云南、贵州、广西五省大军云集贵州城（今贵阳）。经过近一年的准备，于天顺三年（一四五九）二月，分兵四路从今花溪、孟关、黔陶、马铃等地，向东苗发起了“最后一战”。明史记载：

> 督理军务都御史白圭以谷种（今孟关乡）山箐，乃东苗羽翼，宜先剿。因同瑛进青崖，令总兵李贵进牛皮箐（今马铃乡），参将刘玉进谷种，参将李震进鬼山（今黔陶乡）。所向皆捷，克水车坝等一百四十七寨，诸将复合兵青崖，攻石门山（今高坡石门），克摆伤（今高坡摆桑）等三十九寨。仍分兵四路，进攻董农（今惠水半坡乡）、竹盖（今高坡甲定）、甲底（今高坡甲定）等四百三十七寨。贼首干把珠退守六美山（今高坡云顶）。合兵大进，斩五千余级，生擒干把珠，送京师伏诛。

这是明史关于“东苗之战”最后一战的战况描述。此战明军志在必得，最终在云顶一带决战中大获全胜。有关资料还说，此战四路官军沿路攻寨六百二十五个，斩杀一万一千余人，俘七千二百余人，生擒首领干把珠“送京师伏诛”。

据专家考证，所谓“东苗”，是明代对于世居贵阳及周边苗民的一种称谓。时贵阳及周边地区由水东宋氏土司和水西安氏土司分治，明廷地方官府将居住在水东宋氏势力范围内的苗民称为“东苗”，而将居住在水西安氏势力范围内的苗民称为“西苗”。显然，这是一个势力范围的概念。至清代到民国，原“东苗”改称白苗、背牌苗、海贝苗、红毡苗、炕骨苗、高坡苗等，以服饰颜色、民俗、地域等指称。

明史专家吴晗在《明史简述》中指出：明朝从开国一直到灭亡，都不断发生农民战争，农民战争次数之多、规模之大、时间之久、分布地区之广，在历史上没有任何一个时期可以和明朝相比。究其原因，“因为阶级关系没有改变，土地问题没有解决。”

应该说，这种状况持续明清五百年甚至更长。抗战时期沈从文先生在杂记《沅水流域识小录》中说：湘西苗区匪多的原因，“外来官吏苛索实为主因。乡下人照例都愿意好好活下去，官吏的老式方法居多是不让他们那么好好活下去。”

全国如此，贵州亦然。《明实录》记载：正统十四年（一四四九）十一月，“夏瑄言二事：又因生、熟苗互争田土，有司受其贿赂，判与不公。亦因边将及有司剥削侵凌，激其为变，中间又有逃亡军民并客商人等漏我虚实，助其为害，以致猖獗如此。”

所谓“生苗”，清康熙年间江苏江阴人陈鼎在《滇黔纪游》中说：“生苗者，无头目，不服土官黔束，而强者即为长，或聚至数百人之朝贺而呼万岁。……逢人即杀，见物即劫去”。陈鼎本是一文人，好探幽猎奇，喜夸夸其谈，四库馆臣评价其云：“于山川佳胜，叙述颇为有致，而不免偶出鄙语”。其在探游贵定古佛洞时，见洞中有“隆庆三年钱塘方绍宗于此煮泉”一题，遂在其一旁题曰：“康熙十年，江阴人陈鼎亦于此煮泉”。

关于东苗之战的起因，史料称东苗“负固据险”“僭称伪号”“攻劫都匀等处”。大意是指东苗自恃其险以为恶，不听抚谕，抚之不从，捕之不得，僭号称王，而且还时常聚众造乱、掳掠财物、劫杀军民等。还有专家分析指出，天顺元年（一四五七）高坡大旱，民不聊生。次年初，高坡苗族首领干把珠率众下山攻都匀卫等地“打粮”，以至朝廷震惊，调集大军进剿。所谓“打粮”，也就是抢劫粮食。

明代贵州，粮食问题始终是困扰地方政府、军队和百姓的一个大问题。明初“征南之役”，在三十万大军征伐云南蒙元残余势力的战争中，明军采取“因粮于敌”“就地觅食”的策略，这不仅在贵州种下了汉苗仇恨的种子，也把大量苗民驱赶到土地稀少而贫瘠、不宜耕作的高山峻岭之上，以至于“有地无人”使大量土地荒芜。加之交通不便、屯政腐败，从而使“仓廪空虚，军食不继”。抢粮食、占土地，今天你抢我、明天我抢你，或许是当时地方政府和人民群众相互关系的一种常态。关于这一点，明太祖朱元璋一开始就说得十分直白。洪武三十年（一三九七）八月，楚王桢遣千户周逊请军饷，上敕报之曰：“往者诸将东征西讨，朝廷何尝运粮随军，今尔率兵止在一隅，欲请粮三十万石，岂不可愧?”

明正统十四年（一四四九）后，随着大量明军及其家属涌入贵州，加之有大量流民（移民）“趁食军丁”，移民实边由“开荒屯田”逐渐演变为巧取豪夺的“圈地运动”，终致贵州“苗贼蜂起，商贾不通，米价腾涌”。虽然，明廷采取纳米中盐、纳米赎罪、纳米补官等办法，令湖广、四川、云南运粮至贵州，但却因道路险阻“到者无几，军民乏食，公私困竭”。甚至有军官子孙赴京袭职者，靠“母子沿途乞食”而至。

有学者认为，东苗之战是明代贵州置省后的“又一关键性举措”！此战，彻底开辟了贵州城（今贵阳城）及其周边地区东苗“生界”，解除了贵州城周边及其与“十三番”（今惠水）驿路联系的威胁。战后，明廷在黔中地区站稳了脚跟。先是，贵州布政使司治所于景泰六年（一四五五）从贵州城外贵州驿舍移入城内。随后，成化十二年（一四七六），正式设置程番府。隆庆二年（一五六八），移程番府治于省城，次年改名贵阳府。这一系列举措，标志着明廷正式接管了黔中这片原东苗生息地。

东苗之战后，苗民被迫退守高坡一隅。明廷采取“囚笼”政策，于山口并津渡、要路设关卡立哨堡，调集委派官军土兵把守，严控苗民下山外出。也就是说，苗民再也不能像过去那样自由自在地生活和迁徙了。

村民说，干把珠是水塘岩上人。目前保存较完整的水塘“躲反洞”，传说是干把珠率苗民作战时修建的。那是一个因地制宜融人工开凿、修砌和天然洞穴于一体的防御性工事，洞长约四百米，分前洞后洞。洞内城墙、城门等人工建筑保存十分完好，可容纳近千人，非常隐秘坚固。二〇一五年，贵阳市人民政府将其作为明代“古建筑”，列为第七批市级文物保护单位。

今天，站在高坡至云顶 Y087 公路边眺望，我们很难想象当年战马奔腾、杀声震天、哀鸿遍野的景象。面前那座小山坡上疏密相间、错落有致的“高原石林”和不远处的灵应山，也许就是干把珠及其战友被明军围困并最终战败就擒的地方。而远处整齐排列着的一列列不停转动着的巨大风扇，则不禁让人联想到当年明军展示出的那一幕帝国气势，让人安心也让人臣服……

对此，吴晗先生曾经指出：

> 我们应该把我们国家历史上的民族关系当作内部矛盾来处理……历史上汉族与少数民族之间的战争，也不是正义都在汉族的一边，这需要根据当时历史情况做出具体分析，不能一概而论。汉族经常欺侮一些小民族，打人家，这是非正义的；少数民族中的一些统治阶级为了自己的阶级利益，闹分裂，闹割据，打汉族，也同样是非正义的。所以要具体分析，不能笼统地对待。

东苗之战早已经灰飞烟灭化作了尘埃，随着高坡的风飘落到云天深处。只有本地杉坪等苗寨年复一年举行的“跳洞”，似乎仍在祭奠着那逝去的苗族先辈们。而时任按察司佥事周孟中作有《出巡诗》，或许表达了当时中原王朝官员面对新开辟疆土时的另一番心情：

千里巡边出瘴乡，边尘不动喜时康。
霜威落胆惊行部，雨泽随车殀远荒。
苗舍数家埋箐里，戍屯几处隔溪傍。
太平气象重熙世，好采民风远圣朝。

云顶（2021年　摄）

二屯岩摩崖

二屯岩摩崖，在高坡石门村。一块巨石上镌刻着四个横排大字“永镇边夷”，字径三十厘米。两侧分别有“弘治庚申”和“洪边兵临”阴刻竖排小字。一九九一年被列为花溪区文物保护单位，二〇一五年被列为第七批贵阳市文物保护单位。

洪边，在今乌当区新天街道北衙村（区政府）一带，元代置洪边州，明代置洪边堡，清代置洪边里。明洪熙二年（一四二六），贵州宣慰司同知宋斌将衙署和私宅从贵州城（今贵阳城）迁到洪边寨，洪边自此成为水东宋氏土司衙署所在地。明万历年间贵州巡抚郭子章《黔记》里称“洪边宋氏”“水东洪边宋氏”等称谓即源于此。

弘治庚申，指明弘治十三年（一五〇〇）。从字义上理解，讲的是明贵州宣慰洪边宋氏土司率兵驻扎于此。然而，查阅明史，这一年高坡地区并无战事。

东苗之战后，明廷虽然在贵州城站稳了脚跟，但周边苗夷的冲突并没有就此结束。据明史记载，自成化二十二年（一四八六）起，都匀一带苗族“负险稔恶，不听抚谕，纠众称王，杀掠都匀、清平卫等处”。地方官军多次请兵讨剿，而明廷以“上体朝廷好生之心，下念生民烦费之苦”为由没有出兵。直到弘治五年（一四九二），因贵州地方官再次奏请“征剿”，朝廷命都察院右副都御使邓廷瓒巡抚贵州兼提督军务，命镇守湖广镇远侯顾传充行军总兵官，率官军、土军八万人讨之。

邓廷瓒，今湖北巴陵人。成化十二年（一四七六）任贵州新设程番府知府九年，政平令和，后迁山东参政、升右布政使。弘治二年（一四八九）以右副都御使巡抚贵州，刚到贵州就以生母丁忧去职。此番服阕还黔，邓廷瓒踌躇满志，曾在贵州城忠烈庙题诗一首云“烈烈轰轰此丈夫，艰危志在灭强胡。孤城受敌丹心壮，大厦虽倾赤手扶。正气满腔凌日月，清名千古振寰区。我持斧钺来霄汉，愿借英风扫叛徒”。“铁血巡抚”的形象，跃然纸上。

弘治七年（一四九四）三月，邓廷瓒率大军平定苗叛。“凡破一百一十余寨，斩首俘获万余”，苗贼首领乜富架战死，长脚（人名）等十余人被俘“械送”至京。长脚在路上自尽，其余十一人被凌迟处死、二人被斩首。五月，设贵州都匀府，并设麻哈州（今麻江）、独山州、清平县（今凯里）由其带管。六月，录平贵州苗寇功。邓廷瓒也升为右都御史，仍巡抚贵州，协同统军镇守。

此战明廷虽大获全胜，但贵州“苗乱”仍未停息。弘治十二年（一四九九）四月，因广西古田卫僮作乱，总督都御使邓廷瓒等奏请发湖广、四川、贵州、广西汉土官兵九万进讨。六月，“都匀残贼作乱”，巡抚贵州都御使钱钺奏“请调川、广土兵合贵州番溪兵五万讨之”，均遭兵部否决。兵部建议地方官军以屯驻、操候、招抚为主，“若果贼势猖獗”，再派大兵进讨。

在此情况下，弘治十三年（一五〇〇），四川平茶峒长官司吏目许瀚建议在贵州施行“以夷制夷”的防御之策：选择能干有力有礼土官，用之责防御，一有不称，重加谴罚。

明代，贵州宣慰使安氏世居水西，管苗民四十八族。宣慰使同知宋氏世居贵州城侧，管水东十二马头，皆设治所于贵州城内。安氏掌印，非有公事不得擅还水西，即还须禀知守臣乃听。水东宋氏，世领洪边、陈湖（今开阳县羊场）等十二马头（“马头”系领地单位名），包括今开阳县、龙里县和乌当区的大部分地区。

正统元年（一四三六），明廷把原来贵州卫管辖的贵竹等十个长官司划归水东宋氏代管，宣慰使宋斌加封轻车都尉，宋氏势力达到鼎盛。当然，这也引起了水西安氏的极大不满。

同时，宋斌十分仰慕并重视中原文教，莫友芝《黔诗纪略》记其“颇读书，喜近文士，每恨土酋家习弄兵，不晓笔札，严督诸子向学，以振俗陋”。尤其是其子宋昂、宋昱昆仲二人，被誉为贵州本地最早的诗人。显然，水东宋氏是当时贵州宣慰司“能干有力有礼土官”的不二人选。

早在成化二十二年（一四八六），经总兵官吴经奏请，宣慰使安贵荣获准暂还水西以“悉心管束夷民”，贵州宣慰司事“以然（宋然）管之”。安贵荣这一走，就再也没有回到省城来。

也许，事情是这样的：弘治十三年，时留在贵州城的宋昂之子、第五任贵州宣慰司同知宋然，被要求派土兵土将去高坡石门屯戍。宋然带着自己的队伍耀武扬威、浩浩荡荡而来，这可能是他生平第一次来到这里，这里并不是水东宋氏的传统领地，目前只是名义上“代管”而已。到达之后，他发现在这海拔一千五百米的高坡之上，生活环境极其恶劣、生活条件异常艰苦且“四面皆苗”，这当然不能同洪边、陈湖等十二马头地相比。宋然思来想去想不通，觉得这一切都是那些永不消停的“苗贼”造成的。于是，在距离石门约一公里开外的平地立寨，取名洪边庄（现大洪村河边庄），安排头目和兵丁驻屯。同时，在现石门地方设立哨卡，并在二屯崖上镌刻下了“永镇边夷”四个大字。在这一切安排妥当之后，他便愤愤然提出“致仕”（退休）申请，跑回到自己的领地底窝（今开阳禾丰）享受去了。据《明实录》记载，次年八月“免贵州宣慰使宋龙朝觐，以自陈保守夷民也”。而关于宋龙其人及其与宋然的关系，史料并无记载。

《花溪区志》这样写道：大洪村地势平坦，又处青岩入高坡之咽喉要道，地理位置十分重要，为历代土司所控制之地。

同年（弘治十三年）六月，邓廷瓒卒。明史记载：“其征贵州，功虽伟而纪律不严，部下多妄杀冒功者”。其率军征剿乜富架苗乱时，“虽有才略而性疏阔，御下不严。官军多杀良民以为贼，避难山谷及道路负贩之人过则见杀，虽随行舆皂稍后者亦不能免，甚冤之。”

也许，历史的吊诡就在于此！水东宋氏及所领部曲多为汉人后裔，历来就是中原王朝开辟贵州地区的先锋，在明代更是为朝廷所重视，一直是明廷牵制水西安氏彝族势力的重要力量。不曾想，宋然在高坡之上镌刻下“永镇边夷”这一豪言壮语的十三年后（正德八年，一五一三）便死去。宋然已死，明廷仍以“因致仕宣慰宋然贪淫科害、激变苗民引发阿杂之乱”为名，将宋然革职为民。“宋氏亦遂衰，子孙守世官，衣租食税，听征调而已”，水东宋氏从此逐步衰落。至明崇祯四年（一六三一），宋万化、宋嗣殷父子因参加“奢安之乱”，朝廷下令革除宋氏土司职，将其所辖洪边十二马头地置开州（今开阳县）改土归流，水东宋氏从此便退出了贵州历史舞台。

“贵荣欲并然地，诱其众作乱”。据史料记载，正德三年（一五〇八）水东宋氏十二马头的“阿杂之乱”，实与水西土司安贵荣的教唆诱导不无关系。后经当时谪居龙场（今修文）的王阳明因势利导，再作《与安宣慰书》，使“贵荣之世，不敢跋扈”而派兵“平叛”。因此之故，后世遂有“一书能抵十万兵”一说。

区志“洪边兵临高坡”词条介绍：明弘治十三年（一五〇〇），高坡苗族部落再度起义，贵州宣慰使宋然领兵上高坡进行镇压，并留兵镇守。

对此，已故文史专家唐莫尧先生曾提出不同的看法：“二屯岩摩崖”不是“镇高坡苗族”的遗迹，而是水东宋氏土司与水西安氏土司争夺势力范围的产物。据唐先生的分析，永镇边夷的“夷”，即“彝”，非“苗”。据《贵阳府志》，高坡有“罗鬼村”，实为“夷民”孑遗。

夷也好，苗也罢，都是当时中原王朝对周边少数民族的一种称谓。“永镇”二字，不禁让人想起旧时贵阳甲秀楼前的那两根铁柱。

先是清雍正年间，云贵总督鄂尔泰武力“开辟苗疆”后，收缴苗军兵器熔铸一铁柱立于楼前。后来，嘉庆二年（一七九七）云贵总督勒保平定黔西南王囊仙起义后，亦将收缴兵器销毁再立一铁柱，并铸铭文曰：圣武惟扬，诞及蛮荒。兴义洞洒，挞伐用张。功成赐爵，苗俗安良。剿抚永制，铭柱重光。

然而，同为清朝贵族，也有人对此“旷世之功”深不以为然。清道光十二年（一八三二），贵州布政使、护巡抚麟庆作《鸿雪因缘图记》中有《甲秀赏秋》一文，文中以诗为纪云：“甲秀楼前秋色清，相邀喜对月华明。送瓜人过花留影，攀桂风来树有声。悟彻冰壶无挂碍，笑看铁柱说勋名。浮沉宦海年年事，那得中秋作此行。”

麟庆父亲是满洲镶黄旗人，嘉庆进士，官至江南河道总督，后因河决而罢官。作为文人学者，麟庆喜山水、爱古迹、嗜藏书，著有《黄运河口古今图说》《河工器具图说》《凝香室集》《皇朝大臣纪盛》《鸿雪因缘图记》等。去官后在京建半亩园（时称“京城六大花园”之一），构“嫏嬛妙境”藏书楼，访求遗书八万五千余卷，自称“万卷藏书宜子弟，一家终日在楼台”。

剿、抚、镇三字，是明清五百年朝廷对贵州乃至西南地区“改土归流”的一种基本的政治和军事策略。对此，文史专家史继忠先生评价说：改土归流对于社会发展的推进，应当加以肯定，但以武力开辟苗疆的做法，则是民族压迫政策的体现，本质上是反动的，应当严肃批判。

二屯岩摩崖（2017年　摄）

扰绕寨

从黔陶方向沿 X014 公路进入高坡乡，第一寨是石门村石门寨。石门寨是苗寨，建在道路右侧陡峭的山坡上，很少被路人所发现和关注。过了石门寨继续上行约五十米，才算是上了高坡。再前行约两公里，便到了扰绕寨。

扰绕，一个独特而美丽的名字！

扰绕寨为布依族独寨村，现有八十余户，约四百人。据区志介绍：

> “扰绕”苗语意为“山夹之地”，布依语称 man a。寨子四周为高山，中为低洼的小盆地，土质肥沃，水源充足，为高坡乡粮食主产区之一。

在高坡乡十九个行政村、八十七个自然寨中，扰绕作为唯一的布依族村，尤其是作为“布依族独寨村”显得十分特别。全村就一个自然寨——扰绕寨，一个民族——布依族。

耸立在进村道路一旁的罗氏四棱碑，碑主罗氏自称先祖明初自江西征南而来，原住惠水雅水：

> 扰绕者，寓涵捋政、厘乱、管辖，以矢忠之意志，建永靖之家园。先祖自明成化十二年，即一四七六年，受命驻兹，历经拓荒辟瘴，垒屯穿井，修山路，造梯田，办私塾，建邨寨……

如果沿着 X014 公路继续前行，可以到达龙里县的湾滩河镇。湾滩河边有一个以岑姓为主的布依族山寨毛栗寨，他们也是从今惠水县雅水镇迁来的，只不过时间是在清朝顺治年间。

罗番，是唐宋时期今惠水一带“西南番”之一。元代设有罗番大龙遏蛮军安抚司，明洪武五年（一三七二）置罗番长官司，是明初八番十三长官司之一。治所在今惠水县南的旧司，先隶贵州卫，后隶贵州宣慰司。据史料记载，明成化十二年七月，设贵州程番府，以金筑安抚司并上马桥、罗番等十七长官司隶之，率先改土归流。

但是，罗氏布依族自惠水雅水迁来高坡，与同年程番府的设置并没有直接关系。扰绕立寨，抑或是罗氏布依族在东苗之战后得到的一种“奖赏”。实际上，直到成化十三（一四七七）年，明廷仍对在贵州东苗等处“杀贼”有功的官军、土司土民进行奖赏。然而，按照半坡中曹长官司谢氏后人的讲述，则是清初罗氏族人从中曹长官司手里通过“转让”而获得的。

明清时期，伴随着贵州地区内地化进程，朝廷通过不断的军事征伐，在贵阳周边“生苗”地区开拓大量逃亡、绝户或被强占的苗民田产。这些田产，通过奖赏或出售的形式分转给有功官兵或随军征战的土司土民，并令其屯垦戍边，代为招抚当地苗民。这些新建的村寨，以布依族居多。尤其是在明末天启、崇祯年间，班氏布依族筑青岩城、征平高坡苗后，“犹以贵种骄诸苗”。今惠水一带的班、李、罗、王、黄、杨、赵、龙等布依族氏，大量涌入这一地区筑村立寨，势力达到鼎盛。

寨中有一井名“四方井”，一旁立有二〇一八年由贵州省布依学会撰写的《溯源碑》。碑文写道：

> 中华布依源远流长，百越后裔雄立夜郎。开拓疆土世代荣昌，万千聚落棋布八方。族种不一文明难彰，一九五三集会贵阳。群贤毕至族称共商。统称布依源清本扬，优秀传统光大弘张，振兴中华共谱新章。

碑文指贵州布依族乃“百越后裔”，一九五三年民族识别时才正式定名为“布依族”。约八十字的碑文，字里行间表达出一种优越感和自豪感

近年来，花溪区依托5A级景区青岩古镇着力打造“溪南十锦”，高坡、黔陶等周边地区的乡村旅游业迅速发展。扰绕寨得地利之便，有“高坡第一寨”“高坡会客厅”之称。除了极具布依族特色的村寨布局、房屋建筑外，寨子里的营盘、古井、水塘，以及周边的农田、道路，尤其是红岩峡谷、扰绕大坡等自然景观，成为吸引游客的好去处。近年来，随着休闲度假式旅游的盛行，寨子里新建了多家民宿。寨子一侧，还开辟出了一个可容纳近百顶各式帐篷的露营基地，在平均海拔一千五百米的高坡之上“星空为被，大地为床”……为此，当地村民不无自豪地说：扰绕寨已经是国家3A级旅游景区了！

过去，扰绕寨流传着“八角和半点”的故事。大意是说，“命中带八角，走

通天下也不满升”。“角”是量词，一升的十分之一。讲一个人贪不得，八字生就的，由命不由人。否则，就会“祸从天降”“死于非命”。

扰绕寨（2021年　摄）

挂在皇帝坡上的苗寨

沿 X014 公路上了高坡，过了扰绕寨往前百余米，向右转入 Y080 组组通公路，便走进了大洪村地界。

大洪村，距离乡政府西南二点五公里，辖石板寨、大长寨、小长寨、板正、栗木山、河边庄等六个自然寨，共约三百户、一千四百余人。汉族仅二十户，在栗木山和河边庄，其他皆为苗族。

Y080 公路修建于二〇一一年，由大洪至栗木，里程约三公里。沿着这条公路行走，可依次到达大洪村的石板寨、板正寨、栗木寨，以及隶属于黔陶乡半坡村的小田坝寨。一路上，可以由远及近地看见皇帝坡。

皇帝坡，本名摆桥山，在苗岭山脉中段，海拔一千六百五十五点九米（一说一千七百一十二点一米），是贵阳南部花溪最高峰。明《贵州图经新志》载“唐帽山，在治城南八十里，土人尝于此避兵”，清道光《贵阳府志》载城南之山“曰板桥山，高峻可眺数百里，麓有九十九泉”。唐帽山、板桥山皆得名于山形，皇帝坡是后来才有的名字。

沿着 Y080 公路，首先经过的是石板寨。石板寨是苗族独寨村，现有九十余户，均为王姓。村民房屋沿道路两侧朝着 X014 主干道方向络绎不绝展开，这是近年来发展起来的“新寨”。

老寨建在后面，Y080 公路从寨子中央穿过。寨子不大，几条弯弯曲曲、凹凸狭窄、用大小不一的石板拼凑而成的小道，将村民房屋串联在一起。房屋建筑以现代砖混为主，旧式木屋尚存六七座，多已残破不堪。同花溪区其他地方一样，门上均张贴有“此房屋无人居住，另有安全住房。作为传统民居，进行保留”标识，此乃近年来政府“两不愁三保障”之“住房安全有保障”政策的贯彻执行。

据路旁一房屋主人介绍，当年红军从高坡走来，其中一支是从该房屋面前田坎上的小路直接下山经半坡、笕槽冲去了黔陶骑龙的。只是，现在这条小路早已没有人走了，或布满荆棘，或已变成了田土。

走出石板寨不远，就可以看见远处的皇帝坡了。因重峦叠嶂，只能看见它的山顶部分，像一顶唐代“官帽”，“唐帽山”或因此而得名。

继续前行，很快就到了板正寨。板正寨现有村民七十余户、约三百人，以罗姓苗族为主，另有蓬姓苗族一户、李姓汉族一户。其中，李姓汉族祖籍江西，百年前从高坡地坝迁来，今历第八代，现有十八人，为全寨第一大户。

寨子建在一坡顶上，四周树木茂盛，Y080 公路沿着寨子边绕过。同石板寨一样，寨内道路蜿蜒曲折，房屋紧凑，整体布局杂乱无章，显得十分随意。这是目前保存较完整的一个苗族村寨，寨内尚存十余处木构房屋，有的还有村民居住。尤其引人注目的是寨中两颗枫香树，告示牌介绍“一级古树，500 年”。可惜其中一颗已枯死，仅存粗壮笔直树干屹立在一小山丘上，直径约一米、高十余米。历经多年的风吹日晒，已显得十分老朽，但却给人以庄严肃穆、坚忍顽强之感。它屹立在寨中，像人工雕塑的树图腾一样，通天接地，令人肃然起敬。

苗族古歌里有“蝴蝶妈妈”的故事，传说苗族祖先蝴蝶妈妈出自枫树，她日夜守护并庇佑着苗寨人家，因而苗族先民把枫树作为图腾来崇拜。

一位热心的村民带我走到寨子东边一山崖处，指向面前不远处，透过树林间隙，皇帝坡清晰可见。他对我说：“当年红军是在石板寨下黔陶的，没有经过板正。石板寨村民说红军在皇帝坡战斗一事，指的是一九五〇年八路军（实为解放军）剿匪时，在那里打了一仗。当时，皇帝坡下百余米处的熊洞山是个土匪窝。”

Y080 公路出石板寨后是沙石路，前行约三百米便分路右拐下山，可到达小田坝寨。过了小田坝寨，是新修的水泥公路，这条路经半坡寨与 X014 公路相连接。同时，在半坡有小路可达骑龙寨。

小田坝寨属黔陶乡半坡村，有六十余户，均为苗族，有王、杨、蓬三姓。其中，蓬姓来得最早，王、杨二姓是从惠水等地迁移而来的。据村民介绍，蓬姓苗族是一九六二年国家“四固定”（定劳动力、土地、耕畜、农具）时，从原贵阳马棚街“分配”来的，故以“蓬”为姓。然而，前不久笔者曾在孟关沙坡村新庄寨遇到一位蓬姓苗族村民，自称是几十年前从龙里比孟村随母亲改嫁迁来的。

苗族采用汉姓的历史不长。明弘治十七年（一五〇四），贵州都御使刘洪曾请朝廷准予以百家姓赐姓，以便编册，但未获批准。至清雍正年间，才陆续采用汉姓。据《清实录》记载：雍正五年（一七二七）三月，云贵总督鄂尔泰疏奏“经理仲苗事”中提道：“仲苗姓氏，相同者多，难於分别，应令各照祖姓造报户口清册，编立保甲；其不知本姓者，代为立姓，以便稽察。”也就是说，给苗族等少数民族“立汉姓”，起始于清雍正年间。

从小田坝寨下面的路边山坡上看过去，皇帝坡像是一个坐南朝北的巨人，俯视着面前广阔的群山云海，山脚下是骑龙、赵司等村寨，地势较为平坦。而从骑龙、赵司一带看上来，板正寨、石板寨像是挂在皇帝坡向右伸展的巨大手臂上，而小田坝寨则像是依偎在皇帝坡的怀里。

过去，高坡地区流传着“大气苗”的故事。传说，在格巴（高坡）皇帝坡北麓的板正寨（过去称“白纳”），有一个苗族青年名叫多若豆力。因为他力大无比，大家都叫他“大气苗”。大气苗行侠仗义，智斗来自格桑（贵阳）的官兵，戏弄官府，保卫苗家地方，为苗族村民谋利益……这些故事，从一个侧面反映了高坡苗族斗争的历史。

因寻思着何以取名“皇帝坡”，想起“天高皇帝远”一句。经查，此语出自明代黄溥《闲中今古录》：“天高皇帝远，民少相公多。一日三遍打，不反待如何。”这句俗语最早出现在元朝末年，是当时江南地区颇为流行的一首童谣。作为受压迫最深重的地区，江南地区成了最早反抗蒙元统治的地方，也成就了后来的大明王朝。

“皇帝坡”一名，也许与明清时期高坡地区的多次“苗乱”有关。

从石板寨到板正寨、小田坝寨，这些存在了数百年甚至是上千年的苗族村寨，现大多已是人去屋空。年轻人都走出去了，或下山去了城镇，或搬迁到了距离 X014 公路更近一点儿的地方。留下来的，只是一些老人和需要照看的小孩，寨子里没有一点儿生气。从山坡上放眼望去，天边云卷云舒。山坡下，村寨星罗棋布、炊烟袅袅，X014 公路上车流涌动、喇叭声响……虽近在咫尺，却仿佛离得很远。

皇帝坡两边，耸立着一座座巨大的风力发电机。伴随着那十分沉闷的转动声，这些挂在皇帝坡上的苗家聚落，似乎正在悄无声息地走向消亡。

皇帝坡（2021年 摄）

格棒寨

格棒寨是高坡乡水塘村所辖三个自然寨之一，为汉族寨。水塘村很小，另外两个自然寨，岩上寨是布依族寨，水塘寨为汉苗杂居。也就是说，水塘村是一个汉、苗、布依族杂居的行政村，现全村共有一百余户、四百余人。

出高坡沿 X014 公路南行约四公里，便到了水塘。水塘在道路右侧，一条岔路穿过寨子后向东下行，可进入惠水县的甲腊冲乡与 Y006 公路连接。另有一条编号为 X1W2 的组组通公路向南，沿着高坡南部边缘绕了一个大圈，经杉坪、批林、洞口、克里等村寨后，在甲定与 X014 相连接。

此外，水塘寨后新修建的一条组组通公路长约两公里，将水塘村属岩上、格棒两寨联系起来。道路沿山腰开凿而成，路面很窄，仅可单车通行，只是每隔一段距离设有一会车处。

格棒寨在道路的尽头。寨子依山建在半山腰上，海拔约一千五百米。据村民介绍，全寨现有田、任、李、刘、杨、胡等姓三十七户、一百五十余人，均为汉族。现常住约十五户、七十余人，以老人小孩为主。其中，任姓村民祖籍江西，百余年前从高坡村地坝寨迁来，繁衍至今有七代。

从北面翁西关山上顺势而下的一股溪流，是寨子的中线，村民房屋建在溪流两边的斜坡上。寨子及周边为数不多的小块台地都是耕地，它们大多分布在离寨子不远的山坡上，其中以寨头路旁一块水田最大，有十余亩。过去，从高坡通往惠水的乡村道路，就从这块田地上经过。据村民讲述，当年（一九三五），红军就是从翁西关下来，经寨前这块田坎小路下到甲腊冲往惠水去的，“红军人很多，走了两天两夜，把周围田坎都踩跨了”。从这里到惠水县城，步行三个多小时可到达，二十多年前村民们还常走这条路。后来修了公路，就改从水塘走大路了。现在，这条小路早已无人行走，道路布满荆棘，即便是还在恐怕也难以行走。

寨子背靠翁西关，坐北朝南立于山坳处，从山上或是从左右两侧看来都很难发现。但是，走出寨子视线却很好。向南可眺望惠水甲腊冲寨，向东可看见不远处的皇帝坡，向西可见对面山上的杉坪村一带，这是一个设卡立哨的好地方。联想到明清时期朝廷对高坡的历次征伐，以及“东苗之战的苗族领袖干把珠是岩上人”等传说，这里的汉族、布依族应该是在战后迁来此地驻屯，并负责“监视”周边苗寨的吧。

通组公路从寨头到寨尾不到二百米，把整个寨子分为上下两块。出寨子往前约二百米，行至一山崖处向下一望，惠水甲腊冲寨尽收眼底。带路村民介绍，沿着这条路继续往北，可以到达大洪村与 X014 公路相连接。只是，目前这条小路还是毛石路，轿车难以通行。

格棒寨很小，村民房屋布局很紧凑，没有寨门，也没有围墙。寨子里树木遮蔽，深幽静谧，偶尔会看见在屋前玩耍的小孩，以及在路上闲庭信步的鸡群。从寨口路上一眼望去，村民房屋若隐若现。若是再朝寨子上方一看，山顶上缓缓转动着巨大风机，又会迅速地把你拉回到当下，故而不至于让人产生时空错乱的感觉。显然，这是一处避乱隐居的好地方。

寨子里的房屋，以现代水泥砖混建筑为主。现存有木构房屋五六处，大多已残破不堪，无人居住。其中，以李姓村民房屋保存最为完整。

李宅虽已残破，但形制风格保存十分完好，是标准的屯堡四合院。房屋占地约三百平方米，围墙、院坝、菜园等农舍配置应有尽有。主屋为木瓦结构，从房屋门头柱上刻着“五星”图案，而不是这一地区常见的“八卦”“五福临门”等图案可知，该房屋应当是二十世纪五十年代以后修建或翻修的。据村民介绍，几年前该房屋卖给了在高坡有产业的一位大老板，作价十二万元。

寨中那条溪流，从屋前石板上缓缓经过。驻足门前，看眼前潺潺流水，不禁让人想起王维的著名诗句“明月松间照，清泉石上流”。若是在蒙蒙细雨之后的傍晚，想必寨子将会别有一番韵味和情趣吧。

寨子下面有一大水塘，是人工修筑的，水塘边新建有十余栋木制房屋。村民说，这些房屋是外地老板投资新建的，用途不详。

主动为我带路的任姓村民有七十多岁，他很热情，一路上动员我买他家土地建房。他说，原来是卖四万多元一亩，现在价格要略高一些。

他对我说，“格棒”也叫作“拐棒”。从地图上看，格棒的确像是从 X014 公路南行至水塘处，向右“拐”进来的一“棒”。

格棒民居（2020年　摄）

高寨招民复业碑

高寨 X014 公路右侧一旁，原有石碑一通，官方命名为“高寨招民复业碑”，是花溪区文物保护单位。碑前告示牌介绍：

> 该碑为时贵阳府属大平伐长官司宋氏长官立于清雍正九年（一七三一）。碑文“记录了贵定大平伐长官司宋氏对腊利（今五寨）、高寨等村寨招民复业之事”，大意是“所有搬移在外的村民，应立即返回原住所，佃种土地，并仍按旧规缴纳税粮。如有抗税不按旧规纳粮，即押解官署治罪”。

除了以上文字外，碑额题曰“碑记”，两字间是一“方孔铜钱”图案。碑文前部分还有“寨额载馀银贰两”“本县恩主李□太老爷”“乞当下立碑”“本司查得前任县主”“抗不纳税”“不深究”等字样。

明清时期，土司（土目）各治其民，流官向土司征税收粮。与此同时，朝廷又对土司采取利用和打压并行的政策，土司无论大小，最终都难逃“从衰败走向灭亡”的结局。在这一过程中，一些小土司率先穷困潦倒。雍正三年（一七二五）四月，云贵总督高其倬在“条奏苗疆事”中指出：“土司贫苦往往将所管之田作为无粮之土，卖与绅衿商民，以至完纳无资，每至派累苗户”。这些小土司因生活所迫而将“所管之田”出卖，但仍需尽“代征赋税”之责。其中的具体原因则较复杂，有恃强侵占、官商勾结等情况，无论如何最终都得将负担转移到农户身上，以至于时常激起“苗乱”。

对于这一积弊，朝廷似乎十分清楚。雍正在继位之初，即敕谕贵州等地巡抚：

> 云贵川广，猺僮杂处，其奉公输赋之土司，皆当与内地人民一体休养，俾得遂生乐业，乃不虚朕怀保柔远之心……两司、道、府、州、县，各有谕旨，尔亦宜详细体察，与诸属吏共相勉勖，同心协力，以尽职守。若不念皇考简畀之隆，致贻地方黎庶之害，负恩旷职，自取罪

戾，朕又安能废法以宥尔乎！

在这段话里，雍正宣布了自己的“治夷”之策，即凡是“奉公输赋之土司，皆当与内地人民一体休养”，并要求各级地方政府官吏“详细体察”，否则将依法严惩。

早在雍正继位之前，“贵州仲家苗肆行不法，扰害平民”“多民苗互相仇杀、抢劫之事”。雍正三年十月，调广西巡抚鄂尔泰为云南巡抚，管云贵总督事务。次年（一七二六），实授鄂尔泰云贵总督，加兵部尚书衔。十二月，鄂尔泰派遣官兵征剿“长寨苗”（今长顺长寨）。“攻破者三十一寨，投诚者二十一寨，招抚苗民五百馀户，三千馀口。又查熟田五千八百馀亩，熟地一万四千五百馀亩，荒地九千六百馀亩，各造清册”，由此便拉开了雍正年间贵州地区“改土归流”的大潮。

在其后的数年间，伴随着各地苗寨纷纷“愿附版图，输纳粮赋”，朝廷在贵州地区新“开垦”了大量土地。这些新开垦的土地，或召回原住民继续耕种，或分赏兵丁“安土重建”，或招商户屯种，或出售给地方绅衿，均载入版图、输诚纳赋、编入保甲。这一做法，改变了“黔省边界生苗，不纳粮赋，不受管辖，随其自便，无所不为，由来已久”的局面。

其中，雍正五年三月，鄂尔泰疏奏“经理仲苗事”提道：“苗民被剿四散，已失耕种之期”“归寨苗民，每人请月给粮三斗、盐六两；无力耕种者，给以籽种，以示抚恤。其未归寨者，以一月为限，如逾期不回，将该苗田土分赏兵丁”“苗民地亩多恃强侵占”等情况。

据此，或可以作这样一种推测：雍正九年，时贵阳府属贵定李姓知县，按照雍正皇帝的圣谕“体察地方”。大平伐长官司宋氏土司借此机会“乞当下立碑”为记，重申自己的管辖之权，并要求各佃种之民“仍照旧规纳税粮”，否则“即拿解赴，以凭治罪”。

清世宗雍正在位仅十三年，其文治武功最“显著”之处，便是“用兵西藏”和“剿抚苗疆”。其中，“剿抚苗疆”一项在区划贵州行省疆界、推进贵州地区“内地化”进程中，产生了十分深远的影响。这一时期，清廷在贵州开辟“苗疆六厅”（今台江、雷山、丹寨、榕江、剑河、三都六县），将原隶属四川的遵义府改隶贵州，勘定地方省、府、县疆界，在乡村大力推行保甲制度，以及用“剿抚并用”之策推行大规模的“改土归流”，清理（或“开垦”）土地、编户齐民、输诚纳赋等。这一系列举措，奠定了后来贵州省、府、县等行政区划和管理的基础。

对此，有学者分析指出：改土归流既是一次政治变革，也是一次社会变革，“它以政治的力量打破旧的封建壁垒，使封建领主制崩溃，原始公有制瓦解，土地一律收归国有，允许自由买卖、典当、租佃，按亩征收赋税，土地私有制盛行起来”。在此背景下，大批“客民”涌入贵州，或购田置地，或租种土地。至清道光年间，贵阳府属客民有九千二百五十余户。其中，今花溪境内府属亲辖地共有客民一千三百四十三户。其中，有苗产客民一千零三十一户，贸易、手艺、佣工客民一千三百一十二户。

潘年英在《百年高坡》中列举了明清时期汉族移民“占有”苗民土地的四种方法：一是借助官府的力量，先佃后占；二是放高利贷；三是引诱苗民赊账吃喝或赌博；四是无理由的强占。他写道：

> 这些没有“文化”的苗民真是倒霉透了，本来拥有大量土地，可以坐享其成，谁知不出两三年，田产尽归客民，客民反倒是主，主反而成客了。

用雍正的话来说，时云贵总督鄂尔泰在贵州“奉旨剿抚，抚恤地方，筹划久远之计”。其采取的基本策略，是剿抚、开垦（拓殖）、保甲、纳赋、归化等一系列“改土归流”举措同时进行，打的是一套行之有效的“组合拳”。从这个意义上看，高寨“碑记”所言，就不只是“招民复业”，也是一种“宣谕化导”，是土司土官履行“宣布条约，化导苗民”职责的体现。

无独有偶，在距离高寨不远处的批林村批摆寨中，现保存有“晓谕碑”一通，同样被列为“花溪区文物保护单位”。该碑碑额题曰“永定章呈”，碑文对“批摆等处应纳余银事”进行晓谕，要求“（余银）由各户交纳”，且“不得隐匿短缩”等。该碑为青岩班氏土舍于清光绪七年（一八八一）所立。

明末崇祯年间，青岩班氏因“平高坡苗，以开花（今摆龙）、甲低（今甲定）、蒋呆（今杉坪）酬其功。”至今，杉坪苗寨村民仍流传本寨按期纳赋“九斗一升五角粮”一说。并强调说：这是“法定”的、有碑为记，历代地方官吏豪强都不能“乱来”！

另据潘年英在《百年高坡》一书中介绍：

> 现在杉坪村还存有两块断碑，碑文中有“今有土官，自设奉办公事，籍端派虐，于嘉庆元年捏称”“令苗等钱粮公务自行投拒，以绝后

害”“日后土官不得沾派籍端”“秋粮五升，如府上纳。条银三钱，兴隆寺内上纳”“恐无后凭，立碑为据”等文字，范围涉及今杉坪、甲定、摆笼、平寨等村寨。两块碑分别立于“丁丑”（一八七七）、“大清光绪元年（一八七五）九月”，其中一块碑额题曰“永垂百世”。

同时，潘年英分析指出：明清时期，朝廷采取“以夷制夷”“以苗弱苗”策略，致地域管辖犬牙交错，插花地现象十分普遍。直到十九世纪中叶，高坡苗地仍分属于贵阳府下属的中曹正长官司、白纳副长官司、青岩土舍，定番州属大、小龙番及卧龙番长官司，贵定县属大、小平伐长官司等不同的土司管辖。各土司常假借朝廷之名，滥加摊派各种税收，搜刮苗民财产。

这些残存的石碑，从内容上看既“反映了当时各土司对苗民盘剥的状况”，也从一个侧面反映了高坡乃至贵州地区“改土归流”的实际进程，具有重要的文献价值和意义，故而显得十分珍贵。

高寨毗邻龙里摆省村，据村民介绍：过去，两寨常因土地、山林、水源而发生争斗。每当这时，村民便将此碑朝向对方，即可致对方“鸡不叫，狗不咬”。

因村民房屋改扩建政策的实施，现“高寨招民复业碑”收藏于唐姓村民院落里。

放置在村民家院落一角的“高寨招民复业碑”（2021年　摄）

甲定场

从高坡沿着 X014 公路前行约十二公里，过高寨就到了甲定。区志介绍：

> 甲定村有甲定、龙打岩、茶山 3 个自然寨，260 户、1326 人，全是苗族。

有苗族学者解释：甲定在苗语里念“翁勒翁咒”，意思是“洪水黄河”。意思是指他们的祖先居住在黄河流域，神农氏就是他们的老祖宗，由于战败，祖先们被迫迁徙到南方大山之中。

明清时期，甲定隶属青岩土舍。明末崇祯年间，青岩班氏土司因“平高坡苗”有功，明廷以今摆龙、甲定、杉坪等寨“酬其功”。至清道光年间，这三个寨子都是有“居民三百户”的大寨。

过了甲定继续向东，很快就进入惠水县的摆省乡了。同其他一些地方一样，近年来随着村民新建房屋朝着公路两边集结，加之历史形成的“插花地”等原因，甲定、高寨、摆省三寨界址不清、犬牙交错，“你中有我、我中有你”，外人很难区分。在高寨附近约二百米处，有一座小桥名“友谊桥”。过了此桥就进入了龙里县摆省乡摆省村。立在路边的龙里县交通局“公路养护公示牌”告示“C095 新龙至友谊桥，里程 3.793 公里”，牌子下方特别强调“农村公路坡陡弯急，谨慎驾驶”。过了小桥往右，有小路可通甲定。因这座小桥连接而成的道路呈“工”字形，将三个寨子联系起来。

二〇一一年新修的组组通公路水塘至硐口（编号 X1W2，里程 13.412 公里）及其连接线，在甲定、高寨接壤处与 X014 县道相连接。从这里向西，通往高坡乡南部的克里、大寨、硐口、批林、批摆、杉木、杉坪等村寨，兜了一个大圈，再经水塘回到 X014 县道上来。其中，在克里往南约六公里，经龙云村便进入惠水县。这条环线处在高坡南部的边缘，毗邻惠水县的大坝乡、甲腊乡。因此，甲定、高寨、摆省这三个村寨，就处在花溪区、龙里、惠水三地交界的接合部。而新的甲定场，就建在 X014 县道和这条组组通公路交会处的道路两侧。

同高坡一样，甲定赶甲子场。以十二生肖计顺序，六天一场，分为“鼠场”和“马场”。现在的甲定场，是从原来穿过甲定寨的 X014 公路两旁搬迁过来的，在高寨营盘山下的一块坡地上。

旧时高坡地区，有“一节两过”“一场三过”一说。“一节”是指苗族四月八，分为高坡四月八、甲定四月八。而“场”就多了。只不过，此“场”非彼“场”，那时的“场”，并不是一个集市概念。

潘年英在《百年高坡》中描述道：

> 这里的“节”，指的是高坡苗族的社会组织结构和组织形式。在高坡，同其他许多民族一样，户是最基本的社会单位，是血缘组织的核心。以户为基础，逐步扩展到族、寨、村、场、转场，再由各转场组成更大的氏族同盟，由此来强化族群社会的凝聚力。
>
> 在高坡，“场”最初并不是一个集市概念，而是一个内婚集团，同时也是一个村寨集合的单位。苗族按苗历的十二生肖排列各村寨的场名，如杉坪村属兔场，甲定村属蛇场，五寨村属羊场……六场为一组，共分为四组。一个组即一个内婚集团。其中一二组为一个大的“转场”，即一个大姻亲集团，历史上称作“卡下十八寨”；三四组（含今石门、大洪、高坡、水塘、云项等）又为一个大“转场”，称“卡上十八寨”。在同一内婚集团的各场之间，构成一个强大的姻亲组织，他们拥有共同的节日，共同的信仰，共同的文化，甚至还有共同的公地——即场坝，用于集会和社交。逢节日，则在各场之间依次循环……

在山区，由于地形地势、交通、物产等限制，“场”不仅仅是重要的物资交换平台，同时也是集社交、娱乐、信息分享等多功能于一体的热闹日子。在过去，花苗“赶集聚会，曰顽（玩）场”，赶场是为了看热闹和娱乐。

现在，高坡乡的“场”只有高坡和甲定两个，是高坡地区最大最集中的物资集散地。如果说高坡场代表的是“前坡”（“卡上十八寨”），甲定场代表的就是“后坡”（“卡下十八寨”）。高坡场得乡政府所在之利，但甲定“场集胜于高坡”，交易额胜于高坡场。

明清时期，随着道路的不断修筑、延伸和扩展，以及汉族移民的渗入，具有明显汉文化特色的集市“场”，在溪南地区逐渐兴起。最迟到清代中期，溪南地区已形成青岩、孟关、高坡以汉文化为特色的三大集市。那时候，除周边村寨外，现隶属黔陶乡的谷洒、翁鸦、黔陶（时称打铁寨）、关口、马场等地，均以“赶高坡场”为主。

也就是说，若是论声名和影响力，高坡场要远胜于甲定场。以苗民为主的“甲定场”，是后来才兴起的。当然，这里的“场”，指的是一种因货物交易需要而产生的集体活动方式，即“以其所有易其所无”。所谓“日中为市，致天下之民，聚天下之货，交易而退，各得其所。”只不过，由于交通条件的改善等因素的影响，现在的“场”大多进行到正午，人们就差不多散了。

同时，苗族群众自古就有“赶牛打场”的习俗。流传在甲定“苗族斗牛”的故事告诉我们，苗族斗牛由来已久。苗民们将参加（观看）斗牛活动，称为“赶牛打场”。据说，这是一种传统习俗，是一种缅怀先人、崇尚战斗精神的娱乐活动。在苗族村寨，这一活动深受群众喜爱，人们津津乐道、乐此不疲。过去，这一活动主要集中在农历正月和六、七月间举行。现在，则不分季节以“赶场”的方式定期举行。

据说，甲定场的“马场”天只是集市场，行货物贸易之事。“鼠场”天则既是集市场，也是牛打场。本地有三大“牛打场”：花溪甲定鼠场、龙里果里龙场和惠水批弓狗场。其中，尤其以毗邻批林村的“批弓狗场”最负盛名。在本地苗民传说中，甚至有“先有批弓场，后有贵阳城”一说。此说虽显夸张，但也说明苗族是今贵阳地区最早的世居民族之一。

资料记载：明万历二十五年（一五九七）七月十六日，高坡及惠水、龙里三地交界处的苗族，共同开辟批弓牛打场，并在批弓半山悬岩上竖立《牛打场碑志》，牛打场习俗延续下来。之后，高坡乡的场坝、云顶、腊利，黔陶乡的马场，孟关乡的牛郎关，小碧乡的大地、小关山等地，先后建有固定的牛打场。每年农历七月的龙、虎、狗、鼠日，择其中一日举行斗牛活动，村民也称“牛打架”。

“场”的兴起，既是乡村发展的一种产物，也是汉文化传播的一种结果。在高坡地区，“赶场”已发展成为一种极具地域和民族特色的乡村民俗文化。

在这样一个偏远、高寒、缺水，至今仍显闭塞和贫瘠的地方，“赶场”成了人们日常生活中最重要的经济、社会、文化交流和娱乐方式。置身其中，尤其是当你遇见身着不同式样苗族服装的赶场妇女时，或许会产生一丝幻想、一点感慨。如果你是生活在都市，或许还会产生一种悲天悯人之情！

从高寨营盘上俯瞰甲定（2021年　摄）

高坡“跳洞”

写高坡，“跳洞”是一个避不开的话题。

据说，早在南宋陆游《老学庵笔记》一书中，就全面介绍了苗族跳花场节日活动的盛况。而最早记载今贵州地区歌舞的，则是宋至道元年（九九五），牂牁使团入朝，表演的“水曲”。宋史载：（牂牁）歌舞，“一人吹瓢笙，如蚊蚋声，良久，数十辈连袂宛转而舞，以足顿地为节，询其曲则名曰水曲。”

这一记载，同一九〇二年日本人类学家鸟居龙藏描述其在“八番之地”（今惠水一带）所见到的打铁苗舞蹈基本一致：

> 通常是女子专事跳舞，男子则担任伴奏。伴奏方的男子，人人持笙吹奏。因笙原为苗族的乐器，在各苗族支系普遍流行，故精巧之物颇多……其声音虽微弱，然稍接触吹气，便立即发音呜响，当众多人聚集在一起吹奏时，声音洪亮，有所谓让幽壑潜蛟起舞，使孤舟嫠妇哭泣之妙趣。女子只能舞蹈而禁止吹奏乐器……无论未婚已婚女子，老少均一同到舞场……舞者把双手向前舞动，再指尖交叉置于腰间。上身一动不动，只有足部运动。其脚不是迈向前方，而是像螃蟹横行一样，站成一排不变，把脚横向移动，或左或右，安静地舞动。其舞蹈方式极为简单，无论何人，只看一眼，即刻可模仿一同舞蹈。

在今天，这样的活动通常称为“跳花”“跳场”等，以“吹笙跳舞”为主要形式。在高坡，则被称为“跳洞”。

传统的跳洞，最基本的内容就是在岩洞中跳芦笙舞。至于为什么一定要去岩洞中跳，潘年英在《百年高坡》一书中引用杨庭硕、张惠泉两位学者的分析说：

> 这是高坡苗族老一代传下来的“规矩”，是为了缅怀祖先过去的生活和经历。这里面，既包括“穴居”的历史，也包括有“避乱”求生

的经历。不管怎么说，岩洞在高坡苗族的苦难生活与经历中，曾经有着十分重大的意义：青年男女谈情说爱的好地方是岩洞，岩洞又是当地苗族安葬死者的处所，岩洞还是当地苗族地名根词和社会构成单位，当地地名的“摆”，如摆桑、摆笼、摆如，正是岩洞的音译。鉴于岩洞对当地苗族生活的重要，在更古的时候更其重要，所以跳洞要在洞中进行，或象征性地在洞中进行，“乃是对本民族传统生活习俗的尊重和回顾”。

高坡地区溶洞广布，且用途广泛。历史上高坡苗族有洞葬习俗，至今甲定等地尚有多处洞葬遗迹。因而有学者认为，跳洞习俗来源于洞葬。

然而，当地苗族的解释则是起源于一个古老的爱情故事。这一故事，同桐木岭“跳花”等传说，以及关于苗族“四月八”活动由来的传说是一样的。

旧时贵阳城中喷水池一带称“黑羊箐”（彝语“美好地方”之意），惠水亚支系的苗族群众认为，这里是其先人居住的地方。过年时“跳洞”起源于黑羊箐，是为了纪念自己的英雄杀虎除害，替情人报仇而兴起的节日活动，杀虎的地点正是黑羊箐。

另一种传说则是，苗王带领苗族在这里保卫自己的家园，牺牲后就葬在黑羊箐。以后每年的四月八，贵阳周边的苗胞都要来这里吹笙跳舞，表达一种对先人先祖的敬畏、崇奉之情，故而也称“祭祖节”。这一活动从农历四月初四就开始，初四在杉坪村，初五集中到龙里摆省乡果里村的一个大山洞里，初六集中到甲定场，初七集中到高坡街上，初八和其他地区的苗族一起到贵阳喷水池，活动内容有射背牌、吹芦笙、跳园、染花米饭、走亲访友、谈情说爱等。

贵阳“四月八”活动一直持续到新中国建立之后，尤其以一九五七年为盛，曾被誉为“贵州地区各族人民团结一心的节日”。

高坡“跳洞节”，每年农历正月间在今高坡、龙里、惠水三地交界处进行。一般是从正月初四开始，至初九结束，前后历时一周。据介绍，历史上是正月初四从杉坪开始起跳，依次是龙里摆省乡果里、高坡甲定、隆云、五寨，初九在惠水县境的孟洪村。另一种说法则是：每年正月初四至十一期间，依次在杉坪、果里、甲定、克里、书亚（在五寨村）、新寨、摆拱、芭茅冲等寨附近岩洞中举行一天的跳洞活动。其中，果里、杉坪、摆拱三处跳洞还举行祭拜活动，其他地方只跳芦笙舞。其祭拜有严格的规定，三年、七年、十三年举行一次，约定俗成直至今日。

当然，这是指一年一度大规模的跳洞活动。除此之外，一些村寨也自行组织本地的跳洞，例如孟关乡的关山寨，也会在这段时间举行这一活动，只是规模和影响不及上述地方。

二〇一九年二月十一日（农历正月初七），高坡五寨村举行“跳洞”活动。跳场是新开辟的，在X014公路左侧一山坡台地上。场地宏大，面前视野十分开阔。场内面积约有四百平方米，四周建有看台。除此之外，跳场一旁还建有专门的斗牛场。是日，来自贵阳市花溪区、南明区、云岩区、乌当区，以及黔南州惠水县、龙里县等地的三十多支队伍、千余名苗族（也有少量布依族）同胞聚集在一起，各自身着节日盛装，伴随着急促而悠扬的芦笙声同时起舞。其舞蹈情节，与百年前鸟居龙藏所描述的基本一致，场面极其壮观，让人叹为观止。与此同时，斗牛场内同时进行斗牛活动。

实际上，有专家分析指出：这一节日是传统农业文明的产物。同汉族的“春节”一样，这是苗族的一个盛大节日。在这个“农闲”的节日里，人们举行聚会、走亲访友，尽情享受一年的收成，其主要功能就是娱乐和交往。

清道光举人、湖南巴陵（今岳阳）毛贵铭作《西垣黔苗竹枝词》百首，其中一首曰：

> 苗家东菜最贪玩，耳挂银环项带圈；闻说鸡场跳年好，拍肩同上老鸦关。

其注云：青苗在贵阳、镇宁、黔西、修文。呼小女儿为东菜……正月作跳年会，男女咸集，吹芦笙歌舞三日……

五寨跳花（2019年　摄）

高坡红军标语

白军弟兄团结起来　杀死狗贪官　与红军联合　一同到北方去打日本帝国主义去!

这是保留至今的“高坡红军标语”。实际上，这是一幅宣传抗日壁画的题字。壁画画在房屋外墙上，墙壁是竹夹泥糊的。因年代久远，画面已模糊不清难以辨认，题字则保存较完整。一九八三年，被列为贵阳市文物保护单位。

一九三五年四月九日，中央红军一部（左路，包括一军团、中央纵队等）从龙里的打碓窝、朵花冲、谷朗一带进入高坡。在高坡（现高坡街）住了一宿。次日，红军分两路从翁西、格棒和大洪、石板一线下高坡往惠水。在翁西关，红军同尾随而来的滇军鲁道源部发生小规模的接触，史称“翁西关阻击战”。

显然，这幅标语是写给国民党追军“白军”看的。据村民回忆，“由于反动派实行恐怖政策，造谣诬蔑红军如何如何，不明真相的贫苦群众，也跟有钱人跑出去躲藏起来。所以红军来到时，大多数人家关门闭户。”留在寨子里的村民不多，能够说汉话识汉字的则更少。

在当时，这类标语很多。时任一军团四团政委的杨成武在后来回忆道：“我们到达贵阳城郊，便用石灰在墙上刷出斗大的标语‘攻打贵阳城，活捉蒋介石!’‘白军官兵们，不要打抗日的工农红军，调转枪口，打死压迫士兵的白军长官!’”

标语，是一种文字简练、意义鲜明的宣传鼓动口号。在过去，刷标语（或贴标语）是一种普遍的群体和社会活动形式。至今，它仍然是群众喜闻乐见的宣传传播方式，具有简单明了、目的鲜明、震撼激励的作用。

红军进入贵州始于一九三〇年，时红七军、红八军余部入黔，在望谟、册亨、罗甸、贞丰等地北盘江及红水河沿岸活动。大规模的进入，则是在一九三四年至一九三六年间的长征时期。二十世纪三十年代，红军在贵州前后活动时间达六年，足迹遍布全省六十八个县，是红军长征途中经历时间最长、活动范围最广的省份。

红军在贵州活动期间，通过书写标语、绘制漫画、散发传单等形式广泛传播革命文化，尤其以“红军标语”的影响最为广泛。仅一九八二年被采集列入贵州省文管会、贵州省文化局编印的《贵州省文物概况一览表》的红军标语，就涉及全省九个市州约六十五处。这些标语，有的是宣传红军主张的，如“打土豪分田地”“劳苦群众团结起来杀财富佬的猪过年”“只有苏维埃才能救中国”“红军到，干人笑，绅粮叫”；有的是宣传和动员群众参加红军的，如“红军是工农自己的军队”；有的是策反白军参加红军的，如“红军欢迎贵州白军参加红军”；有的是反对国民党政府的，如“打倒卖国的国民党”“工农团结起来不交一个钱给乡公所区公所”“取消国民党一切苛捐杂税”；有的是宣传抗日的，如“红军是抗日救国的先锋队”“白军弟兄不打抗日红军，北上抗日去，打倒国民党”等等。

对于当时还十分闭塞的贵州来说，这些标语不仅传播了革命文化，也极大地开拓了民众的视野，启发了新的思想，成为苦难民众心中的“指南”，在人民群众中产生了巨大的影响。例如，一九三四年五月，红三军攻占沿河县城后在全城开展大写标语、张贴传单等宣传活动。当时还留在城里的国民党沿河县邮局局长见到这种情况也暗暗佩服，他在给上司的报告中写道：“其宣传工作，尤为注意，标语之多，满街满衢，门窗户壁，书无隙地，人心归附，如水下倾……”

据村民回忆，红军在高坡绘制的壁画和书写的标语，后来被国民党政府抹去了很多。能回忆起来的，还有书写在原高坡小学教室东墙壁上的“大哥当白军，虱子爬满身；二哥学木匠，住在吊楼上；三哥学裁缝，穿得烂冬冬。荷花出水有高低，你看世人齐不齐”，写在高坡场坝上的有“红军不为别一件，只为打富来济贫”“红军是人民的子弟兵”等等，落款均为“红勇”。一九八二年，已故文史专家唐莫尧先生在高坡踏访“红军遗迹”，时年六十岁的村民文天纯对他说：

> 红军写的标语很多，那幅画（指墙壁上的画）是画一个红军拿刺刀刺杀一个戴盆盆帽的，这个人趴在地上。他还说，红军分成两路，一路去青岩，一路去惠水。

因为是通过性质，红军在高坡停留的时间不长，加之时过境迁，能够保留至今的遗迹十分稀少，因而这幅“红军标语”就显得十分珍贵。此外，一九六三年清明节前，时高坡公社组织村民将分散在两地的三位牺牲红军战士遗骸合葬一处，修建了“红军墓”（现在高坡乡公安派出所后院内）。近年来，随着国家和地方对宣传和弘扬长征文化工作的重视，一些流传在村民中的红军故事也被开掘出来，例如“一张虎皮的故事”“杨春生老人给红军带路的故事”等。

这些红军标语，真实地反映了红军的战斗历程，体现了红军在近代中国革命中不同于其他军队的鲜明特征。时任红一军团教导营营长的陈士榘在后来写道：“红色战士的特点，不但善于用枪杆子打垮敌人，而且是宣传鼓动家。占领了定番后，便分头向群众宣传解释，宣布蒋介石国民党的罪恶，揭发它的欺骗。不到一点钟的时间，全城挤满了群众，热烈地来看自己的红军，到了天晚才散去。”

从江西瑞金算起，中央红军走了三百六十七天，走过了十一个省，跨越千山万水到达陕北，最多的走了二万五千里。在这十分艰难的征途中，这些标语所产生的宣传鼓动作用，无疑是十分巨大的，是伟大长征精神的见证。

一九三五年十一月六日，中央红军与红十五军团在陕北甘泉县象鼻子湾村会师。在漫天大雪中，毛泽东发表了著名的“雪地讲话”：长征是宣言书，长征是宣传队，长征是播种机！

据亲历者后来回忆：一个多小时的讲话结束后，“战士们个个热血沸腾，大家相互拥抱，高声歌唱，场面十分热烈……”

高坡红军标语原样（张永吉翻拍）①

① 孙日锟：《论红军入黔对贵州的影响》，载《贵州文博》1992 年 · 创刊号。

溪流淙淙

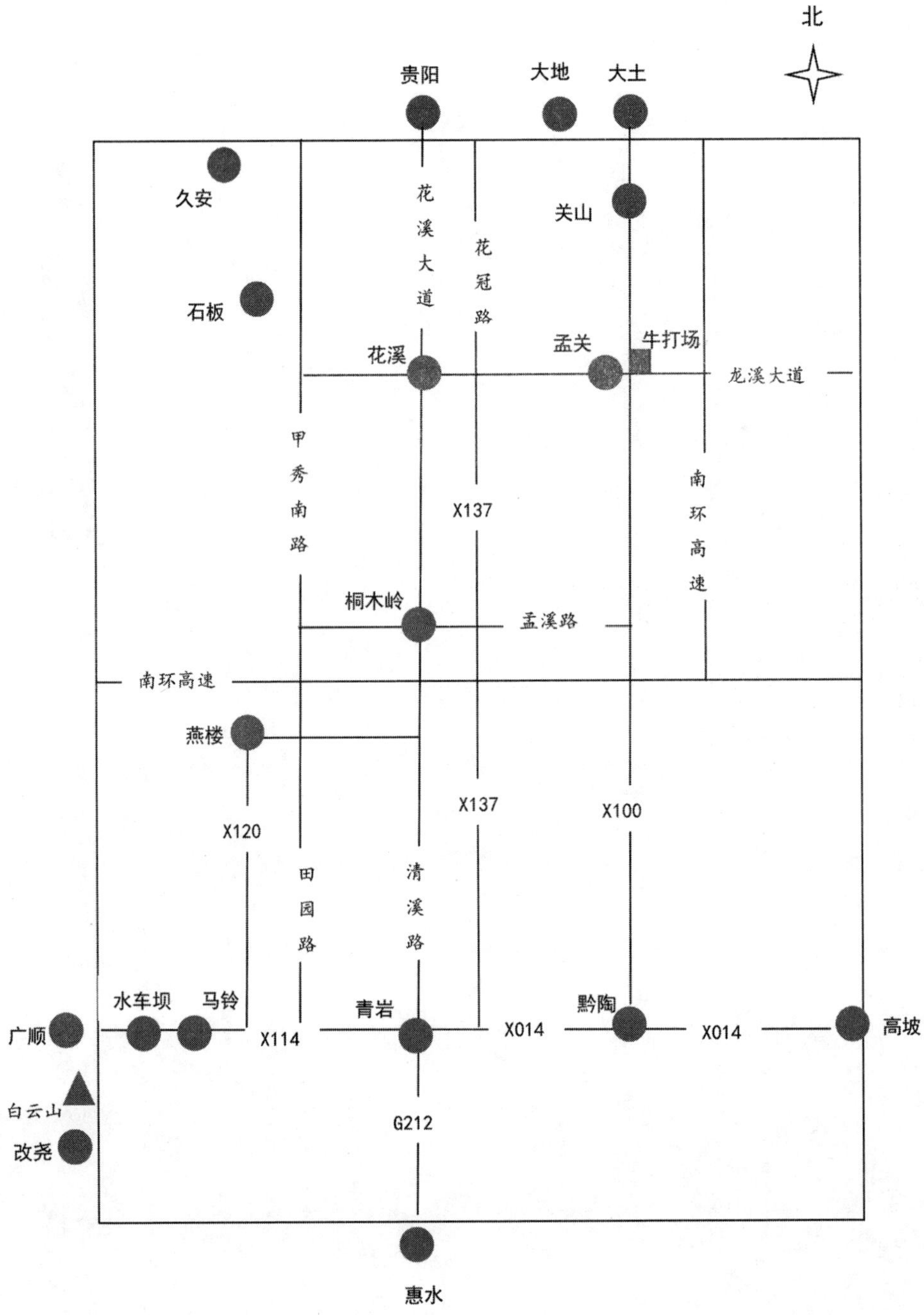
北
贵阳
大地
大土
久安
关山
花溪大道
花冠路
石板
花溪
孟关
牛打场
龙溪大道
甲秀南路
X137
南环高速
桐木岭
孟溪路
南环高速
燕楼
X120
X137
X100
田园路
清溪路
水车坝
马铃
青岩
黔陶
广顺
X114
X014
X014
高坡
白云山
G212
改尧
惠水

徐霞客游花溪

明崇祯十一年（一六三八），时年五十二岁的徐霞客开启了计划已久的“西南之行”，这是他游历一生中的最后一次出行。

是年，徐霞客由湖南进入广西，再由广西经贵州到达此行的目的地云南大理鸡足山。他在云南住了三年，至一六四〇年五月因病足不能远行，由丽江木知府派人送回家乡（今江苏江阴）。次年正月，卒于家，享年五十有五。

此行中，徐霞客于三月二十七日由广西南丹进入贵州，至五月初九从今盘州（盘县）亦资孔进入云南，在黔行程六百多公里、历时四十余天，写下《黔游日记》共三万余字。

四月十一日，徐霞客自龙里进入贵州城（贵阳城），至十五日离开，在今贵阳市境内五天。在贵阳城的三天中，估计他花了大量的时间去阅读地方文献资料。早在途经都匀时，他就发现都匀郡志“甚略而不详”，尤其是所载“都八景，俱八寸三分帽子，非此地确然特出之奇也”。并举例“此地西门大街上有新架石梁，垒石为九门甚整，横跨洪流，乃不取此，何耶?”

游记中关于贵阳城的记载，仅有“游古佛洞”“寓吴慎所家”“出司南门”等寥寥数语。在他的眼里，那些贵阳名胜，如万历《贵州通志》所载“贵阳十景”之东山胜概、贵竹清风、狮峰将台、圣泉印月、虹桥春涨等，恐怕都不过是千篇一律、流于俗套的“八寸三分帽子”，不值得游历和描述。这一现象还体现在他后来关于新建青岩城的描述中，仅用“城中颇有瓦楼阛阓街市焉”一句话以记之。通过明代两百多年的开发建设，贵州已“渐比中州”。尤其是驿路沿线，大小城镇星罗棋布、遍布各地。这些城镇及其“中原式”的街道、楼台亭阁、宫观寺庙、民居、桥梁等，在徐霞客的眼里并无“奇异”之处，皆如常见的“八寸三分帽子”一样。

徐霞客游记文字优美，惜墨如金。在游记中关于贵阳的文字共一千八百余字。其中，若是从出南门经太子桥（今太慈桥）、皅堰塘（今甘荫塘）过水边寨算起，在今花溪境内的文字描述则占百分之八十以上。

十四日出贵阳城，徐霞客的心情是十分愉快的。一方面，广顺白云山是云南之行的一个重要考察“景点”。另一方面，在其先辈王士性所著《黔志》，以及官修方志等地方文献中，关于贵阳城南这条重要驿路“贵阳南道”的记载极少。对于他来说，这无疑又是一次充满好奇、期待和责任的“发现之旅”。也许，他希望并相信今后会有更多的人，像他那样去追寻建文帝流落西南天地间的遗迹。在这两天的行程中，他十分留意沿途所见山水风物，发现此地“确然特出之奇”！

进入今花溪境内后，首先映入徐霞客眼帘的，是“始见东溪汪然，有村在东峰之下，曰水边寨。”东溪即花溪河，水边寨在今十里河滩孔学堂下游一侧。在徐氏眼里，花溪河是一条“大溪”。自进入贵州以来，一路跋山涉水，所见多称“水”“涧”“小溪”等。称为“大溪”者，只有都匀的大、小马尾河（今墨冲河）和剑江。尤其是大马尾河、小马尾河，其“大河汤汤”，让人心生“不胜望洋之恐”。而一片“汪然”之花溪河，以及溪流两边的山峰、村寨……或让人产生一种“悠然见南山”之情。那是一番宁静、宽阔、朴实、平和的景象，有着一种自然之美、简约之美。在他看来，这种美是那些常年深居庙堂之上、书斋草堂的人们所难以发现和体会得到的。

在经皅堰塘时，见“西南有双峰骈起”。在行至大水沟岭上到今贵州民族大学时，“北望双骈，又三分成笔架形矣”。这是对黔多奇山，“横看成岭侧成峰，远近高低各不同”的又一种真实写照，是一种十分有趣的自然景观。

十五日清晨出青崖南门，先是行至蓊楼（今新楼寨）时，见“大树蒙密，小水南流”。这与先前所见依山傍水的水边寨，有异曲同工之妙。再进入山峡，见“两山密树深箐，与贵阳四面童山（光秃无木的山）迥异。自入贵省，山皆童然无木，而贵阳尤甚。”这段描述或可以告诉今人，“林城”贵阳并非“与生俱来”。

“有泉淙淙，随现随隐”“路北有悬泉一缕”“忽有泉声淙淙成涧，想透穴而出者”“坝南有场在阜间”“坝乃自然石滩横截，涧水飞突其上”“有泉出路旁土中，其冷彻骨，南下泻壑去”“有三四人憩石畔，因倚杖同憩”“是日晴霁竟日，夜月复皎”“乃饭于川人旅肆；送火钱，辞不受”……这些细致入微诗意般的描写，不仅代表着一种轻快而感动的心情，也代表着一种态度。这是对自然、社会景物灵性的发现和书写，使山水、道路、村寨等景观，与旅行者的心灵交相辉映。对此，清初学者潘耒（字次耕）评价，霞客之游“先审视山脉如何去来，水脉如何分合，既得大势，然后一丘一壑，支搜节讨”“读其记而知西南区域之广，山川多奇，远过中夏也”。

除此之外，游记对当时花溪地区的道路交通、地方人事也有较多介绍。文中特别提到时贵阳军民府属的金筑安抚司、青岩指挥同知（土守备）、卢番长官司等土司土官。这体现了徐霞客作为一名儒士，对社会历史的一种关照与担当。

元明清时期，贵州是西南地区最早实行土司制度的地区之一。明初贵州建省，就是以思南、思州土司的“改土归流”为开端。有明一代二百七十年，贵州经历大小战争的年份达一百四十五年。尤其是在经历了“万历三大征战”之“征播之役”后，几乎耗尽了明廷的国力。至明末“奢安之乱”后，明朝逐渐走向衰落，即所谓“贵阳甫定，而明亦旋亡矣。”明末从万历到天启年间，虽然贵州经历了“血与火的洗礼”，但土司问题并没有得到完全解决。可以说，贵州的土司问题，仍然是当时士人官宦关心关注的一个重点。

在这两天不足百里的行程中，徐霞客用峡、溪、梁、山、峰、崖、麓、坡、屏、阜、冈、岭、坞、隘、脊、壑、穴、洼、涧、水、泉、树、箐、城、屯、堡、场、寨、铺、肆、桥、路、坝、田、家（农家）等数十个字词，来形容和描述自己所见所闻，真实记录了当时花溪的自然山川、社会人事，实为花溪之幸！

清初学者钱谦益评说：

> 徐霞客千古奇人，《游记》乃千古奇书，此世间真文字、大文字、奇文字，不当令泯灭不传！

今人张新民教授评价云：

> 霞客之游不同于常人者，实为性灵之游，出尘之游，诗意之游，生命之游！

时下，花溪区是文化和旅游部公布的全国首批七十余个国家全域旅游示范区之一，旅游产业化方兴未艾、如火如荼。而徐霞客，则是花溪的第一位“游客”。

游花溪者，不可不读霞客游记。

今日水边寨（2017年　摄）

徐霞客游花溪

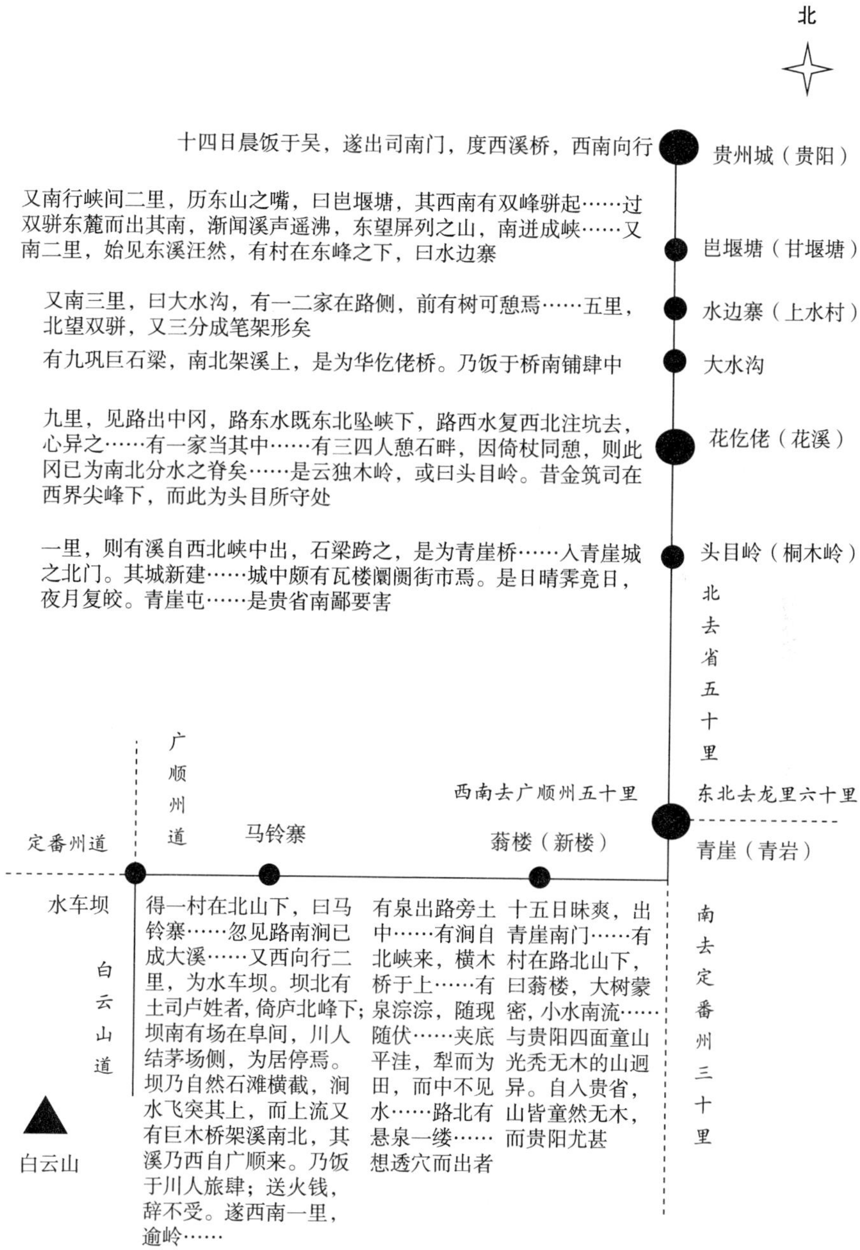
北
十四日晨饭于吴，遂出司南门，度西溪桥，西南向行
贵州城（贵阳）
又南行峡间二里，历东山之嘴，曰邑堰塘，其西南有双峰骈起……过双骈东麓而出其南，渐闻溪声遥沸，东望屏列之山，南进成峡……又南二里，始见东溪汪然，有村在东峰之下，曰水边寨
邑堰塘（甘堰塘）
又南三里，曰大水沟，有一二家在路侧，前有树可憩焉……五里，北望双骈，又三分成笔架形矣
水边寨（上水村）
有九巩巨石梁，南北架溪上，是为华仡佬桥。乃饭于桥南铺肆中
大水沟
九里，见路出中冈，路东水既东北坠峡下，路西水复西北注坑去，心异之……有一家当其中……有三四人憩石畔，因倚杖同憩，则此冈已为南北分水之脊矣……是云独木岭，或曰头目岭。昔金筑司在西界尖峰下，而此为头目所守处
花仡佬（花溪）
一里，则有溪自西北峡中出，石梁跨之，是为青崖桥……入青崖城之北门。其城新建……城中颇有瓦楼阛阓街市焉。是日晴霁竟日，夜月复皎。青崖屯……是贵省南鄙要害
头目岭（桐木岭）
北去省五十里
西南去广顺州五十里
东北去龙里六十里
青崖（青岩）
广顺州道
定番州道
马铃寨
翁楼（新楼）
水车坝
白云山道
白云山
得一村在北山下，曰马铃寨……忽见路南涧已成大溪……又西向行二里，为水车坝。坝北有土司卢姓者，倚庐北峰下；坝南有场在阜间，川人结茅场侧，为居停焉。坝乃自然石滩横截，涧水飞突其上，而上流又有巨木桥架溪南北，其溪乃西自广顺来。乃饭于川人旅肆；送火钱，辞不受。遂西南一里，逾岭……
有泉出路旁土中……有涧自北峡来，横木桥于上……有泉淙淙，随现随伏……夹底平洼，犁而为田，而中不见水……路北有悬泉一缕……想透穴而出者
十五日昧爽，出青崖南门……有村在路北山下，曰翁楼，大树蒙密，小水南流……与贵阳四面童山光秃无木的山迥异。自入贵省，山皆童然无木，而贵阳尤甚
南去定番州三十里

白云山道

明崇祯十一年（一六三八）四月十五日，徐霞客出青岩南门前往此行目的地广顺白云寺。沿着今青马公路（县道 X114）步行约十二公路，至马铃水车坝。

明惠帝建文元年（一三九九）七月，燕王朱棣在北平起兵发起靖难之役。三年十二月，燕兵攻入南京，“宫中火起，惠帝不知所终”。随后，燕王入京即帝位，是为成祖。建文帝是死了，还是逃了？“帝不知所终”这句话说得模棱两可，成了其后困扰朝野百余年的一个“谜案”。当时出现了很多关于建文帝下落的书和传说，其中一说，便是建文帝流落西南诸省。明成祖派礼部尚书胡濙到全国各地寻找建文帝，前后找了二三十年。有专家分析指出，设贵州省、派郑和下西洋，恐均与此有关。

为什么经过一百多年还搞不清楚？吴晗先生认为，“明成祖和建文帝之间的斗争，是保持还是改变明太祖所定的旧制度的斗争”。在此情况下，不少知识分子通过“编造”建文帝的故事和传说，来表达他们对时政的不满。因此，关于建文帝的传说就越来越多了。

贵州一地，关于建文帝的遗迹和传说也很多，甚至还有自称是建文帝后代的。在这些传说中，最著名的是白云寺。

在水车坝午饭后，徐霞客便兴致勃勃地沿着白云山道向白云寺前行，追寻传说中的“建文遗迹”。关于这段行程，他在游记中是这样描述的：

由溪（今马铃河）南岸逾岭上，为白云山道……遂西南一里，逾岭。又行岭夹中一里半，乃循山南转，半里，又东转入峡。半里，峡穷，乃东南攀隘上，其隘萝木蒙密，石骨逼仄狭窄。半里，逾其上，又东南下，截壑而过。半里，复东南上，其岭峻石密丛更甚焉。半里，又逾岭南下，随坞南行，一里，是为八垒。其中东西皆山，南北成壑，亦有深坎，坠成眢井即枯井，而南北皆高，水不旁泄者也。直抵壑南，则有峰横截壑口，四骈隘如阈门槛，东联脊成岭。乃东向陟岭上，一里，逾其脊，是为永丰庄北岭，即白云山西南度脊也。乃南向下山，又成东西坞，有村在南山下，与北岭对，是为永丰庄……

徐霞客一路翻山越岭，虽然道路曲折连绵、树密丛深，却没有丝毫“贵州没天理，十里当五里”似的抱怨。游记用岭、峡、隘、壑、坞、坎、脊等词，描写了这段长约十里的山路。

关于这条道路，明崇祯年间贵州按察使胡运平《题建文帝阁碑记》写道：“其地（指白云寺）间于定番广顺之间，纡途十里许，径徊涧曲”“湫隘芜杂，益居荒僻，文人官盖不尝游憩焉”，另有“碧草千丛围佛坐，青山万垒锁禅帏”等诗句。

清道光《广顺州志》录有白云山诗文数十篇，尤其以名“吴澍”者诗作为多，其中有：

一出团茶即上山，羊肠曲步几多湾。未临僧院闻鸡唱，方到山腰见鸟还。乔木森森青帐裹，白云冉冉翠微间。重楼殿阁曾瞻仰，清爽怡人万虑删。（《上山吟》）

白云遥望在山坡，并辔同游三渡河。一路行来人迹少，沿山听去鸟声多。才观幽径迷秋草，转见悬崖挂薜萝。行至团茶聊憩马，纤徐缓步出林阿。（《在路吟》）

曲径通幽上碧岑，白云一片静禅心。山灵惯解人游赏，时送松风度好音。（《登白云峰顶》）

查州志并无“吴澍”其人，有名“吴如澍”者，为贡生。不知是否为同一人。另有吴正世《游白云山》：

白云深处好逃禅，半臂袈裟永著肩。今仰至尊金阙相，定知万古御南天。

此外，清道光《贵阳府志》载有王履生《广顺道中》，程春翔《广顺道中》：

不尽黔中景，风光逐处生。晴峦飞远翠，野水漾空明。山鸟呼春醉，村花带笑迎。烟村刚入望，又听午鸡鸣。

荒原鸟道绝耕耘，一线天开万壑分。影暗高林迷鹤径，声闻空谷出猿群。俄惊绝涧泉如雨，偶过悬崖石似云。漫说深山深处好，如今车马亦纷纷。

明清鼎革之际，参禅、逃禅之风盛行，所谓“明季遗民逃禅，示不仕决心也”。南明永历政权和孙可望大西军中的一部分文臣武将以及贵州本地的一些知识分子不愿仕清，但又深感偏居西南一隅前途渺茫，为寻求精神上的寄托，纷纷参禅、逃禅。白云山地处荒僻，人迹罕至，加之传说有明朝建文帝手创白云寺，的确是一个参禅、逃禅的好地方。

同其他乡村道路一样，这条白云山道早已废弃，淹没在密林深菁中。取而代之的是从马铃至团茶的马团公路，编号 X015。

现在，沿着马团公路可车行、步行或骑行。在长约十公里、从海拔一千米的马铃到一千四百米的白云寺，仅有关塘、牛皮菁、对门寨等几个小村寨，掩隐在重峦叠嶂中。道路蜿蜒曲折，周遭山峦起伏、云雾缭绕、鸟语花香，很少遇见过往行人和车辆。数百年来，那些沿着徐霞客的足迹、寻找建文遗踪的僧客文人，行走在蜿蜒曲折的山间小路上，或心里一直默默念着“只在此山中，云深不知处”。

想起那首著名的唐诗《题破山寺后禅院》：

清晨入古寺，初日照高林。
曲径通幽处，禅房花木深。
山光悦鸟性，潭影空人心。
万籁此俱寂，惟闻钟磬音。

作者常建是唐代诗人，开元十五年（七二七）与王昌龄同榜进士。仕途不得意，后往来于山水名胜，长期过着漫游的生活。

马团公路（白云山道，2017年　摄）

马　铃

马铃是花溪区的一个乡，乡政府驻马铃寨，因寨后山形似“天马驮铃”“天马系铃”而得名。

马铃原名马龄、马林，在元明时期隶属金竹长官司，明末改土归流后隶金竹府。直到清道光年间，马铃寨仍名“马林”。清代，马铃与水车坝、青岩等地同属广顺州首善里。民国三十年（一九四一）以前隶属长顺县，后划入贵筑县。

旧时黔地风物多“天马”，寓意吉祥。时《广顺州志》“广顺八景”中有“天马呈图”一项，但那是指州城（今长顺县广顺镇）城北景象，即“州治之北，高山特起，庄严雄秀，西南北三面诸山拱揖，环卫州城依之。玉带河曲绕其下，汇湖于南，天然图画也。”

马铃在花溪西南一角，与长顺、平坝、惠水三县接壤。明清时期，是贵阳府属广顺州、程番州与安顺府三地交通接合部，地理位置显赫。近代以后，随着公路交通的突飞猛进，现在的马铃几乎是处在省城贵阳西南边陲的一个“死角”上。居住在贵阳的市民，恐怕很少有人知道这一地方。就算是花溪人，对马铃的了解大多也仅限于马铃“冷水鱼”。此外，在花溪、青岩或孟关的场集上，偶尔也会听到“正宗马铃酸汤豆腐”的叫卖声。

直到今天，马铃仍是从贵阳走青马公路前往白云山的必经之地，这是一条捷径。除此之外，也可以走银百高速或国道G212、G312经长顺改尧后再经县道X015绕行前往。

历史上，对马铃地方描述最多的，无疑是明末崇祯年间的徐霞客。在《游记》中，徐霞客用了八百余字，对四月十五日当天经过马铃的道路及周边地理环境作了详细的描述。其中提到时马铃地处广顺州道、白云山道、定番州道交会处，以及卢姓土司、水车坝等。最打动人心的，则是“乃饭于川人旅肆；送火钱，辞不受”一句，这恐怕是徐霞客自三月二十七日入黔以来心情最愉悦的一天吧。

《明实录》所载天顺年间的“东苗之战”中，提到“克水车坝等一百四十七寨”等，可知最初这一带是东苗居所。元明时期，今惠水地方“八番十二司”中有“卢番长官司”。徐霞客在游记中的提到的卢姓土司，估计是在明廷平定“东苗之乱”后迁入此地的今惠水卢姓布依族的一支。而与之毗邻的马铃寨，则是由设卡屯戍的汉族军士、商户、农户所立新寨。

马铃设“场集”的历史久远，清道光《贵阳府志》载“有马林场”。现场集设在乡政府所在马铃寨青马公路上，在约三百米的道路两旁，除乡政府及一些农村服务机构外，以小型百货超市、杂货店、饮食店居多。看得出来，这些商铺以服务过往车辆行人为主。

一到星期四赶场天，市场便在仅一、二百米的公路两边展开，货物以乡场上常见的农业生产用具、日用百货、蔬菜、猪肉等为主，几乎没有什么“特产”可言。据村民介绍，长顺改尧酸汤豆腐的质量，要优于马铃酸汤豆腐。贵阳转转场上叫卖的“马铃酸汤豆腐”，大多来自改尧。

虽然赶场人不多，但由于有过往汽车、摩托车不断经过，因而场面就显得较为拥挤。除了以“转转场”谋生的商户兜售各类农村常用商品外，大多是附近乡属革约、牛皮箐等寨村民，以出售自己种植的蔬菜、黄豆、鸡蛋等为主，也有卖自制烟叶、米酒的，且多以现金支付方式完成交易。没带现金的游客不用着急，那些坐摊和赶“转转场”的商户都很乐意帮忙，代其用微信收款。

马铃场，可能是花溪地区最小的“场”。与其说是一个场，不如说是每周定期开放的一个中型“露天超市”，以服务周边村寨为数不多的农户为主。

区志记载，距离乡政府七公里的凯坝村也有场，“逢戌日集，平坝、长顺县附近村寨群众习惯赶此场”。据村民说，现该“场”已取消。同时，由于交通条件的改善，本地村民赶附近青岩场（周日）、长顺改尧场（周五），以及平坝马场（周日）的要更多些。

据村民介绍，“天马系铃”图，要站在寨子对面山腰马团公路上才能识见。大致情形是：每当白云飘过时，可见一匹高大威猛的骏马由云端而出，自西向东从寨子上方呼啸而过，栩栩如生。而系在骏马身上的铃铛，正好落在寨子中央现乡政府所在的后山上。

寨子里有井，在青马公路右侧现乡政府大门一旁山脚下。当地人称“碓窝井”。井口出水处在一洞内，因洞内巨石形似“碓窝”而取名。清道光《贵阳府志》《广顺州志》均有记载，时称“冒井”。其中，州志描述：

冒井在首善里马林场，水逢春夏涌甚，遇晴必先清三百日，雨必先浊三百日，凡水涌时常获鱼数百斤，康熙间有乡民获巨鱼一尾带银牌，上刻“云南洱海”四字。

从现有史料传说来看，明清时期，同时到过长顺白云山和云南洱海的有三人：建文帝、徐霞客和清初贵州诗人程春翔。

此传说寓指何人何事何意，不可得知也。

马铃寨（2017年　摄）

溪南屯堡

屯堡，是明代军屯制度在贵州留下的历史文化产物。有学者研究认为，“屯是军屯，主要是驻军、扎营。堡是民屯，外来汉民定点扎寨，垦荒务农，负责供应驻军给养。”概而言之，屯堡是与戍守道路交通、立寨设卡、垦地筹粮、移民实边等有关的一种国家政策和制度。

说到贵州屯堡，人们首先想到的是安顺。安顺因其“黔之腹滇之喉”的地理位置，是明代贵州屯堡分布最多、密度最大且至今保存最为完整的地方，所谓“天地为盘，屯堡为棋”。明初安顺三卫普定（今安顺西秀区）、平坝、安庄（今镇宁），共立有屯堡约三百个。

由于地处西南腹地，明初在贵州地区广置卫所。终明之世，先后设有上六卫、中二卫、下六卫、边六卫、西四卫等共计二十四卫（时四川十七卫、云南二十卫），以及两个直隶千户所。其中的“中二卫”，指的是贵州卫和贵州前卫，在今贵阳地区。

贵州卫设立于明洪武四年（一三七一），是明朝在今贵州地区最早设置的军事组织。洪武二十四年（一三九一），又增设贵州前卫。贵州二卫共立屯堡百余个，其中，在今花溪南部有花溪、青岩、孟关等乡镇共十四个，分别是：

> 贵州卫属桥头堡、大酸汤堡、小酸汤堡（以上三堡，均在今花溪镇上）、孟官堡、陈亮堡、谷立堡、改貌堡，以及惠水的上马桥堡。
>
> 贵州前卫所属傅官堡、杨中堡、杨眉堡、青岩堡、摆托堡、余庆堡。

同其他地方一样，溪南屯堡大多设置在交通沿线的平坝上。这里面，既有军屯，也有民屯和商屯。过去，以今花溪、陈亮、孟关一线为界，有三条北连贵阳南通青岩的道路，分别是：花溪—桐木岭—青岩、陈亮—杨中（杨梅）—桐木岭—青岩、孟关—杨眉—摆托—歪脚—青岩。这一分布，同溪南地区的地形地貌基本是一致的。它们处在青岩—花溪槽谷盆地上，既是交通线，也是山间河谷平地，土地相对肥沃，水源充足。除屯田、弹压和镇守之外，还控扼守护着从惠水到省城贵阳的“粮道”。

明朝实行屯田制度，“军队要参加生产，自己生产粮食供应自己的需要，国家再补贴一部分。”《明史》记载：“明初，各镇皆有屯田……凡有卫所之处皆有屯田”“惟我朝之制，就在卫所所在有闲空之地分军以立屯堡，俾其且耕且战”，这里指的是“三分守城，七分屯种”的军屯。

关于“屯守”贵州，明天启五年（一六二五），贵州巡按御使傅宗龙条上“以守为屯”治黔方略。大意是讲贵州和四川的情况不一样，蜀“以屯为守”，而黔“以守为屯”。在贵州，先守“而后可以议屯”。就是说，先要有驻军守住，之后才能招民屯田。明代贵州的屯田，是以军屯为先锋并以军屯为主的。这同当时贵州地区汉族人口稀少有关，所谓“黔不患无田，而患无人”。除军屯外，还有民屯和商屯。

民屯，按《明史》所说：“其制，移民就宽乡，或招募或罪徙者为民，皆领之有司，而军屯则领之卫所。”明代实行军民分治，“卫所治军，郡邑治民”。明代贵州是“移民实边”的重点地区之一，大量移民涌入贵州大兴屯田。

商屯，即“明初募盐商于各边开中，谓之商屯”。所谓“开中”，就是令盐商将粮食运往边疆卫所，换取“盐引”（购盐的凭证），然后运盐销往边地。贵州自古不产盐，加之路途遥远、道路艰险，交通极为不便，于是招民就地屯种，以粮换盐引，谓之“商屯”。

时贵州“为天下第一贫瘠之处”，加之不堪卫所军官的压迫剥削，至明正统（明英宗，一四三六—一四五六）以后，大量兵士逃亡，致使“有屯田之名，而无屯田之实”，屯田逐渐废弛。这在当时各级官员的奏折中，有很多陈述：

> 贵州等二十卫所屯田九十五万七千六百余亩，所收子粒足给军实，而屯田之法久废，徒存虚名。良田为官豪所占，子粒所收百不及一，贫穷军士无寸田可耕，妻子冻馁，人不聊生，诚为可虑。
>
> 湖广、贵州奸狡旗军，畏惧征操，各携妻孥逃回原籍；又有千百户等官买嘱卫所，假作公差，在外延生；湖广、贵州、云南等处哨堡官旗率不用心，以致军士在逃，器械不备。

卫所官多非其人，玩愒苛禄，贪墨无耻，私役壮卒，而以老弱就操，况其中不识行阵，不谙方略者尤众。

贵州有百户坐以军粮卖银。

贵州卫所、站、堡、旗甲军人往差逃亡，十去八九。

贵州四面皆蛮夷，所可知者，知府若卫军民之数甚寥落也……百八十余年来，地方多事，逃亡事故，十去八九，坐是田地荒芜，子粒无征。

与此同时，随着土地关系从领主经济到地主经济的转变，“科田”却欣欣向荣起来。

明代实行严格的户籍管理制度，将全国人民分为军、农、匠三大籍，世袭相传。“一人在军，全家同往”，卫所官兵都必须带家眷。现役军士为“正军”，家里一人辅佐正军料理生活的为“军余”，军官子弟称“舍人”。军余、舍人及家属，可在卫所辖区内开垦土地，三年后起科（纳税），称为“科田”。

科田因为是军余自种的田，按亩计算，纳粮少，所以很快发展起来。由于屯政腐败，卫所官军擅自将屯田改为科田，广招四方流民耕种。至明末万历年间，贵州卫“半抛荒田七千六百七十八亩七分，招集民人三百三十四名佃种”，贵州前卫“仅存屯军460户，抛荒屯田8417亩，招民人389人耕种”。

对此，有专家分析指出：由于军事防御的需要，屯和堡在早期存在选址、布局、形制和建筑上的差异。到后来，则因屯政衰落而差异模糊。至明末天启年间水西“奢安之乱”时，为解决民困兵缺难题，御史王祚昌提出“家自为塾，户自为堡”的屯堡经营策略。这样一来，“单体堡聚集而成的大堡反而取代了原来线形围合的堡墙”，从而使原屯堡聚落开始向外扩展。这是我们今天所看到的屯堡村落布局和建筑形式。至清代“咸同之乱”时，各屯堡村落又纷纷在附近山上增设“营盘”以求避乱和自保。

同时，由于屯田变科田，军田不存，也使得“官堡”逐渐化为“家堡”，原有屯堡逐渐被地方大姓或权势人物私占。至清代裁卫并州，屯军完成“军转民”，屯堡便演变成为一种普通的乡村聚落形态，逐渐丧失其作为“军事堡垒”的地位和作用。

傅官堡（2019年　摄）

溪南屯堡

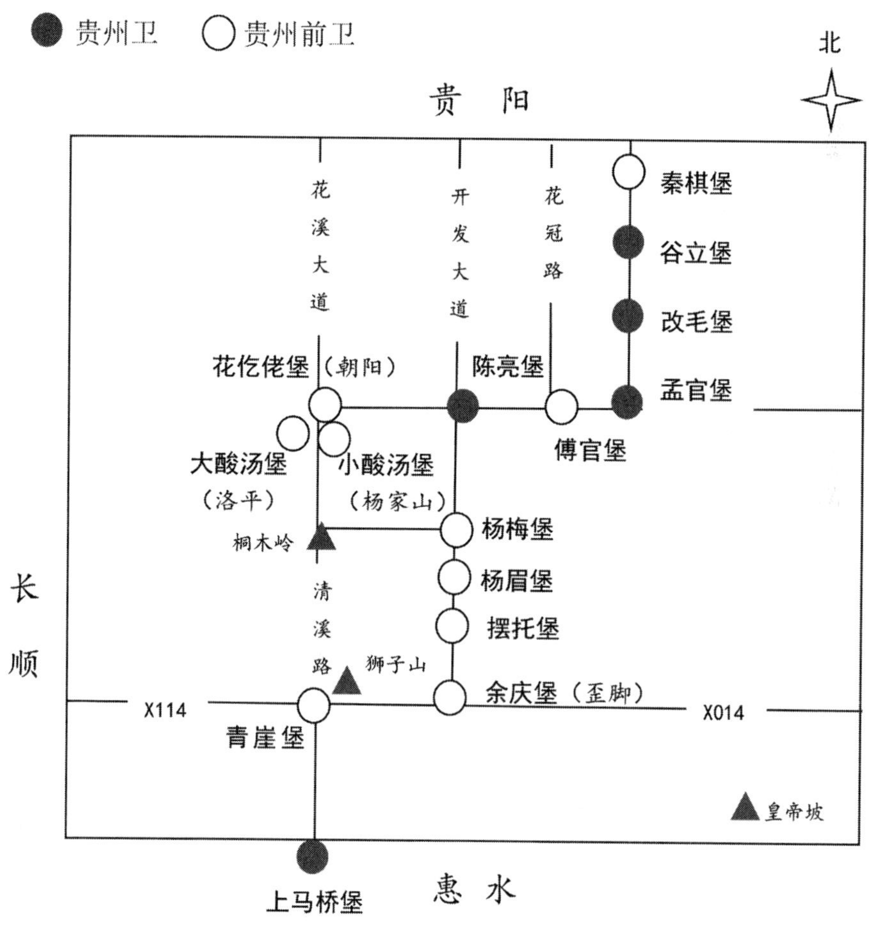

贵州卫
贵州前卫
北
贵 阳
惠 水
长顺
龙里
花溪大道
开发大道
花冠路
秦棋堡
谷立堡
改毛堡
孟官堡
傅官堡
陈亮堡
花仡佬堡（朝阳）
大酸汤堡
（洛平）
小酸汤堡
（杨家山）
杨梅堡
杨眉堡
摆托堡
桐木岭
清溪路
狮子山
余庆堡（歪脚）
X114
X014
青崖堡
皇帝坡
上马桥堡

溪南屯堡人

明代建国之初，守卫边防是首要任务。蒙元政权虽退出中原，但并没有灭亡，只是退守漠北。在明朝存续的二百多年里，蒙古势力一直没有停止对中原的袭扰，用吴晗先生在《明朝简史》中的话来说：这里原来是他们的领地！

除了防卫来自北方的威胁侵扰之外，西南地区因蒙元残余势力的存在，也是明初防卫的一个重点。尤其是“忽必烈大迂回”先灭大理、后灭南宋的巨大成功，让明廷认识到了云贵高原重要的战略价值。而贵阳，则因“襟川带粤、枕楚距滇”而成为云贵高原的“七寸”。

清初顾祖禹在《读史方舆纪要》中形容贵州形胜：

> 尝考贵州之地，虽偏隅逼窄，然驿道所经，自平溪、清浪而西，回环达于西北，几千六百余里。贵阳犹人的胸腹，东西诸府卫犹人之两臂。扼平越、永宁，拒川蜀之师，则川蜀未敢争也；拒普安、乌撒，以临滇、粤之郊，则滇、粤不能难也；守偏桥、铜鼓以当沅、靖至冲，则沅、靖未争也；一军出思、黔，下重庆，敌疑我之驰萌也！问途沔北，顾盼长安，而天下襟吭且为我所矣。而以一军东指辰、沅，声言而下湖南，而卷甲以趋湖北，武陵、澧阳不知其所守。膺击荆南，垂头襄阳，而天下之腰膂已为吾所制矣！

因此之故，明初“开一线以通云南”，并于沿途大量屯军，一方面是开疆拓土，另一方面也是为了巩固西南边防。

蓝勇研究认为，汉代以来，中原汉族移民“西南夷”地区，主要以四种方式进行：一是屯田，二是筑路，三是通商，四是设置郡县。明代开发贵州地区，也是沿袭这一传统策略，尤其是以“立堡屯田”为先锋。

明初，明太祖朱元璋在元末二十年长期战争的废墟上，采取了一系列恢复和发展农业生产的措施。其中最重要的一项政策，就是大量“移民就宽乡”。移民的数量很大，“一移就是几万家，甚至十几万家。迁移的民户到了新的地方之后，政府分配给他们土地。这些土地，就是一些在战争中被消灭的大地主的土地或无主荒地。此外，政府还给耕牛、种子、农具，并宣布新开垦的荒地几年内不收租，鼓励他们的生产积极性。”

有明一代，朝廷在贵州大兴屯田，形成了贵州历史上最大规模的移民。至宣德年间（一四二六—一四三五），“贵州诸卫城池二十有六，屯堡七百有余”。一说“以24卫（每卫员额5600人）计算共立屯堡近1200个”，驻军及随军家属共数十万人，“按额合计军户134400户，以五口之家计算，其人数约67万馀”。加上“移民就宽乡”“调北填南”而产生的大量民屯、商屯，大批军户、民户、匠户随军迁入贵州。

明嘉靖《思南府志》记载：“每遇荒年，川民入境内就食。正德六年（一五一一）流入境数更多。……传闻今年（指嘉靖九年，一五三〇）流民入境者络绎不绝，布满村落，已不下数万”，他们“亲戚相招，缠足而至，有来无去”“弘治以来，蜀中兵荒，流移入境，而土著大姓将空闲山地招佃安插”。

据统计，明代贵州（不含今遵义地区）人口从洪武二十四年（一三九一）的九十六万，增至崇祯二年（一六二九）的二百五十万。当然，这不包括当时居住在贵州的主体民族“夷民”即少数民族人口。根据明洪武十四年（一三八一）法令规定，在编赋役黄册时，“凡云贵流官土官附近驯熟通汉语者编造，其余夷民不造”。也就是说，少数民族人口未编入户籍。另外，也有大量“逃户”“流民”“附籍”者未编入户籍，嘉靖时甚至有“民间口之不入籍者十漏六七”一说。

无论军屯、民屯、商屯，所种之田都谓之“官田”。耕种者（“屯民”）没有土地所有权，只有耕作权利，其实就是“国家的佃农”，是“穿军装和不穿军装的农民”。

今贵阳地方，在元代由于驿路开辟就已形成“万马归槽”之势。明代贵州建省和大规模集团性移民，使之成为“五方杂处”之地，“郡人多中州迁来”。溪南地区原大多为贵竹（金筑）长官司所辖，后因“悉皆土著汉民”“皆流寓子孙”而于万历年间改土归流。

蓝勇认为，贵州屯堡人以明代通过屯田、经商、戍边的江南籍（今江苏、安徽、上海等）、江西籍为主，部分为湖广、四川籍。明嘉靖《贵州通志》记载：(贵州布政司宣慰司）“旧《志》郡人多中州迁谪，故服食器用咸尚朴实，间有侈靡者，群皆笑之”“旧《志》崇尚儒术，以气节相高，而耻为污下事”“郡内多汉人，礼乐文物与中州诸大藩等，王化大行”，（贵竹司）“多出腹裹中州，前代仕宦经商流移至此，岁久遂家焉，风俗纯厚，率多尚礼，以耕为乐，不喜华靡，尤重于婚丧，有中州遗风”。

他们世代务农，践行“耕为本务，读可荣身”“朝为田舍郎，暮登天子堂”的耕读理想，孕育出了“云贵第一状元”赵以炯、“黔中诗帅”周渔璜、清末“贵州剪辫第一人”平刚等杰出人物。有清一代，仅青岩及其周边就出了五十多名秀才、举人。

一九〇二年十月，日本人类学家鸟居龙藏在途经安顺屯堡时写道：“这些被派来的士兵，主要来自江南……经历漫长年月后，他们及子孙不知不觉间完全变成了贵州的农民。”

今天，随着“资源变资产、资金变股金、市民（农民）变股民”的城乡“三变”改革，以及如火如荼的“城中村改造”“棚户区改造”，这些“农民”又变成了“市民”“股民”。

六百年来，屯堡人从“穿军装和不穿军装的农民”，到“完全的农民”，再到“市民”“股民”……伴随着贵州地区内地化的进程，他们在历史的边缘，用自己的角色变迁演绎了中国人的“家国天下”。

陈亮堡接龙桥（2014年　摄）

吴中蕃墓

芦荻在花溪区石板镇，因近年来开发国家4A级景区天河潭而有名。景区内有吴中蕃墓，有网友称之为“天河潭唯一货真价实的人文景点”。

吴中蕃（一六一八——一六九五），贵阳人，字滋大，一字大身，晚号今是山人。晚年先居贵阳梦草池，后隐居贵阳花溪石板芦荻寨。

“一生戎马内，毕世乱离间”，是吴中蕃一生的真实写照。明清易代之际，中蕃以大明遗民自居，虽抱定“守节奉明”之志，却“两次出仕和两次归隐”。对此，陈垣先生作《明季滇黔佛教考》评价说：

> 噫！遗民易为，遗民而高寿则难为。吴中蕃明亡后五十余年未卒，不能不与当世委蛇，几乎晚节不保，为天下笑。

吴中蕃于明崇祯十五年（一六四二）中举，两年后，清军攻陷北京。南明永历政权期间（一六四七——一六六二），先后任遵义知县（永历四年）、重庆知府（永历八年）、吏部文选司郎中。一六五八年，“因言事忤旨”或因“大清平云贵，奉母弃官逃入山中”，后“以云南知府召，力辞而止”。有诗《得允滇郡之辞，酬胡止戈见美诗》记云：

四十投簪亦未迟，尚惭元亮已先之。
山山芝美将奚待，岁岁薇柔好共谁！
岂是长歌真当哭，敢云浊饱不如饥。
一身去就寻常事，焉用夸明诧决为。

中蕃时年四十，欲弃官学陶渊明（字元亮）归隐田园，这是他第一次入仕到隐居。

莫友芝称中蕃“承祖、父遗风”。其祖吴淮“幼称奇童……举三十一年（一五五二）乡试第一。知铜陵县，以清节闻。擢刑部主事，转工部员郎，户部郎中。诸曹多所厘剔。忧归，遂坚卧不起，优游林下三十余年”。其父吴子骐，“举万历四十年（一六一二）乡试，矜尚气节”。一六四七年大西军入黔时起兵抗敌，“力竭被执，不屈死。”

清康熙十二年（一六七三）十一月，占有云贵的平西王吴三桂打着“兴明”旗号反清，很快占领云、贵、川、湘、桂、闵及陕、甘、鄂、赣、浙部分地区。康熙十五年，吴中蕃往云南入三桂幕。康熙十七年三月，吴三桂在湖南衡阳称帝，八月“暴病而死”，孙吴世璠自昆明赴衡阳继位。

时清军在军事上已取得绝对优势，至康熙十八年，清军先后夺回湖南、广西等地，吴军止守云贵两地。为笼络人心，康熙曾接连下诏云贵两地：“逆贼煽乱以来……且当时倡叛，罪止吴三桂一人，所属人员均系胁从，情可矜恕。今特颁敕谕，再行招抚……”是年，中蕃返黔归家。对中蕃的这一段经历，民国《贵州通志》引《吴氏族谱·中蕃传》说：“丙辰（一六七六），中蕃入滇，将致身焉。继而三桂有异志，知其不可止，拂依而归，于己未（一六七九）正月抵家。”这是他第二次入仕到隐居。

专家评述，明清鼎革之际，士人“必须做出仕宦与归隐、抗争与顺从，甚至生存与死亡的抉择……于是便会表现出多彩多姿的人生面相”。有仕清而被列为“贰臣”的文坛领袖钱谦益，有代表遗民气节“绝食而亡”的一代大儒刘宗周，也有不介入政治而保持文人自由闲散的张岱，还有以逃禅“示不仕决心”的方以智、钱邦芑等。在贵州，则有陈启相、郑逢元、黎怀智、陈士祥、程源、孟本淳、朱文等文人仕宦，纷纷以逃禅、归隐等方式欲保全其遗民志节。

然而，如戴名世所说：“明之亡也，诸生自引退，誓不出者多矣，久之，变其初志十七八”。黄宗羲则说“年运而往，突兀不平之气，已为饥火所销铄”“落落寰宇，守其异时之面目者，复有几人?”时人“为人事衣食所累，神识趋向，渐异于旧”。对此，著名学者陈平原说“风节在时间中的迁改，复杂化了遗民行为的意味”。

这种“复杂化了”的遗民行为，正如一位学者所分析的那样：“身处易代之际的士人，被诸方势力所牵扯，被各种利益所诱惑，被不同价值观所左右，于是便存在选择的多种可能性。”其群体行为，表现出变异性、过渡性与矛盾性的特点。例如，“黄宗羲是明清之际著名的遗民代表，他的确始终坚守了遗民的气节，但他何以会自身不入仕新朝却同意其子侄辈参与撰修《明史》，甚至为其出谋划策。”

易代之际，中蕃多次婉拒清廷征召，却两度入志局主持编纂《贵州通志》。第一次是在康熙十二年（一六七三），“贵州巡抚曹申吉创修《贵州通志》，聘吴中蕃、潘驯领志局。历时六月，成书三十三卷。旋因吴三桂叛乱而板毁书佚。”第二次是在康熙三十一年（一六九二）正月，巡抚卫既齐议修《贵州通志》，以吴中蕃领志局，周渔璜等分任编纂，十月告成。时吴氏已七十四岁高龄，有《再入志局》诗云：“犹是华阳旧荐书，可堪回首廿年余。才因患难都消尽，识赖磨砻略胜初”。莫友芝评述，“中蕃两应聘修《贵州通志》，其叙事，甚合史法”。

吴中蕃十分器重参与编志的周渔璜等青年才俊，“以逸民树后生标准。周渔璜、刘子章道闇诸老，皆以诸生得奖借，成大名”（莫友芝评语），并与周渔璜成忘年交。次年，渔璜中贡士旋改翰林院庶吉士，有诗《秋怀滋大》云“劝影先生独耐秋，苦吟到老不能休。谁知心是开元曲，留在西南斗大州”。康熙三十四年（一六九五）中蕃去世，时年三十一岁的周渔璜在京作《舍弟书来，传滋大卒矣。客中，憾不能一奠》悼云：

庆历风流不可期，见公谈笑我心知。
百年风月吹蓬鬓，两度沧桑照寸眉。
前辈有文终坎壈，后生虽长未数奇。
从今故园徽弦暗，不向乡关再论诗。

中蕃一生著述甚多，尤以诗名传世。康熙十八年（一六七九）五月，辑故篇一千零九十一首，以《敝帚集》十卷存世。

清人孔尚任将中蕃诗与杜甫、屈原相比，多有过誉之处。或因“黔处天末”之故，其欣然为之作序有云：

> 观其诗，则身隐焉文之流，多忧世语，多支离漂泊、有心有眼不易告人语。屈子之闲吟泽畔，子美之放歌夔州，其人似之，其诗似之……杂体千余首。即中原名硕素以诗噪者，或不能过之。乃知其中未尝无人……使天下知黔阳有诗，自吴滋大始，岂非盛事！

此外，孔尚任在《序》中还说：

> 予尝作《官梅堂诗序》，论十五国人才多寡之数，以十分为率：于吴越得其五；齐鲁、燕赵得其三；秦、晋、巴蜀得其一；闽、楚、粤、滇得其一，而黔阳则全无。非全无也，有之而人为知，知之而不采，采

之而不能得，等于无耳。

此论，当泛指历朝历代皆有“知人善任”之憾事，恐非特此当年黔阳也。

莫友芝选中蕃诗三百余首编入《黔诗纪略》，并作《吴滋大先生传证》，称其“忠义文章，推吾黔有明一代后劲”“其为诗独抒所见，粗服乱头，不屑句揉字炼以为工，而质厚气苍，自然瑰异……而综其生平，尤于彭泽（指陶渊明）为近，其诗品之相较亦然，不必貌似”，似较为中肯。

成语“敝帚自珍”，意指把自己家的破扫帚看成价值千金的宝贝，很爱惜。出自陆游《秋思》：“遗簪见取终安用，敝帚虽微亦自珍。”如中蕃在《自叙》中所云：“家有敝帚，享之千金……虽然春鸟鸣春，秋虫吟秋，见其所然，言其已然，亦各适其意而已。”

民国九年（一九二〇）三月，时主持纂修《贵州通志》的任可澄作有《芦荻哨》一诗云：

挥鞭重过旧山亭，芦荻全荒野青青。
何处高人留第宅，当年大树此飘零。
到头世事余歌哭，过眼溪山杂醉醒。
匹马西风无限意，瓣香长与荐芳馨。

其中，“何处高人留第宅”，指“吴滋大先生乱后移居于此”。“到头世事余歌哭”“匹马西风无限意”两句，似评价中蕃“一生戎马内，毕世乱离间”一生。“当年大树此飘零”等句，则是赞扬咸同之乱中于芦荻哨一带战死的记名提督署贵州提督赵德光（字刚节，贵州郎岱人），另有“觥觥刚节公，杀贼贼所畏”等诗句）。关于中蕃“匹马西风”先入南明永历小朝廷、后入吴三桂幕府事，清道光年间修《贵阳府志》时颇受质疑，有后人则称“《民国贵州通志》曾为此事辨证”。

二〇一六年六月，笔者曾专程前往芦荻寨寻访吴中蕃墓。据吴氏村民介绍，先生死后葬于平坝马场，芦荻墓为一九九九年移马场墓碑迁建于此，实为衣冠冢。其墓在寨后山上，掩隐在浓密的树林中。土堆墓，坐北朝南。墓碑为整石雕刻，形似神龛，称神龛碑，民间叫“猪槽碑”，是明末清初贵阳地区常见的一种形制。墓碑上，“清康熙三十五年”“诰封中宪大夫大身吴……”等字仍十分清晰。

墓旁立有“花溪区文物保护单位·吴中蕃先生墓”石碑，花溪区人民政府立于二〇〇二年四月五日。山下则是新建天河潭景区江南式庭院“梦草园”，戴明贤先生手书“夢草園”于门前巨石上。

先生生前，曾作《置生圹讫却书》诗有句云：

墓门不用书神道，近代诗人手自题。

吴中蕃墓（2016年 摄）

孟关场

孟关东距花溪十公里，北距贵阳主城十八公里。明初设孟官堡，属贵州卫左千户第二百户，以百户长官姓氏命名。清代属贵筑县南下里，民国时期曾置孟官镇。清道光《贵阳府志》记载：

孟官堡，在城南四十里。有场，子午日集。

孟关地处长江、珠江两大水系分水岭地带，在贵阳向斜环带边缘“牛郎关—孟关槽谷”盆地，海拔约一千零五十米。孟关大坝为典型丘峰谷地，水源丰富，土地肥沃，有“花溪粮仓”之称。

“以其所有易其所无，市之立也久矣”。随着屯堡的设立、土地的开垦、道路的修筑和大量汉族移民的涌入，具有明显汉文化特色的集市“场”，也随之发展起来。最迟至清中叶，孟关场已发展成为溪南地区三大“集市”之一。时“市孟关场”的，有贵筑县南下里的陈亮堡、傅官堡、改毛寨，南隅里的梨花寨，以及龙里县的鼠场堡（今水场）、红岩冲等地。不过，那时的场市，不过是“物物互市，以有易无”“少则易盐，多则卖银”而已。《黔南识略》记载：“贵阳乡民多食杂粮……出入戴斗笠，挟家之所有者易于市。”

“今天孟关场，可能是贵阳地区最大的乡场”。当地人这样说道。

每逢周六，来自周边十里八寨的村民，以及由全市、全省乃至全国各地的数万名商贩、市民、游客组成的“人流”，接踵而来，络绎不绝。在仍显得十分狭窄的街道上，人头攒动，摩肩接踵，热闹非凡。一切日用商品应有尽有，尤其以食物用品为多。平时市场里没有的牛、羊、狗、鸭、鹅、鸽等禽类食物，药材、兰花、树根、蕨巴、木炭等山货，以及附近村民自家产的或从别处批发而来的各种蔬菜瓜果、水产海鲜，纷纷登场。场边摊位上的叫卖声、吆喝声，喧嚣嘈杂。同其他场市一样，当然也少不了三五成行聚集在一起，叫卖着土鸡蛋或葱姜蒜的老太婆们……除了销售各种日常生活用品外，孟关场还开辟有专门的米市、鸡市。

据市场管理人员介绍：

> 沿街商铺多由外地人经营，本地人很少。来场上兜售各种货物的，是那些以赶场为生计的人们。他们来自全省各地，民间称为“赶溜溜场”“赶转转场”。有的商贩在清晨五点就赶到场上，为的是占据有利位置。本地及周边黔陶、龙里的山民，则大多是在上午十点左右才来到场上。现在比以前方便、快捷多了，他们大多是搭乘汽车或摩托车来，行脚走路的很少。收场时间一般是在日落时，有时甚至要持续到晚上八九点钟才算收场……

孟关场从位于孟关大道一侧的寨门起，在先东西后南北的两条主干道所组成的“T”字形主街上展开，加上另外两条东西向的“小街”，总长约有两公里。从卫星地图上看，将这些大街小街连接起来的几个重要“节点”，恰似构成了一幅“北斗七星”形状，由北向南一直延伸到汽车贸易城的大华路。实际上，现在的孟关场不只是局限于小镇内，它已经扩展到了孟关大道的道路两旁。

同高坡、甲定等地一样，以前的孟关除了赶“市场”，还赶“牛打场”，且最负盛名。二十多年前，笔者曾应朋友邀约一同前去观看。乘坐的是朋友驾驶的五菱面包车，一行七八人兴致勃勃，从城里出发绕来绕去开了很久才到达。斗牛场建在一条路边，三面环山，像是坐在一把“交椅”上。那是我第一次观看斗牛，也是第一次到孟关。记忆中的场面十分热闹，周围山坡上站满了围观的村民，欢声笑语，人声鼎沸。

现在的孟关“牛打场”，早已经不再举行斗牛活动了。村民说，主要原因是养牛的少了。即便是养了一头好牛，主人也是带着去参加省内各地的“打围子”（有奖比赛）活动。

后经实地考察得知，牛打场位于上板村樱桃园，距离镇上约有两公里。区志记载，上板村“有三百馀年历史的斗牛习俗，每年农历六至七月举行的‘牛打场’活动，热闹非凡。”原场地建在从孟关到龙里水场道路边的一个山坳里，有约一千平方米，现已改建成了一停车场。在其北南两边，先后建成的高等级公路龙溪大道和贵龙大道（纵线），自东向西从不远处的龙里高山上直插下来，在上板村附近与孟溪路、孟关大道交会。

现在，作为地名的“牛打场”依然存在。在这里，建设中的龙（龙里）溪（花溪）新城已初具规模，面前高楼林立、机器轰鸣，各种工程车穿梭不息，尘土飞扬……

孟关牛打场，也是中央红军长征经过的地方。

一九三五年四月九日，中央红军在龙里谷脚一带越过湘黔公路后，向南分右、中、左三路进入花溪区境。其中的右路（以三军团为主），由龙里上郭关进入小碧乡大土、小关山，经孟关乡关山、长坡、沙冲到达牛打场。

红军到达牛打场后，分两路继续向青岩方向进发。一路走现在的冷黔公路（贵阳冷库至黔陶，X100 公路），经黑石头（现杨眉水库）、毛狗冲、万家岭、摆托、歪脚到青岩。这一路红军在歪脚大八块一带，与国民党追军吴奇伟部发生了“狮子山战斗”。另一路翻过龙里水场板凳关后，沿涟江经河西、黔陶进入青岩和骑龙、赵司一线。

在我看来，孟关场是目前溪南地区最大和最具活力的“乡场”。

原孟关牛打场所在地：上板村樱桃园（2021年　摄）

孟关上板迎客松

孟关多奇松！

刘隆民先生在《一条路上的老贵阳》一书中说，他小时候曾在孟关亲眼看到过有一垄“扭扭松”。说是在孟关有一匹坡，坡上有片松林，这些松林长不大，永远都只有一人多高。尤其是每棵松树的树干都像螺旋一样扭着往上长，很特别，于是人们就把它称作“扭扭松”。

在二〇〇七年《花溪区志》插图中，收录了一张“孟关乡上板村迎客松”彩色照片。树下站立一男子，身高约一米七。以此为参照，照片中的松树直径一米有余，高约七米，树枝顶部宽约三米、底部宽约十一米。树干在约两米处分出一枝，在约四米处分出数枝。并介绍说：

> 孟关苗族布依族乡“上板桥组后山保存完好，仍为原生植被，古木参天，村旁有1株形如撑天大伞的‘迎客松’，为贵阳市少见的上百年古树。”

二〇〇七年十二月，贵阳环城高速公路南环线开工建设，至二〇〇九年建成通车，“迎客松”正好处在南环高速孟关站的出口处。据说，有关部门曾经打算将此松移到贵阳城内造一景观，因进城道路不够宽阔而作罢。或因道路施工，或因地质构造变化，导致该树逐渐干枯。至二〇一四年，开工建设连接田园路和南环线孟关站的孟溪路时，将枯树连根拔除。从此，这颗著名的“迎客松”便消失在人们的视线中。取而代之的，是耸立在原址上的一块巨大的“T”形广告牌，两边则是双向六车道、宽四十米的孟溪路起点。

上板村村民班正达家里保存着一张“收条”，上面写着：“今收到贵阳市建设有限责任公司（三分公司）就上板寨子古树干枯多年、因孟溪大道建设施工需要移出，经协商自愿补偿上板寨人民币38，000元，大写（叁万捌仟元整）。

此据。收款人：班某某。2018 年 1 月 18 日。”然后是“组长、代表签字”，有班姓村民三人姓名及手印。

班正达老人今年七十七岁。据他介绍，本来对方只给三万元的，是他多争取了八千元。对于这笔钱，当时大多数村民的意见是按人头“分了”，并随即造册登记各家户主、人数，共计六十八户、二百八十七人。后来，经班正达力排众议，最终将这笔钱用来修建上板寨班氏祖坟。现班正达老人仍保存着当时的登记册，以及“古松树补偿费修筑寨上祖坟用费”开支记录。主要包括“七合碑石墓、包工包料和生活费、运费、人工管理跑路费、村民聚餐费（10 桌）及烟酒等开支，总计 38000 元”，账目清楚，一分不多，一分不少。

上板班氏始祖班东墓，立于牛打场对面山坡上。新墓碑立于二〇一八年（戊戌年）清明。墓旁碑记云：“碑茔略系大明皇间修建，班东公为上板桥支系鼻祖。有昆仲二人，昆弟纯公为下板桥支系鼻祖。”东公墓何为此日重修整？“其原由于一九四九年国民党十三军驻扎孟关地区时，练粑（靶）时被炮弹击碎。茔墓本系土造，年久沧桑。”再后面，就是东公墓立于此地的传说，以及“合族久旱逢甘露，至今人旺业兴，永居板桥”云云。

这件事，让班正达老人感到很自豪。他说，“钱分了，很快就会花掉。修建祖坟，让后世子孙有个念想。”

班正达老人手里，还保存有《关于保护亚热（带）原史（始）森林报告》。也就是区志里提到的“上板桥组后山保存完好，仍为原生植被，古木参天”。报告写于二〇一七年十月二十五日，是写给“各级人民政府和有关领导”的。其中写道：“该原始森林占地约 70 亩……清乾隆十五年上板寨立寨于此。解放后，贵州大学教授常带学生到此讲课……1958 年大炼钢铁时，经省人民政府批文被保留下来……2007 年修建南环高速，原来规划要征用此山一半，后改道绕山脚而行……”

相比那颗“迎客松”，这片山林无疑是十分幸运的。现在，村委会在山脚修建了山门，取名“上板城市公园”。

曾经，上板村流传着“仙人松的传说”。《中国民间故事集成·贵州省贵阳市花溪区卷》介绍：

> 花溪区孟关乡上板村旁的草坝上，有一颗千年古松。站在远处看，像一朵绿色的蘑菇；到树脚去看，树丫往外伸、树枝向下垂，像一把老

大老大的绿伞。

相传，很久以前，上板这个地方还是深山老林，只有一条小路从这老林侧边通过。路边住着一户杨姓人家，老两口无田无地，但心肠好又勤快，靠开客店为生。老两口有个姑娘叫云子，长到十二岁就很能干了，挑花绣朵，样样在行。

一天，云子上山去打柴，在芭蕉林头看到一颗小松树。树根又粗又壮，叶子又青又密，枝丫朝下弯。云子很喜欢，挖回来栽在屋前的坎坎脚，天天拿水去泼。

一晃几年，松树长得又高又大，像一把绿伞。云子也长大成人，像一个天仙。每到炎热的夏天，到松树脚歇凉的人很多，他们看到云子，都夸她长得比仙女还漂亮。

一传十、十传百，云子的名字传到了官府大人的耳朵里。他起了歹心，派了很多官兵来到杨家，硬把云子抢走了。老两口喊天天不应，叫地地不灵，天天在云子栽的松树脚哭，不吃也不喝，一直哭了七天七夜。

云子被抢到官府大人家，死活都不依从，含恨撞死在绣楼上。消息传来，老两口再也哭不出一滴泪。他们来到官府，一把火把官府大人家烧了个精光。火光中，老两口变成了一对大黑鸟，飞回到云子栽的那颗松树上安了家。

从那以后，只要人们一来到这颗松树脚，那对黑鸟就会飞出飞进，“吱呀吱呀”地叫，欢迎人们来歇凉。

人们怀念那天仙般美貌的云子，从此就将云子亲手栽下的这棵松叫作仙人松了。

如今，“迎客松”已不复存在。而“仙人松的传说”，不知还能流传多久。

孟关上板迎客松①

① 贵阳市花溪区地方志办公室编：《贵阳市花溪区志》，贵州人民出版社 2007 年版。

寻找关山寨

二〇二一年一月二十五日，笔者从孟关出发，经牛打场北上前往小碧乡大土村的无名小路。一路上坡，道路起伏不大，绝对高差仅百余米。汽车导航显示，至关山十三公里。这条路，是当年中央红军长征走过的路。

车行很顺利，一路上山到一丫口处，遇有村民在路边田地里劳作。村民告知："走过了，关山寨在前面路边山脚下，此地属围坡寨。"由于历史的原因，这里寨子间土地"插花"现象很普遍。近年来，村民们沿公路边修建新房，这两个寨子已基本连在了一起，你中有我、我中有你，很难从道路或土地上作清晰划分。所谓"寨子"，只是村民们还相对集中居住的"老寨"。

住在路边的李姓汉族村民很热情，据他介绍：从这里有公路到谷立七点三公里，到八公里（地名）十三公里，到二戈寨十五公里。若是步行走小路到谷立赶火车只要四十分钟、到八公里两小时。现在，附近村民们赶场是去二戈寨，大多乘车前往。以前，这里是个"关口"。从贵定、龙里去贵阳二戈寨、花溪，要在这里歇脚住一晚上再走，他家过去就是开马店的。

据道光《贵阳府志》记载，清代贵阳府属各地除大路四十二条外，还有境内相通及通邻境者"小路"十七条。这条"小路"，或许就是过去贵定、龙里通往贵阳城的其中一条，"关山寨"抑或因此而得名？史载：明天启年间"奢安之乱"时，贵州巡抚王三善从龙里走"间道"突入贵阳城下，一举解贵阳城之围，也许走的就是这条"小道"。

关山寨，现属孟关乡石龙村，是石龙村属石板、茶山、围坡、偏坡、干坝、张家凹等十八个自然寨之一。石龙村在民国初年曾置关山乡，是孟关乡的边远村寨，距离乡政府十七公里，村委会驻石板寨（大寨）。清道光《贵阳府志》载："石板寨，原名十八寨，在城南三十五里……居民百十余户，有凤凰山，有白云岩，有马鞍山，海马洞”。在这方圆十余公里范围的山上，十余个寨子紧挨着串联起来围成了一个“大圆圈”，组成了“石龙十八寨”。

一九九〇年《中国民间故事集成·花溪区卷》载有一篇“刘伯龙的传说”，传说原国民党第八十九军军长刘伯龙（一八九九——一九四九）出生于孟关石龙寨一穷苦人家。而一般认为刘伯龙是龙里人，黄埔军校第三期毕业生，曾任新编第六十六军第二十八师师长入缅作战。

李姓村民还说，李姓在这里的人不多，但是在石板寨却是大姓，建有祠堂。这一带没有布依族，只有苗族和汉族。其中，苗族多集中在关山、偏坡、干坝、茶山、石板、围坡等寨。

原路折返寻找关山寨，沿着弯弯曲曲的道路下行约三百米处，关山寨在道路左侧山坡下。从路边看下去，树林中有木构房屋数间，房屋十分破旧，在林中或隐或现。

顺着小路下坡，关山寨的面貌在眼前左侧渐次展开。下行约三十米处，便走到进入寨子约三米宽的主路上。原来，寨子的主路与坡顶上的公路基本呈平行状，南北走向。可能是坡度太陡的原因，从公路进入寨子的入口还在前面约五百米处，要从那里绕一个弯才能进入寨子。而且，从这条公路的后面，翻过围坡丫口再前行数百米也可以从北面下山进入寨子。但令人不解的是：这两条小路从南北两个方向进入谷底的寨子后相距仅约一百米，却并没有连接上。

寨子“躲藏”在山坳里，两山之间有两百余亩“天然”水田，南北长近千米，东西宽在五十至百米之间。从地图上看，这块长田自关山水库起，大致呈东北—西南走向，经关山一直延伸到下面的干坝、张家凹寨。这里原来应该是一条小溪，因上游修建关山水库而变成了连成一片的水田。干坝寨，抑或因此而得名。

寨子建在西面坡底下，寨内道路基本是沿着坡底顺着农田而修建的，自南向北延伸约 300 米。村民房屋依山而建，毗邻而居。房屋布局杂乱无章，新建砖混房屋或见缝插针，或拆旧建新，显得十分随意。同时，寨子里还保存着数十间老房子。这些老房子大多是几十年前修建的，均为两层、木构、土墙、石板瓦建筑，因地制宜，就地取材。在村寨布局及房屋建造上，融合了本地汉族、布依族的一些元素。

老房子大多已无人居住，村民们或用来堆放杂物，或用来养鸡，或是空着任其破败。房子门前的新旧门牌号显示，这里原名“关山寨”，现在是“石板村关山组”。

其中一栋老屋，建在寨中一圆柱形台基上，形制最为独特。台基依山势而垒，前端高约五米，长十余米，宽约六米，院坝在前，房屋在后。一眼望去，像是立在寨子中的一座碉堡，颇有“鹤立鸡群”“独领风骚”之势。沿台基边进入房屋的小路用铁丝网拦着，从旁边高处探望，看见房屋现在是用作养鸡。

北边寨尾处新建一长方形储水池，有近四十方。水池水量很大，水流不断流向农田，村民可以在出水口处洗衣物。一旁立有碑记云：“孟关乡石龙村关山供水工程水源保护区”，内容为“保护区范围”和“禁止事项”，“花溪区人民政府二〇一九年十月二十日立”。

一唐姓村民介绍，本寨是苗寨，村民均为苗族，有王、杨、吴、陈、唐等姓，近百户、四百余人。其中，唐姓虽仅有两户（两兄弟），却是世居此地，只是人丁不旺。

跟周边围坡、石龙、石板等寨子相比，关山寨近百户人家中没有较为突出而显眼的新旧房屋。看得出来，这里的村民，过去没有产生过“大户人家”，现在的日子大都还过得比较艰苦。也许，因受交通、地势等因素的限制，“先富起来”的那一部分村民，已经转移到公路边另建新居了。

区志记载：“石龙人有斗牛习俗，有围坡、茶山路洞坡两个斗牛场。围坡斗牛场每年农历六、七月开斗，茶山斗牛场每年农历七月马场天开斗。”

不知这“茶山路洞”，是否就是《贵阳府志》所指“海马洞”，抑或是二〇一一年《贵阳市第三次全国文物普查重要新发现》所指旧石器时代晚期遗存“猫洞坡”，当地村民所称“嘟啰洞”（根据芦笙声音而取名）。围坡李姓村民说：“这洞有来头（有历史），洞中可容三四百人。每年农历正月初四，附近苗族在此‘跳洞’，很热闹。除此之外，村民们也在这里定期举行斗牛活动，本地苗族、汉族，以及小碧乡大土寨布依族村民也有参加。”在洞前举行“跳洞”，与高坡杉坪村苗族的“跳洞”，应该是同一习俗吧！

在目前花溪区的苗族村寨中，关山寨的形制、布局以及村民生活、居住状况等，是保留得比较完整的。寨子周边环境变化不大，还没有大的开发建设项目。作为传统苗族村寨，关山寨应该具有较高的保护和利用价值。

然而，当你站在寨子一旁的田土中央，会看见从贵阳龙洞堡国际机场起飞的飞机，时而从头顶上空轰鸣而起、昂扬而上。它那目空一切的阵仗和震人心魄的咆哮声，恐怕会让寨子里的年轻人最终不得不选择离开。在现代文明面前，这个数百年来隐藏在山箐沟壑里的苗寨，似乎正在丧失其“生活家园”和“精神庇护所”的功能。也许，跟很多传统聚落一样，关山寨也将难逃“消失”的命运。

离开关山寨时，感到心情有些沉重。忽然想起陈志华《乡土漫谈》中的一句话：

那些村子，即使不在人间之外，仿佛也不在人间之中！

关山寨（2021年　摄）

寻访大地“是春谷”

大地村在贵阳东，隶属原花溪区（现改隶南明区）小碧乡，与龙里县接壤。民国时曾置大地乡，辖大地、大土等七个村民组。

据资料记载，“是春谷”摩崖在大地村青山崖壁上，长二十米、高两米。中部有洞窍，昔有清泉涌出，称“洗心泉”，泉前曾建有一亭名“兰谷”。崖洞上方横书“是春谷”三字，字径约零点二五米，为乾隆癸丑“捧日生题”。崖洞左右刻满诗文，集经、史及历代诗文佳句，范围涉及周、秦、汉、魏、晋、唐、宋、元、明、清等各朝代，荟萃成篇，内容丰富，书法工整，洋洋万言，被誉为“贵州第一石刻”。一九八五年十一月，摩崖被列为“贵州省重点文物保护单位”，并立文保碑于山下。

资料介绍：摩崖主人谢庭薰，字自南，一字兰谷，号韶庄，别名捧日生，大地村人。清乾隆十八年以府学增生举乡试第六名。次年赴京会试，获大挑二等，以教职归里。后历官毕节教谕、独山学政、永宁（现关岭）训导，四十七年出任江苏松江府娄县知县。任上，先后编纂《独山州志》《永宁州志》《娄县志》。五十三年告归养疴，优游林下，著《洗心泉集》二卷，遂建“是春谷”。嘉庆三年卒，寿七十。

二〇二〇年十一月某日，笔者驾车前往大地寻访“是春谷”。从龙洞堡至大地，走新建成的龙洞堡大道仅十余公里，片刻可至。依托龙洞堡国际机场，贵阳双龙临空经济区（龙洞堡、龙里）已开发多年。如今，方圆十数公里范围内仍在搞建设，道路纵横交错、一栋栋高楼拔地而起，一片欣欣向荣景象。

车行至大地村前，一路经行人指引，向右上一蜿蜒曲折小路越过山顶，穿过一铁路桥底，再向前数百米便直抵青山脚下湘黔铁路旁。后又得一村民带领，步行百余步跨过铁轨即到达青山脚下。村民称此地为写字岩、黑坡，即谢氏所称

“是春谷”。看来，这里原来是一条乡村小路所经过的地方，后因修建铁路而不存。

据当年谢氏描述，此地：

其绝壁间，口吐一泉，每雨涨时则为盐之撒，为雪之溅，为银河之倒倾，寻常不过涓涓已尔。然高而洁，夏凉而冬温，四时清淑之气，又往往不歇，向来山下之欲漱芳润者，俱可望而不可即。

石刻就在半山腰，山上树木繁茂，荆棘密布。从山下望去，看不见丝毫踪迹。

山脚边有一小块耕地，应系该村民所有。到达此地，村民指向旁边一条小路入口，便不再前往。看得出来，“路”是数年前开辟的，常年无人护理且人迹罕至，早已被四周灌木草丛所侵蚀遮盖，过往很难识别。

寻着“小路”上山。“道路”土质松软，肢体并用二十余步，过一水塘，再继续穿行仅十余步至一土坎下，便无路可寻。此时，只身犹入热带雨林一般，四周树枝藤蔓，张牙舞爪，令人胆战心寒、毛骨悚然，遂折回。转而至山下寻找文物保护碑，亦未果。

看来，今天算是白忙活一阵子了。“是春谷”于我，既不可望也不可即。一路狼狈不堪，更遑论一漱芳润。

来时寨前村民曾说，山上树木荆棘长得很猛，虽动员过村民好几次，都没有人愿意去打整。

附近是湘黔铁路大土站，属龙里县谷脚乡，建于一九五九年。摩崖山下，数条铁轨横亘交错并列于前。列车过往频繁，自是昼夜川流不息。又因毗邻贵阳龙洞堡国际机场，飞机时而呼啸掠过。初冬时节，天气转寒，山谷里树木枝繁叶茂，绿叶葱葱，山花点点，田地里有村民劳作，寨子里一缕炊烟袅袅升起……想起镌刻在摩崖两旁的联语：白伫春流环谷水，青山高咏属宣城。而眼前的景象，却似：铁流滚滚绕青山，飞鸟轰鸣远敬亭。斯人已去，春意已无……

摩崖集句按《洗心泉集》（合集）目次顺序，刻诗四十六首、六百七十行。一九九一年贵阳市文物管理委员会办公室编辑《贵阳名胜古迹略览》一书中，录有《洗心泉集》全文。其中，“集黔人”诗句中，有清初贵阳著名诗人程春翔诗句“草衬空中屐”“黄鸟声中读老庄”“花香酒熟月华明”“溪畔悬崖望更悬”“翠岚苍霭□松萝”五句。程春翔是清康熙八年（一六六九）乡试第一名（俗称

“解元”），未入仕，一生悠游泉林名山古刹。所著诗文大多散失，现仅发现其存世诗九篇、序（传）三篇。以上各句均不在其列，故而显得十分珍贵。

返回路上，遇田地里劳作的一对中年夫妇，自称谢氏后人。向其说明来意后，其言道：那字有啥看法，又不能当饭吃！

如今“是春谷”（2019年　摄）

民国文人姚华

姚华（一八七六——一九三〇），字重光，号茫父，别号莲花盦主，贵筑（今贵阳）人。据其自述，祖籍为江西抚州，宋元既降，五世祖避乱入黔，“止贵筑打铜砦（今花溪区久安乡打通寨），再徙会城”，世代清贫。

今人评价，姚华“学贯中西、博学多才”“是著名的书画家、诗人、词曲家、经史学家、文学家及艺术教育家。他在诗、文、词、曲、碑、版、古器及考据、音韵等方面都有很高的成就”“是名副其实的一代通才”“实为一时大师”“是近代贵州最具名气的文人”“堪称近二百年来贵州文化人第一人”……

姚华是中国科举制度下最后一榜进士，是最后一批士大夫。其弟子著名历史学家郑天挺说：

> 姚茫父遗留的大量著作及作品为贵州学术界增了光，是全国学术界所引重的。他是一位值得重视、值得研究的历史人物。

姚华于一八九四年中秀才，一八九七年中举人，一八九八年（戊戌）赴京会试不第，其间参与“公车上书”。一九〇三年，再次北上会试不第。次年（甲辰）第三次会试中进士，授工部主事，随后保送日本东京法政大学主学法律兼学财会。

一九〇七年回国后，供职于工部及邮传部，兼在交通、邮政等官办讲习所教授政法、金融财会等专业知识课。民国后，先后在清华学堂、北京女子师范学校（任校长）、中华大学、国立北京美术专科学校、北京大学等校任教职，创设私立政法学堂，出任私立京华美术专科学校校长，担任北京北洋政府临时参议院议员、宪法起草委员会委员等。大约在一九一七年以后，专门从事学术研究、创作书画，以鬻画为生。一九二六年，患脑溢血半身不遂。一九三〇年，因脑溢血复发去世，时年五十四岁。

同窗好友周大烈在《姚茫父墓志》中写道："彼所抱之道，亦再偾而再倒。当士夫群攘攘于奔离中，顿踬以老"，高度概括了姚华从仕途到弃官执教于京城各大学，又转向治学从艺的坎坷一生。

作为一位历史人物，姚华身处清末民初中国"三千年未有之大变局"（李鸿章语）之困境。留学日本期间，他每日"挟册上堂，书所授语，一字不遗，固矻矻以厕群强中，图拯救之道"。回国后，先是以所学法律、财会等西学知识讲课授业，后欲讲学传道、弘扬国学、开化民风。然而，时"值国内军人争斗，战祸日剧，忧乱迸于一时"，其"所抱之道，亦再偾而再倒"。在士大夫们为谋取荣华富贵而"攘攘于奔离中"时，茫父却"若冥然而无睹"，"穷搜金石文字，比勘题识，早夜不休"，乃至"挥汗水竹石，呵冻篆分隶。弄舌崑戈黄，鼓腹椒葱豉。食擘唐画砖，睡抱马和志"。他的这种"不合时宜"，还体现在任临时参议院议员时，在议会"无一不与人相忤，所谓议会政治，竟未尝参与焉，乃愤然竟弃所学，仍居破寺中，理其旧业，更恣意作书画。"此外，一九一七年十二月，他在辞去任职三年的北京女子师范学校校长职务时，给长子姚鋆信中说："总之，此校非福地，吾已三年可谓百寿。"

有资料记载，姚华十八岁时（一八九三）在贵阳从艾小云先生畅问古学，得读段玉裁注《说文解字》，从此便"一见钟情，终生乐此不倦"。一八九八年落第返乡后，居家锐意著述，积稿成《说文三例表》《小学答问》。一九〇一年始在贵阳讲学，次年应邀出任兴义笔山书院山长，有学生王伯群、陈筑山、文宗潞、熊述之等从游。

一九〇九年，在给同窗好友蹇季常的信中写道："华既视此生为无谓然，已为人来日方长，亦只有求消遣而已。弱冠以后，幸得窥文字之门，斯世正不复讲求，华又荒废者久，不欲自甘拟重理旧业，于已聊有所为，于世亦不无少补。"一九一四年，居莲花寺十年有诗云："莲花十载一身藏，丧乱余年事事荒；自与山僧等贫贱，不关人事有兴亡。"一九一六年四月，作《丙辰生日示及门诸子並邀翼牟、师曾同作》五古长诗，表达对社会现实的失望和专心语言文字的愿望。他和好友北京美专同事陈师曾在同日本同行的交流中，"一致认为中日绘画应有东方民族的文化特点，不能全盘西化而丧失东方民族文化特点"。在当时西学东渐、国学式微的环境下，他不仅这样说，还坚持这样做。"潜心发掘中国传统文人画的美学意蕴，并积极付诸实践"，以至"顿踬以老"。

身处东西文化激荡、新旧观念交织的时代，姚华也曾积极参与社会活动。除在政府和社会机构任职外，还先后组织和参与“丙午社”“黔学堂”“京师贵州旅学同志会”“国民协进会”“尚志学会”“北京大学造型美术研究会”等社团组织。在外奔波辛劳之余，回家则“专治辞章、六书旧义，治经兼训诂大义，并攻研书画、诗词、金石”，以至事业日益精进，“每画辄题其诗词与曲，曲尤工，人竞买之。朝夕所资，略取给焉”。对此，郑天挺曾评价说：“贵筑姚先生以文章名海内三十余年，向学之士莫不知有弗堂。晚年潜豁古寺，出其余绪以为书画，见者惊为瑰宝，而文名反为所掩。”而据姚华自道，他是诗第一，书第二，画第三。

一九四二年重阳，时任贵州省政府主席吴鼎昌举办花溪修褉。事后，陈恒安向王伯群索要联语。王赠联云：“昼了公事夜接诗人得句皆堪作图画；修褉虹桥访碑禅智此才真不负江山。”陈很好奇，问为何能写出如此生僻的联语？王伯群答茫父先生曾写过，故记忆深刻，信手拈来而已。读此联，或可想象茫父先生“早夜不休”之形状也！

姚华自一九〇三年赴京会试，此生再也没有重回贵阳故里。在一幅题画中，他这样描述自己的家乡：“家在万山中，平地无三里；一作江湖游，出林便层水；早觉朝市闹，益知秋壑美；蓄意有时泄，野烟淡然起”。一九二七年，应友人任可澄之请绘其母之墓地藏山草堂，茫父据任描述图成并题序于上。序中写道：“予自出里门将三十年，少时踪迹常萦寤寐，忆牛渚（指南明河）之波澜，与仙洞（指仙人洞峰）之险峻形势，宛然接于心目”。今人评述，此图山壑、河湾、林薮、墓庐“俨然贵阳郊外景象”。

一九〇四年三月中进士后，姚华即奉亲居北京西郊莲花寺，以后著述书画常署款莲花庵庐、莲花寺、莲花盦等。时莲花寺是贵州人聚会的中心，有人称之为“小贵州会馆”。任可澄、刘显治、陈国祥、陈幼苏等黔籍在京人士常去谈学论道，黄干夫滞留北京多年，一直寄居莲花寺。其间，一九〇七年云南提学使叶伯高延聘为法政学堂监督，一九一〇年贵州巡抚庞鸿书电召归省，执掌优级师范学堂兼修《贵州通志》，均未就。

一九二〇年，贵州大旱。姚华闻讯后突击画扇数百，并刊印《贵州赈灾赠扇启》，得款数千，悉数寄赠故乡助赈。一九二九年著《黔语》一书，以图阐明贵州方言是汉语的组成部分，且保存了许多古汉语的原型。

一九二六年二月，北京政府制造“三一八”惨案，杀害北京女师刘和珍、杨德群两学生。先生悲愤赋诗二首。任可澄《题茫父画山水为赵椤舟》云：“秋士秋怀合写山，诗情画意最相关。怪他萧瑟平生思，尽在疏林廋石间。着墨无多意自深，江山憔悴几沉吟。知君远道悲摇落，一夜西风万里心。”可窥见其一时心情。五月，先生猝患脑溢血症，病后半身不遂。而后，以“一肢虽废一身全”自励，“仍据案挥残臂作书画，磅礴郁积，意气若不可一世，四五年中无颓败状。”时人有称姚画为“奇画”者，据此亦可知先生实乃一“奇人”也。

一九二八年春，时任国民政府交通部部长的王伯群自南京北上视察，至莲花寺拜见，建议先生将所撰文稿整理刊印。后历时近两年，“往来书信十数通”，至一九三〇年春陆续编成，惜成书已在先生殁后。其间，姚华曾专门致函王伯群：“拙稿付印，总名即题《弗堂类稿》（弗不加草头，此处校时希留意）可也”。

“弗不加草头”！先生曾提出“文（字）可观世”，主张以研究古文字学去观察上古人的生产、生活的状况。“弗”的本义为矫正，就是对事物扭曲形状的一种否定，后来引申为否定词。据考证，早在甲骨文中“弗”就被用作了否定词。

茫父生性坦荡、率真，不随波逐流。“万流况鼎沸，少年掉头去”“君子不以言谀人”，这是先生一生治学为人的准则和追求，即所谓“野生难拘，宁破壁称尊，不耐华屋为客，故不能从大贤之后也”。

“弗堂”建于一九一六年四月，“辟莲花寺北殿”而成。这是先生的书房兼会客室，是先生吟诗唱曲、作书绘画、著书论说的地方，是先生居京二十余载的“精神家园”。一九二四年四月二十六日，姚华五十寿辰，京城众文人到场祝寿。席间，梁启超朗读并献上亲笔手书《寿姚茫父五十诗》。到场宾朋一致认为，任公此诗“绘声绘形，若睹其人，茫父风趣，跃然纸上，可当茫父小传读。”之后，姚华将此以楷书书写的四条屏，悬挂在住处莲花盦弗堂书房正中。诗首句云：“茫父堕地来，未始作老计。斗大王城中，带发领一寺”，时人谓其“带发领一寺”，却不信佛、不诵经。

姚父论画，认为“着笔处当胸无古人，目无今人，任天而行，始有佳遇”。晚年，他曾阐发对人生的看法：

> 法乎自然则已耳。世之学仙者妄矣，以学仙之心学佛妄之尤甚矣。予崇老子自然说，虽不但臆揣无生之旨，当亦以自然为归。

“以自然为归”，就是听从自己内心的声音。在那激荡人心的年代，茫父以

“千年丙子穷不死”之气概，以特立独行之人格，法乎自然之精神，始终坚守着自己的责任和使命。

国画大师刘海粟称：“黔地近四百年来风气渐开、名人辈出，兼擅画、诗、书者，于古人必称杨龙友，于今人则咸推姚茫父先生。”在茫父五十岁时，恩师严修曾赋诗贺其寿云：“我忝名修愧欧九（指欧阳修），君生丙子比苏冉（指苏东坡）。出人岂止一头地，书画诗文绝过三。”在严修眼里，茫父之才是书、画、诗、文“四绝”。

在贵州历史上，被誉为“诗、书、画三绝”的，仅龙友、茫父二人。他们分别处在明末清初、清末民初易代之际，而龙友则因党争被视为马士英、阮大铖一党，虽宁死不屈举家殉国也饱受后世文人所诟病。再则，若论学术和艺术创作成就，茫父远在龙友之上。论在当时和对后世的影响，则更非龙友所能企及。

一九三〇年暮春，姚华拟李清照词作《御街行·送春归》：“从离乡里，几多春华，岁岁应如故。夕阳归马，犹待我，人老谁留驻?”题注云：“送春归（指刺梨），生贵筑境内，花似蔷薇，野生沿途，春暮而华，花落春尽矣，故曰‘送春归’。”思乡之情跃然纸上，如在目前。两个月后，脑溢血复发去世。

二〇二一年十一月，在年度生态文明贵阳论坛开幕式上，贵州省领导在致辞时说：

> 贵州山川秀丽、气候宜人，这里的人们自古以来崇尚天人合一、道法自然。人与自然和谐共生，成为这片古老土地的文化基因……

“茫父不朽矣!”这是郭沫若对先生的赞语。

此寨是干人

大土村是小碧乡大地村所属七个村民组之一，现有村民七十余户、三百余人，以龙、班两姓为主，布依族，各有二三十户共百余人口。另有杨、罗两姓是小户，只有几户人家。

寨子地处两山之间峡谷地带，依南面山坡而建。东面是一较开阔的缓坡，从寨子望去，可见一条蜿蜒曲折的小路迎面而来。寨子下面，湘黔铁路径直通过，在东头钻进一条隧道后便不知去向。湘黔铁路建成于一九五九年，是当时国家重点工程之一。

那条小路原来是从下面铁轨处走上来的，后来改道从隧道头上越过来，一路呈“U”形蜿蜒向上，绕过寨子便接上了大路，再往前走向南下山就可以去孟关了。前些年，政府修建乡村公路，横在寨子的上面这条大路已建成了柏油路。汽车从小碧经大地可直接到达，在路边下车，寨子就在山下。

这是一个典型的布依族村寨，依山而建，七十余户人家房子紧挨在一起。从公路上看下来，村民建筑以砖混水泥两层楼房为主，隐约可见一两栋石板房。但走进寨子里，一路上保留下来的石板房还有很多，且较完好，有的房前屋后还保留着小块田地。据村民介绍，一些房屋已有上百年的历史。只是，现在村民们大多搬进了水泥砖房。新房子有的建在老屋旁边，有的则是另择新地而建，多数老房子是空着的。一路上，寨子里到处都是“快速建房子”的广告。也许，因新区建设这里很快也将面临“拆迁”或“新农村建设”改造了吧。

除了依山而建，布依族村寨的突出特点是各种建筑以石材为主，就近取材。石板路、石板阶梯、石板围墙、石板院落、石板屋壁、石板房顶、石墙巷子，以及用石块镶成的水缸、粮仓，用石头凿成的猪巢、马巢等。这种寨子在贵阳、安顺等黔中一带很多，所谓“贵州八大怪，石头当瓦盖”。在类型上，属于干栏式民居建筑，房屋单体结构为穿斗式，建筑形式一般“以木为架，石头为墙，石片为瓦”，特点是冬暖夏凉，隔热驱湿，不怕火灾。

二〇一九年十月某日，笔者到此走访。走进一班姓村民家，时家中有曾祖孙三人。老人八十二岁，是目前寨子里最年长者。孙儿媳姓曾，安顺普定人，贵阳学院学前教育专业大专毕业，现在大地村小学代课，每月工资有两千多元，育有一子一女。其中，老大是女儿，今年五岁，在距离寨子有十余公里的谷立村一私人幼儿园上学，每学期学费要三千六百元。家长们搭伙雇了一辆私人面包车，每天定时接送，每月每人三百元。公立小碧幼儿园每学期学费只要一千多元，每天有公交车专门接送。但是要摇号，且很难摇到。丈夫不在家，从贴在墙上的一张奖状看，应该是在附近一家贵阳著名餐饮企业“老凯里酸汤鱼”店铺就业。

老者家所住的房屋，是几年前新建的水泥砖房，有两层楼，外墙上贴有瓷砖。他家原来住在下面铁路隧道口处，是修建铁路时搬到这上面来的。房屋周围还有数间板房紧挨着，保存完好，现已无人居住。

向老者打听当年红军经过寨子的情况。老者说，确实有这回事。自己当时年幼没有见着，是听上一辈人说的。

据资料介绍，一九三五年四月八日，红军先头部队在龙里与贵筑交界的观音山至黄泥哨倪儿关一带，与滇军“勤王之师”发生了遭遇战。次日，红军主力部队按计划兵分三路从龙里向西南方向转兵，进入贵筑县境。其中，第一路由红五军团主力及三军团一部组成，从大土一带迂回南下，经小碧乡、孟关乡向青岩镇挺进。有关资料还介绍，自“四渡赤水”后，“红军南渡乌江，佯攻贵阳。为隐蔽进军意图及其线路，红军各部避开大道，穿密林、过深涧，虽路途艰难却快速地行军。先头部队用石灰在树干或竹节上作标记，使后续部队不迷失前进方向。”

当年，红军倪儿关战斗阻击部队红三军团第十三团，就应该是从东面沿着这条小路走过来的。

现在，这条路已改造拓宽为水泥路。路旁立有石碑一通，碑额题曰“Ronl Bixnuangx”，碑文云：

> Ronl Bixnuangx 布依语，译为兄弟路，该路在小碧乡党委政府组织下，由水坝村、云盘村共同出资拾陆万元修建。Ronl Bixnuangx（兄弟路）意为水坝、云盘、大土布依兄弟一家亲，团结互助，友谊长存。路

长 251 米，宽 4 米，高 20 厘米。立于二〇一八年十月一日。

据老人介绍，那时寨子里只有二十多户人家。红军在路过寨子时，还在村头路边龙老二家房屋墙壁上用石灰刷写了一幅标语：此寨是干人。“干人”是“穷人”的意思，“此寨是干人”，就是提示这个寨子里没有地主富农。目前，该房屋已拆，屋基尚存。此外，当时寨子里有一少年自愿给红军带路去了青岩，后来下落不明。

“红军还以为我们寨子里没有水，是干坝子。实际上，寨子里是有水的。路边有一口水井，就在距离红军标语不到十米处，一年四季不干涸，我们现在都还在用！”班姓老者笑着对我这样说。

大土“兄弟路”（2019年　摄）

花溪“最美红军路”

从一九三〇年四月邓小平、张云逸创建的红七军进入贵州开始，到一九三六年四月红二、红六军团离开贵州，红军在贵州活动前后有六年，足迹遍布现全省八十八个县市区的六十八个。红军在黔活动期间，先后攻占县城三十五座、建立根据地三个，约两万贵州各族弟子参加红军队伍。

同时，贵州也是红军长征途中经历时间最长、活动范围最广的省份。其中，中央红军从一九三四年十二月十二日通道会议后由湖南进入贵州，至一九三五年四月二十四日离开贵州进入云南，在贵州活动近半年。

“四渡赤水”后，中央红军大部南渡乌江进入贵阳境内。四月九日至十一日，途经今花溪区高坡、孟关、黔陶、青岩和小碧（二〇〇九年改隶南明区）五个乡镇五十多个村寨进入今黔南惠水、长顺一带。

根据二〇〇九年编纂的《花溪区志》描述：

> 9日，红军在贵阳东龙里谷脚一带越过湘黔公路后向南分三路进入区境：第一路（右路）为红五军团、干部团等近万人。由龙里县郭关进入小碧乡大士、小关山，经孟关乡关（官）山、长坡、沙冲、牛打场、黑石头，青岩镇的杨眉、大摆托、歪脚，进入青岩歪脚、高寨河一带；第二路（中路）为红三军团，由龙里县的比孟场进入黔陶乡之谷洒、翁鸦、关口寨，经黔陶镇、长冲过青岩镇属摆早入高寨河与第一路五军团会合；第三路（左路）为红一军团，及由中央委员会、政府、军事委员会、总参谋部组成的军委纵队，由龙里县鸡场堡、朵花冲、新场进入高坡。

在当时，这些村寨隶属贵阳县第一区（区公所在县城内）、第四区（区公所在青岩镇）、第五区（区公所在孟关镇）的部分乡镇。

红军经过花溪的三条线路自北向南，最远距离不足百里，海拔差从约一千五百米到约一千米不等。这一带，冈峦起伏，山岭重叠，以“向斜”“背斜”“断层”地质构造为主，大多是山丘、坝子、峡谷，长度为七公里至十七公里，均呈南北、近南北或东北西南向走势。

从大量回忆文章看，当时中革军委及前敌司令部只是规定了大致的行军线路和各纵队（军团）下一个集结地点，纵队（军团）下属各单位的具体行军路线并不是按照同一条线路行进的。

时任红五军团参谋长陈伯钧在日记中写道：

4月9日，行军作战。由元宝寨经鸡场坝、黑石头、谷脚（通过马路）、王关到梅家庄，约四十五里。是日，因行军路线错乱，掩护不力，以致野战军主力全部处于混乱状态；4月10日，阴。行军。由梅家庄经混子场、述都、谷社、碗场到青岩，约五十五里。是晚通过青岩较迟，部队亦较为疲劳，计次日一、二时才全部到达目的地；4月11日，作战行军。由青岩经长田、双井、乌泥河到翁贵，四十里。因友军不按规定路线行进，道路阻塞延迟时间太久，我掩护部队也被敌人抓住，整整同敌人打了七个钟头不应该打的仗。

从日记记载看，陈伯钧随队走的是由龙里比孟经谷洒、黔陶到青岩的第二路（中路），而不是所在军团主力部队所走的第一路（右路）。

时任红一军团教导营营长陈士榘对当日行军情况的描述，则十分详细：

这天也难怪，天上一点云头也没有，一早晨天气便很热。讨厌的嗡……嗡……嗡……的声音传来了，七架敌机飞来了。“隐蔽呀！隐蔽好呀，不要跑了！隐蔽!”许多部队指挥员在这样喊着，一方面自己也找好了适当的位置隐蔽了。轰！轰！轰！轰！像山崩地裂样的，炸弹狂叫着，地皮都震动了。没有经验的人，真有吓坏的危险。但红军战士却很沉着，没有丝毫的惧怕。

我军部队本来是通过性质，未准备决战，故不停止运动，又走了四十里，翻过了两座大高山，才宿营。敌人只有在后面叹气。

晚上找宿处。教导营因房子不够，只有继续前进去找房子。沿着广阔的山脊，两面都是壁陡的石崖，不能下去，又不见有村庄，走了三十里，找到一个破旧的房子，又被军委直属部队先宿了营，连外面的草坪里、树下都挤满着人，有的已睡着了，有的还在开铺，或烧水洗脚。除听到无线电充电机的声音不间断地叫着外，听不到其他任何响声，大家很疲倦，都休息去了。

在一个小房子内找着了毛政治委员、周副主席、朱总司令，大概是在布置明（十）日的行动大计。他们指示：“为着避免部队露营疲劳，为着容易找给养，还是再前进几里路找房子宿营为好，该地的房子是准备留给干部团的。”于是，我们又继续前进。又走了大概八里路，找着了几间小小房子，分散了休息，已是半夜一点钟了。派了一班人到三里路外去打土豪，征集粮食，抬了两只肥猪回来，倒还不错。

红一军团教导营随军委纵队行军，根据陈士榘的回忆，第三路红一军团及军委纵队（左路）由龙里鸡场堡、朵花冲、新场进入花溪高坡，走了七八十里地才宿营。

另据本地村民讲述：

从孟关牛打场过来的另一路红军，由河西小路经黔陶直上打铁寨（黔陶）后山大坡顶休息……红军当晚就进入青岩镇的歪脚村了。

听上一辈老人说，当年红军路过河西寨时感觉他们很苦，吃不饱饭。也有红军或因病因伤死在路上，就在路边山上随意掩埋了，后来连尸骨也找不到。

据村里老人讲，当年红军不是成建制的列队通过，而是一队接着一队、一群接着一群。因为天上有国民党的飞机侦察，没有走大路，大多是沿路边树林里穿行。

据老人讲，一队队红军从翁西关山上下来，经过寨子（高坡格棒寨）前面的田坝直接下到甲腊冲，往惠水方向而去。红军人很多，走了两天两夜，把田坎都踩跨了！

此外，时任国民党中央“剿匪”军第二路军第三纵队滇军第二旅旅长安恩溥回忆道：

4 月 10 日，滇军鲁旅（滇军第五旅）单独作战，入夜始停，警线篝火相对。夜深后，只见火焰，不闻声响，派队搜索红军已拔队走了。次晨向东南跟踪前进，未遇红军大部队，只见少数红军和沿途伤病落伍人员，多数系江西人，间有川黔人。鲁旅只顾赶路，未予理睬……

时任滇军第五旅连长刘国举回忆：

因本团为前卫，本连是尖兵，我发现红军足迹是几十路纵队行进，就认为行军纵深小，速度快，是红军的主力部队。我军一贯是一二路纵队行进，纵深长，速度慢。

时任国民党中央“剿匪”军第二路军第一纵队九十三师五五八团团长陈金成回忆：

午夜约12时，花溪（实为青岩）一带情况沉寂，仅沿河有红军炊事员来往汲水不停，还有少数人到北岸我军阵地前汲水，被我警戒兵击回。拂晓前4时，红军大部队向惠水、罗甸方向前进……我本拟派部队追击，后接到情报：“据飞机侦察报告，红军大部队行动，不要追击。”并要求我团下午开回贵阳。

因为是急行军，天上有飞机、后面有追兵，除了夜晚宿营外，红军对沿途所经之地大多没有停留，也很少遇到村民。

近年来，国家和地方政府十分重视对长征文化遗存的保护与发掘。先后修缮了高坡红军墓、青岩红军墓、黔陶红军墓，高坡红军标语、青岩红军战斗指挥所、狮子山红军战斗遗址、翁西关红军战斗遗址，新建了红军长征步道、兵临贵阳核心展示园和陈列馆等。与此同时，还征集了大量关于红军长征过花溪的故事。例如，在高坡有“一张虎皮的故事”，在骑龙有“红军娃赖茂椿的故事”，在翁鸦有“三块银元的故事”，在马店有“青年田喜生参加红军的故事”等。

由于红军长征过花溪的文献记载并不多见，以上这些回忆、传说、故事就显得十分珍贵。从这些叙述中，当时的情况或可略见一斑。因地方政府的宣传蛊惑，村民们大多逃离村寨躲藏起来。但是，也有胆大或好奇的村民隐蔽在不远处的山上，看着那一队队、一群群衣衫不整、疲惫不堪的队伍，断断续续、成群结队地从村前屋后急速通过……其艰难困苦之行状，恐今人所难以想象。

因为是通过性质，红军与国民党追兵之间发生的接触和战斗不多。在这段行程中，只有少数红军战士因战斗而牺牲，更多的却是因伤病、饥饿而掉队的“非战斗减员”。

遵义会议后，中央红军按既定作战方针突出黔北，拟在四川宜宾、泸州一线北渡长江。经四渡赤水转战数十日后，这一计划终究没能实现，杨尚昆在后来回忆时说道：“那一段走得实在苦！”南渡乌江后，原计划在乌江东南一线寻找战机，后来却长驱直下威逼贵阳。在蒋介石担心红军继续东进“回师湘赣”时，红军却突然沿贵阳东南边缘急速南下花溪青岩、惠水、长顺一线，随后又挥师西进云南，并最终跳出了数十万国民党军的包围圈，实现了北渡长江挺进川西的计划。

红军渡过金沙江后，于五月十二日在四川会理召开了中共中央政治局扩大会议。林彪在会上提出：我们走的尽是“弓背路”，应该走弓弦，走捷径。这样会把部队拖垮的……会议对林彪“走了弓背”的意见进行了批评，肯定了遵义会议后红军机动作战的作战方针和军事路线。

花溪红军线路，就是这一系列“弓背路”中的“关键一环”，是中央红军长征在贵州的一个重要“节点”。从结果来看，这无疑是长征最具标志性意义的一次“转兵”，是长征“最美弓背”。

红军长征历时两年，纵横十余省，最远行程二万五千里。红军一路且战且行，跋山涉水，艰苦卓绝，充分体现了坚定理想信念、敢于战斗和牺牲、不畏艰难险阻的大无畏革命精神和英雄气概。以至于时年四十九岁被誉为“长征四老”之一的董必武后来回忆说：

> 长征这个事情，人要没有一点儿意志，走你都走不下来，也没有人跟你走！

二〇二〇年五月，有关部门组织并发布了全省首批十条“最美红军线路”，分别选自全省九个市州。显然，长征是一种十分宝贵的精神财富，它既是“中国的记忆”，也是“世界的记忆”。

“无双毕竟是家山”。也许，我们每个人心中都有一条“最美红军线路”。在笔者看来，能够体现长征精神的红军线路，就是“最美红军线路”！

龙里比孟（2020年　摄）

长征线路花溪段

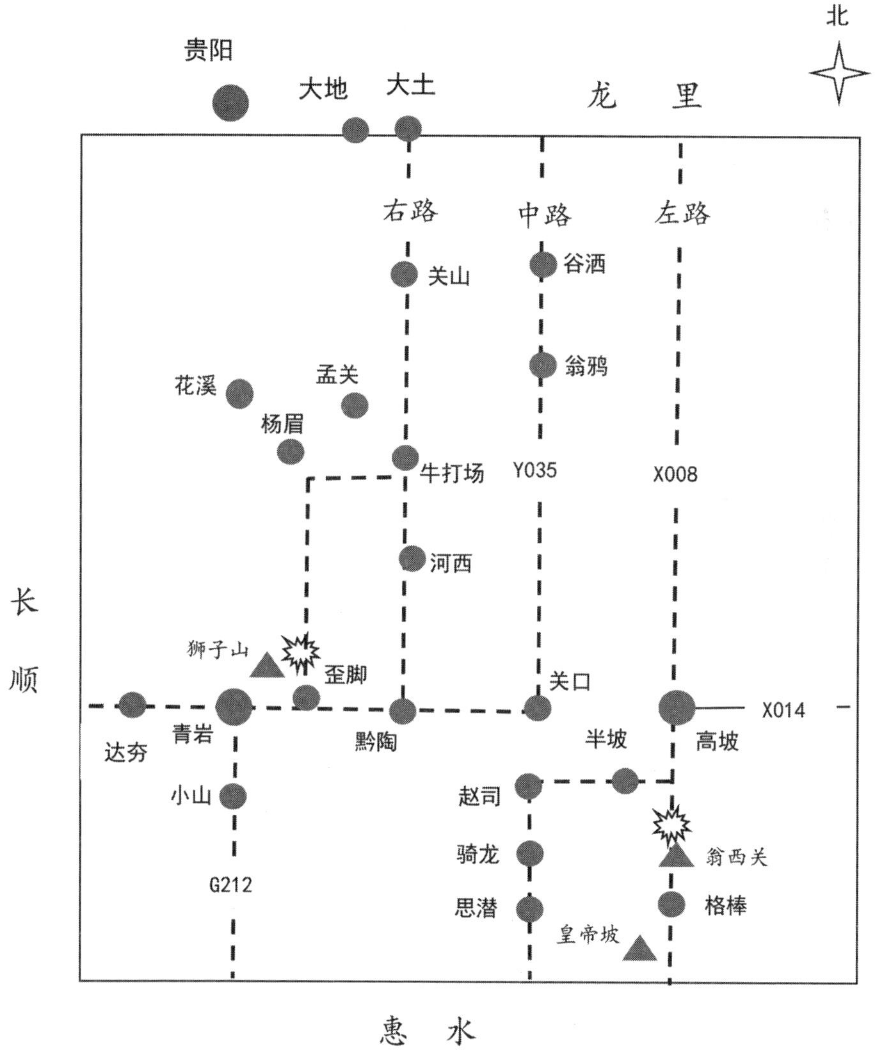
北
贵阳
大地
大土
龙　里
右路
中路
左路
关山
谷洒
翁鸦
花溪
孟关
杨眉
牛打场
Y035
X008
河西
长
顺
龙
里
狮子山
歪脚
关口
达夯
青岩
黔陶
半坡
高坡
X014
小山
赵司
翁西关
骑龙
G212
思潜
格棒
皇帝坡
惠　水

参考文献

［1］贵阳市花溪区地方志办公室编：《贵阳市花溪区志》，贵州人民出版社2007年版。

［2］（清）道光：《贵阳府志》，贵州人民出版社2005年版。

［3］贵州民族研究所：《〈明实录〉贵州资料辑录》，贵州人民出版社1983年版。

［4］贵州历史文献研究所：《〈清实录〉贵州资料辑录》，汕头大学出版社2010年版。

［5］贵州历史文献研究所：《二十四史贵州史料辑录》，贵州民族出版社2001年版。

［6］顾久主编：《黔南丛书》，贵州人民出版社2009年版。

［7］贵州省文史研究馆编：《续黔南丛书》，贵州人民出版社2014年版至2019年版。

［8］冯楠编：《贵州通志》，贵州人民出版社2001年版。

［9］省文史馆编：《民国贵州文献大系》，贵州人民出版社2011年版至2020年版。

［10］马国君编：《清史稿·地理志·贵州研究》，贵州人民出版社2011年版。

［11］何仁仲主编：《贵州通史》，当代中国出版社2003年版。

［12］中共花溪区委党史研究室编：《花溪抗战史话》，中共花溪区委党史研究室2015年版。

［13］吴晗著：《明史简述》，北京人民出版社2019年版。

［14］田玉龙等著：《贵州土司史》，贵州人民出版社2006年版。

［15］刘剑魂著：《刘剑魂诗存》，贵州人民出版社 2017 年版。

［16］（清）周渔璜著：《桐野诗集》，欧阳震等校注，贵州人民出版社 1999 年版。

［17］向行端编著：《黔联璀璨》，贵州人民出版社 2003 年版。

［18］史继忠著：《听涛斋文集——史继忠文选》，贵州人民出版社 2021 年版。

［19］蓝勇著：《西南历史文化地理》，西南师范大学出版社 1997 年版。

［20］罗德启著：《贵州民居》，中国建筑工业出版社 2008 年版。

［21］潘年英著：《百年高坡》，贵州人民出版社 1997 年版。

［22］郑培光：《亲历花溪》，中共花溪区委党史研究室 2013 年版。

［23］李黔滨、杨庭硕、唐文元著：《贵州民族民俗概览》，贵州人民出版社 2006 年版。

［24］刘毅翔编著：《贵州辛亥人物传稿》，贵州人民出版社 2003 年版。

［25］吴正光著：《青岩镇的建筑文化》，贵州人民出版社 2008 年版。

［26］刘隆民著：《一条路上的老贵阳——从龙洞堡经老城区到鸦关忆旧》，贵州人民出版社 2013 年版。

［27］陈志华著：《乡土漫谈》，北京出版社 2018 年版。

［28］陈平原主编：《明清之际的思想与言说》，复旦大学出版社 2010 年版。

［29］张晖著：《帝国的流亡：南明诗歌与战乱》，中国社会科学出版社 2014 年版。

［30］［日］鸟居龙藏著：《西南中国行》，杨志强译，商务印书馆 2020 年版。

［31］［美］约翰·布林克霍夫·杰克逊著：《发现乡土景观》，俞孔坚等译，商务印书馆 2015 年版。

［32］邓见宽：《莲花盦茫父——姚华生平及创作》，载《贵州文史资料选辑》第二十九辑，贵州人民出版社 1989 年版。

［33］孙日锟：《论红军入黔对贵州的影响》，载《贵州文博》1992·创刊号。

后 记

近年来，有机会参加贵州历史文献研究会的一些活动，学会里的许多专家、学者和老师，给了我很多指导和帮助。在我看来，这是一件十分令人愉快和幸福的事情。

对花溪地方的文史考察，是因为居住在花溪的缘故，这是因地制宜、顺势而为的一种选择。从先前的小河，到现在的孟关，差不多快有二十年了。多年来，骑行或车行在溪南山水间，这里的村寨、村民、房屋、道路、桥梁、溪流、农田等，以及由它们所组成的一幅幅乡村景观，给我留下了很深的印象。

2020年，我申报了学院“2020年贵州省社科联理论创新课题（联合课题）”《长征线路历史文化资源开掘研究——以贵阳市花溪区为例》，并于次年结题。

在课题研究中，我希望把长征线路作为一条“文化线路”来进行考察，以进一步丰富长征文化的内涵，强化其作为“文化遗产”“人类记忆”的意义和价值。尽管时隔八十多年，尤其是自新中国成立以来，这一地区已经发生了很大的变化，但由于地处偏僻、人口稀少、交通不便等因素的制约影响，相对而言，目前这些变化还不是十分突出和明显，一些村寨、道路和桥梁等景物在周边环境、整体布局、形制等诸多方面保存还较为完整，这就显得十分珍贵，也为这一想法的实现提供了可能性。具体地讲，一方面，通过发掘收集花溪境内长征沿线文物文化资源，整理挖掘其荷载的事件、人物、故事等，丰富长征国家文化公园贵州段建设的范围和内容；另一方面，通过对散布在长征沿线的道路、村寨、民居等景观的发掘，记录和保护这些“历史现场”，使花溪长征线路呈现出一些历史文化线索，从而加深对长征文化的整体性解读。从这个意义上讲，这本书可以看作该课题研究的一个“副产品”。

在写作中，尽量以地方历史文献资料为依据，通过实地考察的方式，随作随录，形式不拘，力图做到篇幅短小而有理趣。总的希望，这种书写能够对我们脚下这块土地多一些历史文化的理解和同情。受个人阅读和活动范围的局限，文章取材主要集中在花溪南部地区。因此之故，冠名“花溪”似有点勉强，这也是令我感到惭愧和遗憾的一件事情。

这本小书谈不上是“作品”，当作一次“作业”吧。承尧礼兄亲自审阅，并将其命名为“漫笔”。对于文体形态，我全然不知，感觉有点“散打”的意思。费孝通先生曾经在《港行漫笔》一文中说道：“有点想法，随笔写下，不讲起承转合，不求全貌完形，只是片断鳞爪而已。故称这为‘漫笔’。”我想，用“漫笔”概而括之，是符合这本书的实际情况的。

感谢我所在单位贵州警察学院对本书的出版给予的资助，感谢科研处、培训部、马克思主义教学研究部的领导和同事给予的理解、鼓励和支持。

感谢贵阳市花溪区公安分局黔陶乡派出所、高坡乡派出所、青岩镇派出所等单位，对我在从事课题调研时所给予的便利和帮助。

感谢各位亲友的鼓励、帮助和支持。正是因为你们长期以来给予的鼓励和支持，才使得我鼓足勇气，让这些原本是自娱自乐的文字，得以呈现在大家面前。

尤其是承蒙著名作家、书法家戴明贤先生为本书题写书名，著名学者顾久先生为本书作序，这让我受宠若惊，十分感动和振奋。在我看来，这既是一份荣幸，也是一种关爱、鼓励和鞭策。我想，自己也算得上是戴先生所说的“转型者”吧。只是，同各位老师相比，我才刚刚起步。

薛春波
2023 年 5 月